La justice vécue et les théories éthiques contemporaines

ROGER LAMBERT

La justice vécue et les théories éthiques contemporaines

Initiation aux débats contemporains sur la justice et le droit

LES PRESSES DE L'UNIVERSITÉ LAVAL
Sainte-Foy, 1994

Le Service des publications de l'Université du Québec à Montréal a contribué financièrement à l'édition de cet ouvrage.

Les Presses de l'Université Laval reçoivent chaque année du Conseil des arts du Canada et du ministère de la Culture et des Communications du Québec une subvention pour l'ensemble de leur programme de publication.

Données de catalogage avant publication (Canada)

Lambert, Roger, 1924-

La justice vécue et les théories éthiques contemporaines : initiation aux débats contemporains sur la justice et le droit

Comprend des réf. bibliogr.

ISBN 2-7637-7384-2

1. Justice - Aspect moral. 2. Droit et morale. 3. Droit de propriété. 4. Droit social. I. Titre.

BJ1533.J9L35 1994 172'.2 C94-941303-8

Conception graphique
Norman Dupuis

Mise en pages
Folio infographie

Dépôt légal (Québec et Ottawa), 4e trimestre 1994
ISBN 2-7637-7384-2

Les Presses de l'Université Laval
Cité universitaire
Sainte-Foy (Québec)
Canada G1K 7P4

Introduction

Il est indéniable qu'il y ait un écart, parfois même une contradiction, entre la justice vécue, celle qui est incorporée dans les coutumes, les lois, les droits et la jurisprudence, et la justice telle que conçue par les théoriciens purs qui tentent d'en élaborer la forme la plus rationnelle possible. Ainsi l'État-providence reconnaît aux individus des droits dits sociaux en ce sens qu'ils sont corrélatifs à une obligation morale assumée par la société, c'est-à-dire par les individus en tant que membres de leur communauté particulière ; les théories libérales par contre nient l'existence de ces droits. De même, ces dernières ne reconnaissent qu'une seule forme de justice, soit la justice commutative fondée sur le droit de propriété, alors que la plupart des États contemporains adoptent des pratiques sociales, l'impôt proportionnel ou progressif entre autres, dont la justification repose sur une autre espèce de justice, soit celle qui est qualifiée de distributive ou, selon certains auteurs, de sociale.

D'où vient cet écart ? La justice vécue suit une trajectoire définie par le savoir moral et pratique propre aux décideurs, soit ceux qui sont investis du pouvoir de poser des impératifs et dont le rôle est de remédier, dans l'immédiat, aux situations jugées injustes par la collectivité en s'inspirant de l'interprétation des principes qui correspond le mieux aux convictions et aux attentes légitimes de cette même collectivité. Ainsi en France, à la fin du XIXe siècle et au début du XXe, la misère causée par les accidents de travail est apparue comme une injustice aux yeux de l'opinion publique ; d'où l'adoption par le gouvernement de mesures sociales qui garantissaient aux victimes de ces malencontreux événements le droit à une indemnité compensatoire. Il ne s'ensuit pas que les convictions communes soient un critère absolu de justice, mais à moins d'être démontrées fausses par une argumentation rigoureuse et sans failles, elles possèdent la force suffisante pour justifier la reconnaissance effective de certains droits.

Déjà à l'époque d'Aristote, la louange et le blâme servaient de critère de moralité. Mais le savoir purement théorique ne peut se satisfaire de la seule opinion populaire. Dans sa recherche en vue d'établir la justice sur des fondements inébranlables, le savoir théorique tente de cerner des règles de justice qui soient universelles et immuables, et auxquelles la solution de tout conflit devrait être rigoureusement assujettie. Malheureusement, cette entreprise, dont la possibilité demeure hypothétique, vu le nombre, la diversité et l'imprévisibilité des éléments qui entrent en jeu dans la détermination d'une règle de justice applicable aux cas concrets, s'est jusqu'à ce jour avérée utopique et s'est souvent soldée par des énoncés discutables. À titre d'exemple, le droit de propriété privée, tel que conçu et privilégié par les théories libérales, est encore aujourd'hui l'objet d'une critique appuyée sur des argumentations serrées. En outre, il n'est point de théorie de la justice, si logique et si cohérente soit-elle, qui ne soit vulnérable en quelque point.

Cet écart n'est pas sans fondement et il trouve son explication dans la particularité des rapports qui existent *de facto* entre la théorie et la pratique en matière de justice. Dans ce domaine, la pratique n'est pas la simple application d'une théorie. Certains pourraient contester cette affirmation et la juger trop péremptoire. En effet, l'utilitarisme n'a-t-il pas défini la politique de maints États ? Cette théorie, invoquée dans les cas litigieux par le biais de la priorité de l'intérêt général sur les intérêts particuliers, n'intervenait que sous une forme abstraite et non selon ses exigences rigoureuses qui postulaient un calcul exact de la somme des avantages que l'ensemble de la population pouvait espérer. Dans la majorité des cas, un tel calcul est impossible à effectuer. Quant à la récente expérience des pays de l'Est, dont la politique s'inspirait ouvertement de la théorie de Marx, comme tous le savent, elle s'est soldée par un constat d'échec.

La fin ultime de toute recherche en éthique, qu'elle porte sur les principes ou sur les procédures, c'est la position d'une activité externe qui soit juste selon le contexte où elle se réalise. Les principes et les procédures ne sont jamais que des moyens. Les principes universels de justice préconisés par les théories ne sont pas des fins ; ce sont des avenues, des règles de conduite à suivre pour que l'action soit juste. Une règle à suivre n'est jamais que le tracé des opérations à effectuer pour réaliser un but visé. Même Kant, qui pose les impératifs catégoriques comme des fins, ne range pas les principes de justice parmi les impératifs catégoriques. En outre, les principes universels, tels que conçus par les théories, ne sont jamais que des critères abstraits qui appellent des déterminations subséquentes. L'examen de tout cas singulier inclut des circonstances qui ne font pas partie du contenu même implicite des principes. L'universalité accordée aux principes n'assimile pas ces derniers à l'universel abstrait de Hegel qui contient implicitement toutes les données des cas concrets, de telle sorte qu'il soit possible, par une analyse minutieuse et réfléchie des éléments d'un énoncé universel, d'établir par déduction, une continuité rigoureuse entre un principe et une solution singulière. L'examen en chambre d'un énoncé ne révélera jamais toutes les données propres à la solution de tout conflit éventuel. La conjoncture à laquelle un principe doit être appliqué est un élément distinct non déjà inclus dans le principe. Aussi, comme Rawls l'affirme, l'insertion d'un principe de justice dans la constitution d'un pays, dans sa législation ou sa jurisprudence, ne s'effectue pas par une déduction, mais par un ajustement du principe aux circonstances pertinentes qui se traduit par un énoncé dont les éléments proviennent de deux sources différentes, soit le principe et les circonstances. Aussi le principe ne rejoint-il le cas concret que par l'ajout de nouvelles déterminations. Or l'ajustement ultime des principes à la conjoncture et leur transformation en impératifs sont des opérations propres aux décideurs, soit les membres de l'assemblée constituante, les législateurs, les juges et les individus dans certains cas. Sans doute des théoriciens peuvent esquisser et suggérer les modalités que devraient revêtir les principes dans telle ou telle circonstance, mais il ne leur appartient ni de juger en dernier ressort ni de décider. Il s'ensuit que le savoir théorique ne franchit jamais l'étape de la réalisation si ce n'est par le savoir moral et pratique qui l'évalue, le modifie s'il y a lieu et, enfin, l'entérine. Bref, en dernière analyse, c'est toujours le savoir moral et pratique qui trace la configuration de la justice vécue.

En outre, l'état actuel des connaissances théoriques en ce qui concerne la justice et ses notions connexes, la liberté, le droit, l'obligation morale, est encore marqué au coin de vives controverses et ne fournit aucun critère dont l'évidence soit telle qu'elle entraîne l'adhésion inconditionnelle de tous. Cette incertitude accroît encore l'indépendance dont jouit déjà le savoir moral et pratique à l'égard du savoir théorique.

Toutefois, le savoir moral et pratique, en tant que procédure ordonnée à la position d'un agir immédiat qui soit « juste », doit se pourvoir de tous les éléments nécessaires à la réalisation de cette fin. En particulier, il lui incombe de se doter d'une définition du « juste » et de se construire comme moyen en regard de la fin qu'il se donne. Ainsi Habermas reçoit comme juste une solution jugée acceptable par tous les concernés, ce qui le contraint à élaborer sa procédure communicationnelle en regard de ce consensus. Quant à Dworkin, il estime « juste » ce qui s'accorde aux paradigmes reçus par la collectivité, ou en cas d'incertitude, aux principes qui régissent la législation et la jurisprudence actuelles, aussi son interprétation des pratiques sociales se construit-elle en ce sens.

En outre, les procédures, à titre de moyens, comme instruments construits, du point de vue de leur efficacité, comportent leurs propres justifications. Ainsi l'activité communicationnelle s'adosse à une théorie générale de la communication, et l'interprétation créatrice à une théorie générale de l'interprétation valable pour toute création des humains, quelle que soit la catégorie à laquelle la création appartienne, art ou pratiques sociales.

Le savoir moral et pratique se développe d'une manière autonome en regard des diverses théories éthiques : il choisit ses fins, se donne ses modalités en tant que moyen, et se comporte selon la structure qu'il s'est conférée. Il se soustrait au schème classique du rapport théorie-pratique où les opinions traditionnelles l'enferment la plupart du temps. Loin d'être à la remorque de l'une ou l'autre des théories éthiques, le savoir moral et pratique garde ses distances vis-à-vis d'elles en se réservant le soin d'intégrer, parmi les principes qu'elles défendent, ceux qu'il juge pertinents.

Il ne s'ensuit pas qu'il ait toujours raison face aux théories qui le contredisent mais, dans une telle occurrence, il impose à ces dernières le fardeau de la preuve.

D'ailleurs, dans le présent travail, l'examen des principales études contemporaines se fait autour de l'enjeu suivant :

l'argumentation globale sur laquelle se fonde le néolibéralisme est-elle suffisante et possède-t-elle la rigueur voulue pour remettre en question les acquis, les orientations et les décisions du savoir moral et pratique tels qu'ils se manifestent aujourd'hui ; d'un autre côté, la pensée de John Rawls s'avère-t-elle une corroboration inconditionnelle de ces mêmes acquis ?

Vu la problématique adoptée, les pensées en présence s'affrontent, non à partir de raisonnements ponctuels, mais comme des forces globales où l'efficacité des coups portés se mesure à la rigueur, à la cohérence et à l'envergure des argumentations qui s'articulent en un système de pensée. Ainsi l'État qui, sous la poussée du savoir moral et pratique, rend obligatoires les assurances contre certains risques inhérents à la vie, va à l'encontre des théories néo-libérales prises dans leur totalité, de telle sorte que si ces dernières jouissaient d'une autorité incontestable, l'intrusion de l'État dans le domaine mentionné serait forcément illégitime. Aussi la problématique soulevée exige-t-elle un exposé substantiel et critique de chacun des systèmes de pensée engagés dans le débat.

Il est important de noter que le point d'ancrage des discussions actuelles se situe au niveau des récentes pratiques sociales issues des décisions politiques sous la pression des données conjoncturelles et des convictions communes qui les estiment justes. Parmi ces pratiques, il en est une qui est au centre des préoccupations de la quasi-totalité des chercheurs, c'est l'intervention de l'État dans la sphère du libre marché, soit par l'institution des assurances sociales obligatoires, soit par l'octroi de subsides aux entreprises privées ; ce qui a pour corollaire une augmentation des impôts jugée excessive sinon injuste par plusieurs. Bref, l'ensemble des recherches contemporaines sont assimilables à des plaidoyers dans un vaste procès où l'État, devenu providence par ses mesures protectrices, est au banc des accusés.

Ce débat, outre qu'il soit le lieu où les théories s'affrontent les unes les autres, oppose surtout le savoir moral et pratique, comme procédure décisionnelle autonome, avec ses propres principes et ses propres règles, à l'une ou l'autre des théories qui jouissent encore d'une certaine notoriété.

Toutefois, ce processus décisionnel, même s'il répond aux exigences rigoureuses conçues par des auteurs incontournables comme Jürgen Habermas et Ronald Dworkin, n'offre pas la garantie absolue de la rectitude de ses décisions. En effet, cette dernière dépend d'un certain nombre de concepts comme la liberté, la justice, le droit, que l'état actuel des connaissances n'est pas parvenu à cerner avec une rigueur susceptible de balayer toute controverse.

Aussi maintes pratiques sociales, en tant qu'elles sont marquées au coin de cette indétermination, prêtent-elles le flanc à des études théoriques et critiques axées principalement sur la notion de justice.

Ces dernières selon les opinions qu'elles avancent, se répartissent en deux catégories distinctes : le néo-libéralisme et le constructivisme. Selon l'acception privilégiée dans ce travail, ce dernier terme désigne une théorie où les principes préconisés ne sont pas tirés de la simple observation de la nature, mais construits par une activité consciente des humains.

Les chefs de file du premier courant de pensée, vu l'indéniable popularité de leurs écrits dans les milieux intellectuel et politique, sont sans contredit F. A. Hayek et Robert Nozick. Bien que leurs lignes d'argumentation présentent de multiples différences, elles se rejoignent néanmoins dans l'énoncé de leurs conclusions ; aussi convient-il de les coiffer sous le même chapeau. Ces auteurs s'opposent radicalement aux mesures sociales qui ont valu à l'État le qualificatif de providence.

Le courant de pensée, adverse du néo-libéralisme, qui fournit le plus de pièces justificatives à l'État-providence, se concentre dans un écrit qui, depuis environ un quart de siècle, domine le mouvement éthique contemporain : la théorie de la justice de John Rawls. Cet ouvrage a largement contribué au renouvellement des perspectives sur la justice, qui jusque-là s'adressaient d'une manière quasi exclusive à la conduite personnelle des individus. Avec John Rawls, la justice est devenue principalement une question de politique et de structure sociale. Il appartient désormais à l'État de construire une société dont la structure même soit génératrice du « juste ». D'où l'expression « constructivisme théorique ». Il s'agit d'un savoir théorique et non pratique aussi longtemps qu'il n'est pas engagé dans un processus décisionnel concret.

La problématique circonscrite amène le présent travail à manifester la diversité des rapports, opposition ou accord, dépendance ou indépendance, entre la « justice vécue » telle qu'actualisée dans les normes, les droits et les institutions des sociétés occidentales, et la justice telle que conçue par les principaux théoriciens du monde contemporain.

La justice apparaît d'abord comme l'objet d'un désir, d'un vouloir de tout être libre confronté à la liberté des autres dans la vie quotidienne. Selon une expression des « Anciens », elle origine dans « l'appétit ». À titre d'objet recherché, elle se classe d'abord parmi les « eidos », les idées à réaliser dont le contenu et les modalités d'implantation demeurent indéterminés. Elle se révèle sous l'aspect d'une conviction que tous partagent, à savoir que dans les rapports sociaux chacun doit y trouver son compte, son intérêt propre.

Telle que perçue avec une certaine évidence, elle est une idée directrice et abstraite qui, avant de franchir la phase de la réalisation, a besoin d'un contenu plus concret. Ces déterminations requises, bien qu'elles puissent s'inspirer d'un savoir théorique, ne deviendront jamais des principes efficients que s'ils sont assumés par une procédure décisionnelle. Ainsi, les principes de justice de John Rawls n'acquièrent leur statut d'impératifs que par la voie de la constitution et de la législation. D'un autre côté, la conception de la solidarité, qui a présidé à l'avènement des droits sociaux au XXe siècle, s'est développée à travers les délibérations qui ont conduit à l'adoption de ces droits. Le choix même des normes qui sont appelées à franchir l'étape de la réalisation est un moment du savoir moral et pratique.

Aussi, puisque la « justice vécue » tire ses premières justifications des procédures décisionnelles elles-mêmes, l'examen et l'analyse de ces dernières deviennent une tâche primordiale pour tout chercheur qui vise à faire le point sur l'état actuel de la justice et des droits. C'est pour obéir à cette nécessité que le présent travail s'amorce par une étude du savoir moral et pratique, de ses éléments essentiels, de sa perfectibilité et des dimensions nouvelles que lui confèrent des auteurs notoires comme Habermas et Dworkin.

Quant au savoir théorique, selon le rôle qui lui revient dans tout processus qui va de l'idée à ses réalisations, soit celui de conseiller, de critique, voire même de planificateur, mais sans aucun pouvoir décisionnel, il convient de l'examiner en second lieu, en regard de la justice vécue qui hante toutes ses réflexions en tant qu'elle occupe déjà l'espace dans lequel il vise à s'inscrire soit pour le consolider, soit pour le transformer.

PREMIÈRE PARTIE

Le savoir moral et pratique

CHAPITRE I

NOTIONS ET FONDEMENTS

Notions

L'expression « savoir moral et pratique » qui, saisie selon une approche première et abstraite, désigne un ensemble d'opérations effectuées par des humains, en vue de régler leur agir social, est employée par Habermas dans son ouvrage intitulé *Après Marx*[1]. Il n'en dégage pas tous les caractères spécifiques, mais il en indique la fonction en le situant à l'origine de toutes les institutions sociales et de leurs normes. Par ailleurs, dans ses ouvrages *Morale et communication* et *La technique et la science comme idéologie*[2], c'est à l'activité communicationnelle orientée vers l'intercompréhension qu'il assigne une telle fonction. De la similitude des rôles attribués au contenu de ces deux expressions il y a lieu de déduire que leurs significations présentent un trait commun : elles appartiennent toutes deux au genre « procédure décisionnelle ». En effet, toutes les décisions humaines, qui se traduisent par l'imposition d'une règle de conduite, universelle ou

1. Jürgen Habermas, *Après Marx*, Paris, Fayard, 1985, p. 105 : « ... les institutions de base d'une société incarnant un savoir moral-pratique » ; et p. 114 « ... il y a un apprentissage de l'espèce non pas seulement dans le domaine du savoir techniquement utilisable [...] mais aussi au niveau de la conscience morale et pratique, qui est déterminante pour les structures d'interaction ».

2. Jürgen Habermas, *La technique et la science comme idéologie*, Paris, Gallimard, 1973, p. 22 : « Alors que la validité des règles techniques et des stratégies dépend de la validité des propositions empiriquement ou analytiquement vraies, celles des normes sociales est fondée sur la seule intersubjectivité de la compréhension des intentions.» C'est par l'activité communicationnelle que s'établit cette intersubjectivité de la compréhension.

circonscrite à un cas individuel, se prennent selon une marche à suivre dont les caractéristiques principales sont les suivantes : elle présuppose chez les agents humains le pouvoir d'obliger ; elle se déroule au moins en trois phases : la délibération, le choix et la décision proprement dite. Déjà présentes dans la conception aristotélicienne de la prudence, les grandes lignes de ce processus se retrouvent de nos jours dans la structure des systèmes parlementaire et judiciaire sous la forme de l'examen des données disponibles, du choix d'une solution et du vote. Une corollaire se dégage aussi de la position mentionnée : les normes et leurs droits afférents ne proviennent ni de la nature ni d'un savoir purement théorique, mais d'une procédure humaine.

Puisque l'expression « savoir moral et pratique » nous est plus familière en tant qu'elle regroupe des termes fréquemment utilisés par la tradition philosophique, il importe, au début de cette recherche, d'explorer le sens que certains courants de pensée, dont l'influence persiste encore de nos jours, autorisent à lui conférer.

Tout d'abord, précisons le sens accordé au terme « moral » dans le cadre du présent travail. Selon un lieu commun, ce savoir est dit moral en vertu de son objet, soit les normes destinées à régler la conduite humaine, et d'une manière plus spécifique les rapports des humains entre eux. Les normes sont qualifiées de morales à un triple point de vue. Tout d'abord, elles s'adressent aux humains dans la mesure où ils sont libres, c'est-à-dire en tant qu'ils agissent non pas sous l'impulsion d'une nécessité naturelle, mais selon leur connaître et leur vouloir. En second lieu, une norme est dite morale si elle est juste, c'est-à-dire si elle trace une ligne de conduite qui soit conforme aux intérêts justifiés de tous et chacun des concernés ; autrement, elle est immorale. Et enfin, comme impératifs ces normes comportent un caractère obligatoire dit moral dans la mesure où il réside dans une contrainte spécifique à l'être libre, par opposition à la nécessité physique. Ainsi dans les trois points de vue mentionnés, le terme « moral » fait référence à l'être libre en tant que tel. En ce qui concerne le « juste » où ce lien semble moins évident, il importe d'expliciter que le plus fondamental des intérêts justifiés de l'homme, c'est la liberté elle-même. En résumé, le savoir moral est le savoir des normes qui conviennent à l'humain en tant qu'être libre.

D'après le langage courant, le savoir moral se répartit en deux branches distinctes selon la diversité des sujets auxquels il est attribué. Le savoir moral et pratique est celui d'un « décideur », d'un ou de plusieurs humains, investis du pouvoir de commander et confrontés à une situation où ils doivent ici et maintenant élaborer et imposer une règle de conduite, comme les législateurs, les juges ou encore les individus dans une conjoncture où ils sont les seuls à pouvoir juger et décider. Quant au savoir moral et théorique, il désigne les travaux des chercheurs qui tentent de déterminer, avec la plus grande objectivité possible l'origine et le contenu des principes de justice universels et incontournables dans la solution de tous les cas concrets quels qu'ils soient, par exemple les principes de justice proposés par John Rawls, et de les rassembler en un tout cohérent. Ce savoir s'oppose au savoir moral et pratique en ce sens que ce dernier a pour fonction d'introduire les modalités que ces principes doivent revêtir dans une conjoncture marquée au coin de circonstances spatio-temporelles définies, et de transformer en impératifs les principes ainsi modifiés. Cette distinction entre les deux formes de savoir, telle que décrite, n'est certes pas reconnue par tous les courants de pensée, entre autres par les tenants du droit naturel classique qui attribuent à la nature, et non à une décision humaine, le caractère obligatoire des normes ; aussi est-il nécessaire de la justifier, ce qui est l'un des enjeux du présent travail.

Le savoir moral est dit pratique dans la mesure où il s'achève dans un impératif, dans un énoncé qui comporte un caractère obligatoire pour ceux à qui il s'adresse. D'où un énoncé de justice peut-il tirer son caractère obligatoire ? De la volonté pure transcendantale telle que définie par Kant ? Ce dernier lui-même refuse d'y enraciner les impératifs relatifs à la justice[3]. Du devoir naturel d'être juste, de rendre à chacun son dû ? Puisque cette opinion est aujourd'hui récurrente par le biais des théories qui enracinent les normes de justice dans un droit dit naturel, il importe de l'examiner.

Selon Aristote, tout être se comporte selon les exigences de sa nature. En vertu de sa nature raisonnable, l'humain est

3. Emmanuel Kant, *Métaphysique des mœurs, Doctrine du droit*, première partie, traduction de A. Philolenko, Paris, Vrin, 1979, p. 105.

appelé à régler sa conduite sur les dictées de la raison[4]. Or cette dernière, lui enjoint d'être juste, de respecter la liberté d'autrui. Toutefois, cette obligation est indéterminée en ce qui regarde le contenu de l'action à poser dans telle conjoncture ; il appartient à la prudence de chacun d'entreprendre les recherches requises pour fixer ce contenu. Le rôle de la prudence consiste à peser le pour et le contre des diverses solutions considérées et s'achève dans le choix de la meilleure solution possible dans les circonstances. La norme choisie au terme d'une délibération suffisante s'avère obligatoire en tant qu'elle se situe dans le prolongement du devoir naturel d'être juste[5].

Cette solution est insatisfaisante. En effet, l'obligation de faire le bien, dans la mesure où elle est acceptée par un sujet sous la forme d'une bonne intention, s'étendrait rigoureusement à toutes les actions jugées bonnes par la prudence. Il s'ensuit que si cette dernière se trompe dans l'évaluation de la conjoncture, ce qui est toujours possible, l'impératif demeure. Selon Aristote, tout individu est moralement obligé d'accomplir l'action que sa prudence lui dicte, même si elle s'avère objectivement injuste.

Cette anomalie est d'autant plus évidente que, pour lui, le juste réside dans un « medium rei » et se situe dans le monde externe ; ainsi dans l'échange, il consiste dans l'équivalence, mesurable grâce à l'emploi de la monnaie, entre les valeurs respectives des biens échangés. Ses prises de position le mènent à une contradiction : une action effectivement injuste serait bonne moralement en vertu de l'intention. Les modernes tentent de contourner cette difficulté d'abord en reléguant l'intention au second plan, sinon en lui déniant son rôle de critère, et par la suite, en développant des procédures qui permettent de mieux cerner le « juste » dans son extériorité.

L'autre version du savoir moral et pratique, plus conforme aux énoncés de Jürgen Habermas, s'inscrit dans le courant contractualiste ; elle enracine le caractère obligatoire des normes non dans la nature, mais dans un consensus par lequel les indi-

---

4. Aristote, *Éthique de Nicomaque*, traduction de Jean Voilquin, Paris, Librairie Garnier, Livre 2, chap. 2, 1950, p. 57 : « Qu'il faille agir selon la droite raison, voilà ce que l'on accorde généralement... »

5. *Ibid.*, livre 6, chap 10, p. 277 : « ...la prudence a un caractère impératif... ».

vidus s'engagent les uns vis-à-vis des autres. Ici le savoir moral et pratique désigne le processus décisionnel concret par lequel une norme est établie au terme d'une entente. Vu sa complexité, il importe d'examiner une par une les multiples composantes de ce processus. Dans un premier temps, cette tâche nécessite l'aménagement conceptuel d'un ensemble de données et de notions fondamentales dont la signification et la portée doivent d'abord être dégagées et justifiées. Au point de départ, la procédure repose sur une interprétation des données naturelles suivantes : la liberté ; la recherche de l'intérêt égoïste ; la nécessité de l'association ; la quête du juste.

Les fondements : la liberté

La liberté constitue l'alpha et l'oméga de tout le processus : les normes produites prennent leur source dans des actes libres et n'ont d'autre fonction que de rendre praticable l'exercice de la liberté de chacun. Mais en quoi consiste-t-elle ? Une conception largement répandue la définit essentiellement comme l'absence de toute contrainte. Ainsi explicitée, dans une situation paradisiaque, les animaux aussi pourraient jouir de la liberté. Bien que cet aspect caractérise la liberté, il n'en est pas pour autant l'élément principal. Selon une tradition immémoriale, reprise et interprétée par des auteurs comme Aristote, Kant et Hegel et corroborée par l'histoire, la liberté réside dans le pouvoir de s'autodéterminer. Contrairement à l'animal, dont les modalités de vie sont déjà toutes tracées et incluses dans un instinct sur lequel il n'exerce aucun contrôle, l'homme invente et choisit son mode de vie, ses façons de se nourrir, de se vêtir, de se loger, de se transporter d'un lieu à un autre, de développer ses potentialités, etc. Il organise sa vie en fonction d'un projet qui n'est pas ancré dans ses gênes, mais qu'il a lui-même mis au point.

Comment s'effectue cette mise au point, ce passage de l'indétermination à la détermination ? Toute décision se prend à partir de certaines connaissances, tout vouloir s'appuie sur un savoir. Mais d'où vient ce savoir ?

À sa naissance, l'humain ne possède aucun savoir, dans quelque domaine que ce soit, y compris celui des règles destinées à orienter sa conduite en tant qu'être libre. Néanmoins, il est doué d'une puissance de connaître, d'une raison dont l'activité spécifique réside dans l'acquisition, par diverses voies, observation, réflexion, interprétation, argumentation et invention du savoir requis pour satisfaire ses besoins et régler sa conduite. Ce savoir se développe et s'étend progressivement au fur et à mesure que la puissance de connaître se déploie et se perfectionne. C'est sur ce fond des connaissances acquises que prennent corps les divers projets de vie individuels. La volonté s'autodétermine à partir de ce qu'elle connaît.

La recherche de l'intérêt égoïste

La volonté est naturellement ordonnée au bien de l'agent qui la détient ; elle incline l'individu d'une manière irrésistible à rechercher le bonheur, la bonne vie. Tout humain, sans exception, aspire sans cesse au bonheur ; ses activités, ses projets n'ont d'autre finalité ultime que celle-là. Comme le bonheur poursuivi est d'abord le sien, il s'agit là d'un intérêt égoïste, qui néanmoins ne doit pas être interprété sans l'ajout de certaines nuances. En effet, selon l'expression anglaise « self referential altruism » devenue aujourd'hui un lieu commun, l'intérêt égoïste inclut aussi les intérêts d'autrui dont dépend le bonheur de l'agent. À moins d'être perverti, un individu ne peut rester indifférent au bonheur de ses proches par le sang, l'amitié ou l'amour ; aussi les intérêts de ces derniers s'avèrent-ils un élément de ses propres intérêts. Cependant, il est inadmissible que je puisse vouloir le bien-être de l'humanité prise dans son ensemble au même titre que celui de mes proches. Désirer le bien-être d'une multitude d'individus que je ne connais même pas, simplement parce qu'ils appartiennent à la même espèce que moi, c'est irréaliste. Comment puis-je aimer sans connaître ? D'ailleurs, la théologie chrétienne, qui attribue au Christ un amour infini de l'humanité, prend soin d'ajouter que, comme Dieu, il connaissait tous les hommes dans leur individualité. En outre, l'impératif chrétien « aimez votre prochain comme vous-même » est attaché à la promesse de la jouissance personnelle d'un bonheur sans fin dans l'au-delà. Et ainsi, en dernière analyse, la religion chrétienne fait appel à l'intérêt individuel de chacun.

De même, le point de vue utilitariste selon lequel une mesure d'ordre économique ou politique est acceptable si elle a pour effet d'accroître le total des satisfactions éprouvées par l'ensemble des membres de la communauté, même si elle est génératrice d'une plus grande misère chez certains individus, méconnaît l'orientation naturelle de la volonté. En pratique, les utilitaristes ne présentent pas leur théorie telle qu'ils la conçoivent : ils la dissimulent dans l'enveloppe de retombées qui, à longue échéance, seront bénéfiques pour tous et chacun. Les décisions dont la portée immédiate est discriminatoire auront en dernière analyse pour effet de relever l'économie et de profiter à tous. Au fond, cette feinte est un aveu implicite de la primauté de l'intérêt individuel. Que chacun soit en dernière analyse mû par son intérêt propre, c'est une donnée incontournable.

L'association

Cependant, le potentiel d'autodétermination, octroyé par la nature à chaque individu, ne peut s'actualiser que par la voie complexe et difficile de l'association avec d'autres êtres libres. Le processus d'autodétermination de l'être libre inclut, à titre de moment nécessaire, des rapports de dépendance entre les individus. La liberté de l'homme n'est pas celle d'un être autosuffisant, elle est tributaire de son association avec ses semblables ; aussi cette dépendance doit-elle être assumée à titre d'élément constitutif de l'être libre. Voici comment cette caractéristique se traduit dans les faits.

En ce qui concerne la production de ce qui est nécessaire à la vie, la division du travail, soit le partage des tâches suivant lequel chacun se consacre exclusivement à la production d'un seul bien ou à la prestation d'un seul service, présente des avantages incontestables pour tous et chacun, car sans elle le niveau de vie dépasserait à peine le seuil de la survie. Mais dans la mesure où les diverses tâches sont toutes requises pour la satisfaction de l'ensemble des besoins de chacun, elles sont complémentaires et nouent entre les individus des liens de dépendance mutuelle. C'est ainsi que la division du travail associe les individus. Même dans les sociétés les plus primitives, les tâches nécessaires à l'existence étaient réparties entre les individus selon les différences d'âge et de sexe. Aujourd'hui, la division du travail se déploie en des ramifications de plus en plus ténues et ce mouvement d'expansion ne cesse de croître. Il s'ensuit que les individus deviennent de plus en plus solidaires les uns des autres.

Les individus ont aussi besoin les uns des autres pour développer leur potentiel cognitif, volitif et technique, dont l'impact sur le choix et l'exécution d'un plan de vie est indéniable. Vu l'indétermination de leur raison, c'est par la voie de l'apprentissage qu'ils acquièrent les différents savoirs ainsi que les comportements qui caractérisent l'être libre. Or, c'est par la communication, le langage et l'enseignement que les individus accèdent graduellement au patrimoine culturel détenu par la communauté. En dehors de toute forme de vie sociale, l'apprentissage est quasi impossible.

En outre, la liberté ne peut s'exercer que dans un milieu où règnent la paix et la sécurité. Une conjoncture où la vie biologique de chacun est sans cesse menacée, soit par la guerre, un fléau quelconque ou une incapacité chronique due à la maladie, à la vieillesse ou à quelque autre déficience, rend quasi impossible la poursuite de fins autres que celle de survivre. Or c'est seulement par une concertation de leurs efforts que les individus parviennent à mettre sur pied une protection adéquate aux menaces qui pèsent sur eux : une force militaire pour se protéger des ennemis tant extérieurs qu'intérieurs ; des fonds de réserve pour éviter les effets toujours néfastes d'une catastrophe et pour subvenir aux besoins de ceux qui sont dans l'indigence.

Association et conflit

L'association dont les membres sont des êtres libres est sujette à des conflits ; en effet, le mobile ultime de la participation des individus réside dans des intérêts personnels distincts les uns des autres, voire même opposés. Ainsi, les activités déployées par les individus, affectées à la fois d'un indice personnel et social, sont soumises à une double pression : l'intérêt propre et celui d'autrui. C'est précisément dans cette ambivalence que s'enracine la notion de juste. Voici comment elle se construit.

La nature rend nécessaire l'association des êtres libres, mais il appartient aux individus d'établir ensemble le plan et la forme concrète de leurs rapports mutuels et de leur organisation sociale. Mais la fin, qui est en même temps la mesure, assignée à cette forme, vu l'ancrage profond en chacun de la recherche de l'intérêt individuel, ne peut résider que dans l'efficacité et la justice. L'efficacité d'une association consiste à produire des avantages inaccessibles à l'individu isolé ; la justice désigne une répartition des avantages produits qui respecte les intérêts individuels de tous et de chacun.

En ce qui concerne ce dernier point, il s'ensuit que les rapports sociaux doivent être tels que, même en cas de conflit, les intérêts des uns ne soient sacrifiés à ceux des autres ; aussi quelle fin première les individus assignent-ils à leur association, si ce n'est qu'elle soit avantageuse pour chacun d'eux. Or toute activité sociale n'est ainsi avantageuse que si elle est juste, c'est-à-dire répond aux intérêts de chacun des concernés. Les attentes actuelles des individus vis-à-vis de leur société confirment cet énoncé. Les revendications contemporaines relatives à l'embauche, aux impôts, aux échanges, à l'administration judiciaire ou à l'environnement n'ont qu'un seul et même objet, la justice.

Mais que signifie l'expression « être associés » ? Ronald Dworkin répond à cette question d'une manière précise et claire. S'associer, c'est établir des accords de réciprocité, c'est s'obliger mutuellement les uns vis-à-vis des autres[6]. Ce sont les obligations mutuellement acceptées qui soudent l'association. Ces obligations entre êtres libres n'ont d'autre objet qu'une ligne de conduite, une norme dont la formule abstraite s'énonce ainsi : je m'engage à respecter ta liberté si en retour tu t'obliges à respecter la mienne. Dès lors, s'associer, s'obliger mutuellement et se donner une norme commune, c'est une seule et même réalité. Mais ce qui est voulu, c'est une norme qui soit juste ; d'où la nécessité d'explorer cette notion.

---

6. Ronald Dworkin, *Laws Empire*, Cambridge, Harvard University Press, 1986, p. 195-196.

Le juste

Jusqu'ici, le texte véhiculait une notion plutôt abstraite du juste, à savoir ce qui s'accorde aux intérêts justifiés de tous les associés ; il importe maintenant de la cerner d'une manière plus rigoureuse et plus concrète.

L'idée directrice des développements ultérieurs est empruntée à Kant, car il pose d'une manière claire et précise la problématique séculaire du juste.

Dans son introduction générale à la doctrine du « droit », Kant apporte du juste une définition qui situe d'emblée sa perspective « le juste ou l'injuste est en général un fait conforme ou non conforme au devoir[7] ».

Ce qui détermine le devoir de justice chez Kant, ce sont les lois extérieures, juridiques, imposées par l'État appuyé sur un consensus de ses ressortissants[8].

Le juste est de l'ordre des faits, non des intentions. Puis il détaille sa notion du juste :

> Est juste toute action qui permet ou dont la maxime permet à la liberté de l'arbitre de tout un chacun de coexister avec la liberté de tout autre suivant une loi universelle[9].

Le juste a pour fonction de régler les conflits que suscite toute vie communautaire. La coexistence dont il est ici question concerne les libertés dans leurs manifestations externes comme le précise l'impératif du juste :

> Agis extérieurement de telle sorte que le libre usage de ton arbitre puisse coexister avec la liberté de tout un chacun suivant une loi universelle[10].

Cet impératif s'impose à titre de loi universelle, et non de simple maxime. Mais quelle en est la portée et d'où vient-il ?

Un tel impératif impose une limite à l'usage externe de la liberté ; il trace une ligne de démarcation que la liberté ne peut

---

7. Emmanuel Kant, *Doctrine du droit*, *op. cit.*, p. 98.

8. *Ibid.*, p. 99.

9. *Ibid.*, p. 104.

10. *Ibid.*, p. 105.

franchir. Je réponds aux exigences de cet impératif et mon activité est dite juste dès qu'au niveau des faits je me tiens en deçà de cette ligne. Je ne suis pas tenu d'agir ainsi par respect pour cette loi, ni parce qu'autrui en tant qu'être libre et raisonnable doit toujours être traité comme une fin selon les exigences de l'impératif catégorique. Cette obligation ne s'enracine pas dans la volonté transcendantale. Certes l'individu peut élever son activité externe au niveau de la moralité, au sens kantien du terme, et l'accomplir pour des raisons inscrites dans l'impératif catégorique selon lequel tout être libre et raisonnable doit être traité comme une fin ; mais ce comportement n'est pas une exigence de la loi universelle du juste.

La notion de « juste » telle qu'élaborée par Kant s'intègre sans difficulté au fil du raisonnement déroulé jusqu'ici. Cependant, il n'en est pas ainsi en ce qui concerne l'affirmation kantienne suivant laquelle l'impératif de la justice n'est qu'un postulat.

Que le juste appartienne au domaine des faits et ne concerne que les activités externes, c'est un énoncé qui s'accorde parfaitement à la réalité de l'association qui réside dans un tissu d'activités externes. Mais si l'on adopte le point de vue privilégié dans le présent écrit, où s'associer c'est en dernière analyse se donner un impératif, la norme n'est plus un simple postulat mais le lien constitutif de l'association. Ce qui tient unis les membres d'un tel regroupement, c'est leur adhésion à une même norme.

Les implications du juste comme fait

Tout considéré, la norme « agis extérieurement... » telle que formulée, vu son abstraction, n'est pas opératoire ; en effet, elle ne rejoint pas le contexte précis dans lequel l'action est à faire. Pour être applicable, il lui faut revêtir d'autres déterminations.

Sur quoi portent ces déterminations ? Le juste concerne les effets externes, sur la liberté d'autrui, des activités issues de la liberté d'un agent ; en somme, il est axé sur le rapport de causalité entre une activité libre et ses effets sur l'usage externe de la liberté d'autrui. D'où la nécessité de cerner ce rapport de causalité. Cette opération nécessite, d'une part, la connaissance la plus élaborée possible des implications et des exigences de la liberté et de ses *diverses* et multiples ramifications ; d'autre part, la connaissance la plus approfondie possible des effets susceptibles de découler d'une activité. Ainsi le choix d'un projet de vie postule l'accès aux biens matériels indispensables à la vie, un certain nombre de connaissances et d'habiletés, une organisation politique favorable, etc. Quant aux effets dérivés d'une activité librement exercée, ils s'enracinent dans l'ontologie même de l'activité et ainsi ils ne dépendent pas du vouloir de l'agent. Certes l'existence même de l'activité dépend d'une décision humaine, mais non ses effets. Il dépend de moi que je conduise ma voiture à une vitesse de 60 kilomètres dans une zone de 30, mais il ne dépend pas de moi qu'une automobile à cette vitesse puisse tuer un homme ; la force de l'impact est une donnée physique.

Dès lors, pour que la norme abstraite de la justice s'ajuste à un cas concret, il faut qu'elle inclue toutes les déterminations pertinentes à la liberté telle qu'elle est concernée dans la conjoncture et tienne compte au moins des effets prévisibles de l'activité commandée. Ainsi dans les zones susceptibles d'être traversées par de nombreux piétons ou encore caractérisées par une circulation automobile des plus intenses, il faut que la norme qui impose une limite de vitesse s'appuie sur une connaissance au moins approximative des effets prévisibles de la conduite à telle ou telle vitesse, en tant que ces derniers se traduisent d'abord par un degré d'incidence sur les risques d'accidents, et ensuite si une collision survient, par des dommages corporels ou psychiques plus ou moins étendus.

Avec cette analyse du « juste », nous disposons maintenant de tous les éléments nécessaires à une meilleure compréhension du savoir moral et pratique, de son rôle et de ses caractéristiques. En tant qu'il désigne le processus par lequel se nouent les accords de réciprocité, il réside dans un mouvement où le savoir et le vouloir s'activent mutuellement. La prise de conscience de leur condition naturelle, qui englobe la liberté, la recherche de l'intérêt égoïste et la nécessité de l'association, incline les humains à établir entre eux des rapports de réciprocité qui soient justes. Cette volonté à son tour pousse le savoir à une recherche plus approfondie des éléments appelés à figurer dans le contenu normatif des obligations mutuellement acceptées. Cette dernière opération tente de cerner avec la plus grande approximation possible les multiples implications et ramifications de la liberté, ainsi que la portée causale des activités recommandées par la norme. Ce processus s'achève dans un consensus qui est d'autant plus rationnel qu'il s'appuie sur le savoir le plus objectif possible qui soit possédé et maîtrisé par tous les concernés. D'où surgit la difficulté : vu les nombreuses controverses relatives à la liberté et à ses dérivés, ainsi qu'à la portée causale des activités, comment parvenir à un savoir commun fondé sur l'objectivité ? Dans son ouvrage *Morale et communication,* Habermas tente de répondre à cette interrogation.

CHAPITRE II

HABERMAS : L'ACTIVITÉ COMMUNICATIONNELLE ORIENTÉE VERS L'INTERCOMPRÉHENSION

Notions

Selon Habermas, le savoir moral et pratique, à l'œuvre dans l'établissement des accords de réciprocité, se range parmi les activités communicationnelles orientées vers l'intercompréhension. Aussi l'analyse des principales articulations de cette activité communicationnelle permettra-t-elle de mieux saisir le processus selon lequel se nouent les accords de réciprocité qui s'achèvent dans l'implantation d'une norme.

L'accord de réciprocité peut se conclure de deux façons : par une activité dite stratégique ou par une activité communicationnelle orientée vers l'intercompréhension. La première vise à l'acquiescement par un processus qui n'exclut ni la ruse ni la force ; la seconde, au contraire, se produit « lorsque les acteurs acceptent d'accorder leurs projets d'action de l'intérieur et de se tendre vers leurs buts respectifs qu'à la seule condition qu'une entente sur la situation et les conditions escomptées existe ou puisse être ménagée[1] ».

---

1. Jürgen Habermas, *Morale et communication*, Paris, Les éditions du Cerf, 1986, p. 148.

Certes les deux formes d'activités supposent l'emploi de signes externes ou du langage, mais l'activité communicationnelle définie par Habermas impose aux échanges verbaux un certain nombre de déterminations qui en restreignent le sens. En effet, elle vise à ce que chacun des participants puisse saisir la pensée et la volonté de l'autre telles que ce dernier les comprend, de manière que tous et chacun des concernés puissent s'assurer que leur accord est rationnel en tant qu'il repose sur des motifs connus de tous dans un contexte appréhendé par tous sous un même angle.

Il importe maintenant de voir comment se déploie l'activité communicationnelle. Tout d'abord, c'est sous la pression de leurs intérêts individuels, de leurs projets personnels nécessitant un accord avec autrui que les individus s'engagent dans une telle activité.

Ici, avant de poursuivre, une remarque d'ordre méthodologique s'impose. Vu l'extrême densité de la signification que Jürgen Habermas accorde à l'expression « activité communicationnelle... », il est pertinent que le présent exposé en illustre le sens à l'aide d'un exemple.

La pollution de l'air, de l'eau et de la terre, consécutive à la fabrication de certains produits, s'avère un problème que la plupart des sociétés contemporaines sont appelées à résoudre. En l'occurrence, l'opposition des intérêts en jeu est des plus manifestes. D'un côté, ces industries procurent de l'emploi à des milliers d'ouvriers et grâce à leurs techniques de production mettent sur le marché des marchandises à des prix avantageux pour leurs clients, tout en réalisant des profits convenables. D'un autre côté, ces procédés de fabrication ont aussi pour effet de libérer des déchets toxiques qui sont par la suite déversés dans l'air, l'eau et la terre, compromettant ainsi gravement la qualité de vie des populations environnantes.

Pour résoudre le conflit, supposons que les deux groupes d'individus aux intérêts divergents élisent chacun un représentant auquel ils confient la mission de conclure une entente. Chacun des délégués s'adresse à l'autre selon la perspective du locuteur : il met à jour ses intentions et communique toutes les informations et connaissances jugées nécessaires pour que l'autre appréhende clairement son point de vue. Ces échanges verbaux terminés, les deux délégués prennent un peu de recul ; ils se situent dans la perspective de l'observateur et jettent un regard objectif sur leurs comportements respectifs en tant que participants ; en somme, chacun fait le point sur l'état de la discussion engagée.

Mais quelles sont ces intentions et ces connaissances que chacun doit communiquer à l'autre pour que l'intercompréhension ait lieu ?

Tout d'abord, le processus communicationnel se profile sur un arrière-fond qu'englobe l'expression « monde vécu[2] ». Cette expression désigne l'ensemble des conditionnements qui définissent la société comme milieu de vie ; la situation géographique et climatique du pays ; l'état des richesses naturelles ; l'organisation sociale, économique et politique ; les habitudes et les mœurs des gens ; les normes de justice reconnues ; le point de rencontre de toutes les activités issues des projets personnels des individus ; les comportements individuels enracinés dans l'expérience et la subjectivité de chacun.

Sur ce fond, les participants à la communication exercent une double opération : ils découpent une situation en ne retenant que l'ensemble des éléments qui dessinent le cadre du conflit à résoudre ; ils assument un appareil conceptuel qui définit le monde et ses diverses composantes.

La situation[3]

Découper une situation sur le monde vécu, c'est dégager l'ensemble des éléments qui tracent le cadre du conflit à résoudre, soit : le site géographique de l'usine ; les retombées économiques sur la région environnante et sur l'ensemble de la contrée ; l'impact sur le milieu naturel et la qualité de vie des gens ; l'ensemble des normes de justice qui concernent le cas à résoudre ; et, enfin, la manière, acceptation, refus, résignation, dont chacun des concernés, patrons, employés, clients, gens du peuple, évalue la conjoncture.

---

2. Jürgen Habermas, *Théorie de l'agir communicationnel*, tome 2, Paris, Fayard, 1985, p. 131-167. Aussi *Après Marx*, *op. cit.*, p. 52.

3. Jürgen Habermas, *Théorie de l'agir communicationnel*, *ibid.*, p. 135.

> Le monde vécu forme donc le contexte de précompréhension intuitive qui fournit le cadre situationnel de l'action ; il procure en même temps un ensemble de ressources qui alimentent les processus interprétatifs à l'aide desquels ceux qui prennent part à la communication cherchent à couvrir le besoin de compréhension qui occasionne la situation d'action[4].

Ainsi le « monde vécu » n'est pas seulement l'arrière-fond sur lequel se découpe une situation, il est aussi une réserve de ressources matérielles, techniques et humaines auxquelles les participants à la discussion peuvent se référer. Par exemple, pour résoudre un problème régional de pollution, les participants peuvent compter sur des experts venus d'ailleurs ou encore sur des procédés de pointe déjà développés dans d'autres coins de la planète où les recherches dans le domaine concerné sont nettement plus avancées.

L'appareil conceptuel

L'interprétation correcte de la situation suppose un appareil conceptuel accepté et maîtrisé par chacun des participants. La première notion de cet appareil, c'est

> une conception formelle du monde (comme ensemble des états de choses existant) ayant valeur de système référentiel, qui [...] permet de décider de ce qui est effectif et de ce qui ne l'est pas[5].

En ce qui concerne le problème de la pollution, par exemple, le concept aurait la portée suivante : dans l'état actuel des choses, parmi les solutions entrevues, certaines sont réalisables, d'autres non.

En second lieu, l'ensemble des états de choses existant est susceptible de se répartir en trois catégories : le monde objectif, soit les êtres naturels avec leurs propriétés, les objets artificiels qui, vu leur matérialité, leur ancrage dans la nature, sont dans une certaine mesure assujettis aux lois de cette dernière, et enfin

---

4. Jürgen Habermas, *Morale et communication*, *op. cit.*, p. 150.

5. *Id.*

l'ordre économique actuel qui, tout en devant son existence à des initiatives humaines, n'en évolue pas moins par la suite comme une quasi-nature ; le monde social des interactions légitimement établies ; et enfin le monde subjectif, c'est-à-dire le monde tel que compris et senti par chacun, à partir de ses expériences personnelles.

Pour s'achever dans un consensus authentique, l'activité communicationnelle doit être transparente ; ce qui dans un premier temps requiert de chacun des participants des attitudes correspondant à chacune des dimensions du monde.

> Autrement dit, les participants à la communication font reposer leurs efforts de compréhension sur un système référentiel qui comporte exactement trois mondes. C'est pourquoi l'entente dans la pratique communicationnelle quotidienne peut s'appuyer simultanément sur un savoir propositionnel intersubjectivement partagé, sur une convergence normative et sur une confiance réciproque[6].

Le monde objectif appelle une attitude objectivante[7] où le savoir est mesuré par son objet et ainsi appelé à cerner cet objet tel qu'il est dans la réalité avec ses propriétés et ses lois. Ce savoir s'amorce par des *observations* méticuleuses et s'achève dans des raisonnements dont la vérité doit être corroborée en dernière analyse par les données que fournit la méthode expérimentale. Ainsi, puisque le problème suscité par telle forme de pollution n'est soluble que dans le cadre des ressources matérielles disponibles et de la situation économique existante, il est nécessaire que la communication s'appuie sur des propositions qui expriment avec la plus grande approximation possible l'état réel de ces données.

Le monde social légitimement établi requiert des participants une attitude de conformité à ses normes[8] ; c'est-à-dire qu'ils doivent s'estimer liés par ces règles de conduite. La norme est un impératif qui comporte un caractère obligatoire. En l'occurrence, selon l'exemple adopté, les participants doivent reconnaître et accepter, entre autres, la norme qui enjoint de ne pas s'approprier

---

6. *Ibid.*, p. 151.
7. *Ibid.*, p. 153.
8. *Id.*

des biens d'une manière exclusive au détriment du bien commun, à moins que, dans une conjoncture donnée, les dommages causés par l'observance rigoureuse de cette règle soient plus élevés que la détérioration de l'environnement ; mais dans ce dernier cas, l'apport d'une compensation serait de rigueur.

Le monde subjectif tel que compris, senti et vécu par chacun au gré de ses expériences personnelles, de ses croyances, de sa culture, postule pour l'intercompréhension que chacun s'exprime avec sincérité selon ses convictions personnelles[9].

Cependant, pour que l'intercompréhension soit plus authentique, il est nécessaire que l'attitude correspondant à un monde donné soit étendue aux deux autres mondes. Ainsi l'attitude objectivante doit aussi porter sur les normes, en reconnaître, dans une proposition susceptible de vérité, l'existence, l'acceptation effective par les concernés, ainsi que la justesse si possible. Elle doit aussi, selon les critères disponibles, juger de la sincérité de chacun[10].

De même, l'attitude de conformité par laquelle on se plie à des contraintes, à des règles, doit s'appliquer aux mondes objectif et subjectif. La nature, sans énoncer d'impératif, impose néanmoins ses contraintes ; et s'y soustraire, par une exploitation incontrôlée de ses richesses, par exemple, entraîne des conséquences néfastes inévitables. La vie sociale oblige aussi à se plier, si elles sont par ailleurs acceptables, aux visions subjectives du monde que chacun entretient, ainsi qu'aux intérêts individuels en autant qu'ils sont légitimes.

Et enfin, il importe aussi que je sois sincère en ce qui regarde mon adhésion au savoir propositionnel et mon acceptation des énoncés normatifs.

Toutefois, avant d'en venir à une entente sur les divers points mentionnés, il arrive que les participants s'interrogent sur la vérité des propositions relatives du monde objectif, ou sur la justesse des normes reconnues, ou encore sur la sincérité de chacun. Ainsi, dans l'exemple choisi, il y a lieu d'examiner la

9. *Id.*

10. *Ibid*, p. 152.

vérité des propositions relatives au rapport de causalité entre les déchets toxiques et les procédés de fabrication, à l'évaluation comparée des avantages obtenus par les uns et des dommages subis par les autres, et enfin à l'état réel des ressources disponibles. Il faut aussi lever les doutes qui peuvent surgir en ce qui regarde la justice des normes établies qui définissent les limites respectives de la propriété privée et de la propriété commune. Et enfin la sincérité de chacun peut être remise en question.

Pour que l'intercompréhension circule d'une manière rigoureuse, les participants doivent en venir à un accord sur la vérité des propositions et la justice des normes, et en outre se vouer une confiance mutuelle. Bref l'unité entre les participants doit être telle qu'ils en viennent à penser et à vouloir comme s'ils n'étaient qu'une seule personne. Aussi l'activité orientée vers l'intercompréhension exige-t-elle que les participants effectuent ce difficile passage de la diversité à l'unité. La communication est une mise en commun où le moi de chacun fait l'autre sien.

Telle que décrite, l'activité communicationnelle orientée vers l'intercompréhension n'a d'autre rôle que de définir des conditions de base sur lesquelles toute discussion appelée à l'établissement d'une nouvelle norme doit s'étayer. C'est à partir d'un savoir et d'un vouloir ainsi communément partagés que s'amorce l'élaboration d'une nouvelle norme par la voie de la discussion. C'est seulement sous la poussée d'un savoir et d'un vouloir communs pertinents que les intervenants dans la discussion parviendront à un accord valide.

En tant qu'attribuée au savoir moral et pratique, l'activité communicationnelle projette un nouvel éclairage sur le contenu spécifique de ce dernier, tel qu'il est apparu au terme d'un développement antérieur. En effet, l'activité communicationnelle est langagière ; elle réside dans des échanges verbaux. C'est par de tels échanges que les connaissances et les intentions forment un milieu commun dont tous les participants ont conscience. Elle apporte ainsi des clarifications d'ordre conceptuel en différenciant les trois mondes auxquels se réfèrent le savoir et le vouloir communs. Bref, elle appuie le savoir moral et pratique sur une philosophie de l'action.

L'éthique de la discussion

La discussion, relative à la position d'une norme, doit donc se dérouler selon les exigences de l'activité communicationnelle. Cependant, pour assurer la validité du résultat d'une telle opération, Habermas l'assujettit à une éthique particulière dont le principe est le suivant :

> ... une norme en litige entre ceux qui prennent part à une discussion pratique ne peut être approuvée que si U est en vigueur, autrement dit : si les suites et les effets secondaires, qui de manière prévisible proviennent du fait que la voie litigieuse a été universellement observée dans l'objectif de satisfaire les intérêts de tout un chacun, peuvent être acceptés sans contrainte par tous[11].

Dès lors ne peuvent prétendre à la validité que les normes qui peuvent être acceptées sans contrainte par toutes les personnes concernées en tant qu'elles participent à une discussion pratique.

D'où vient la pertinence d'un tel principe ? Puisque le juste réside dans un fait, il importe de cerner avec la plus grande approximation possible le rapport de causalité entre l'activité prescrite par la norme et son impact réel sur l'usage de la liberté d'autrui. Or il arrive que ce rapport soit affecté d'une double indétermination qui ne pourra être comblée que d'une manière approximative. Tout d'abord, la connaissance des implications et des ramifications de la liberté demeure toujours perfectible et donne lieu à de nombreuses controverses encore à l'heure actuelle ; et ensuite, l'étendue exacte de la totalité des effets susceptibles de découler d'une activité est loin d'être acquise, aussi la norme ne tient-elle compte que des effets prévisibles.

Vu cette double indétermination toujours subsistante, il est impossible d'attribuer à la norme un caractère universel qui reposerait sur un lien nécessaire entre elle et le juste.

Cependant, pour Habermas, il est possible de parvenir à une autre forme d'universel qui résulte de l'acceptabilité, sans contrainte aucune, de la norme, par l'ensemble des concernés

---

11. *Ibid.*, p. 114.

conscients de leurs intérêts individuels respectifs. Selon lui, le principe U est une passerelle qui permet de surmonter l'exigence d'un lien nécessaire entre un sujet et un prédicat et de produire un universel assimilable à celui auquel parvient l'induction à la suite d'observations multiples où le même prédicat est régulièrement attribué au même sujet. Si l'ensemble des individus acceptent ou peuvent accepter sans contrainte la norme proposée, même en l'absence d'un lien nécessaire, la norme revêt une certaine forme d'universalité, la seule qui soit vraiment accessible, étant donné l'indétermination toujours flottante, du moins dans l'état actuel des connaissances, du rapport de causalité entre l'activité prescrite par la norme et ses effets sur la liberté.

De même que l'induction confère à ses énoncés une justification suffisante pour que les activités techniques s'y conforment, le principe U+ apporte aux normes la rationalité que requiert leur caractère obligatoire.

Selon Habermas, le principe U se fonde sur la nécessité pour les participants à la discussion de se plier aux règles d'une argumentation logique, dénuée de contradictions, appuyée sur des propositions incontournables, et ainsi dépassant le cadre d'une simple convention qui solutionnerait le conflit par un consensus qui ne s'appuierait pas sur des raisons suffisantes.

Ici il n'y a pas lieu d'approfondir l'argumentation rationnelle déployée par Habermas en vue de justifier le bien-fondé de son principe. En effet, Habermas reconnaît que son principe ne conduit qu'à l'universalité formelle qui ne préjuge en rien de l'universalité réelle du rapport norme-juste. En outre, ce sur quoi se fonde cette universalité formelle, à savoir l'acceptabilité sans contrainte par tous et chacun des concernés, est une donnée tout à fait recevable dans le cadre du savoir moral et pratique.

Avant de terminer, il est bon d'entrevoir quel rôle jouerait le principe U dans la solution du problème de la pollution tel que posé dans les pages antérieures.

Le cœur du débat se résume à un conflit juridique entre d'un côté le droit à l'exploitation des propriétaires de l'industrie et le droit à la subsistance des employés et, d'un autre côté, le droit à un environnement sain et à la qualité de vie qui s'ensuit pour les habitants de la région. Le droit des uns l'emporte-t-il sur le droit des autres ? L'analyse actuelle des droits respectifs des concernés n'apporte pas une solution claire et distincte à cette interrogation. Il ne reste qu'à invoquer le principe U. Si ce dernier est appliqué, les solutions radicales opposées ne pourraient ni l'une ni l'autre obtenir sans contrainte le consensus des concernés. En effet, la fermeture de l'usine priverait les uns de l'emploi qui assure leur subsistance, et le maintien du *statu quo* mettrait en péril la santé des habitants. En vertu du principe U, il est nécessaire d'adopter une solution de compromis qui respecte les intérêts des uns et des autres, car seule une solution de ce genre est susceptible d'entraîner l'assentiment de tous les concernés.

Comme activité communicationnelle orientée vers l'intercompréhension, le savoir moral et pratique se définit plus précisément : il se développe par des échanges verbaux ; il est commun dans la mesure où tous sont conscients de partager le même savoir ; il rallie les participants à une décision commune appuyée sur des motifs reconnus de tous. S'il se déroule selon les exigences du principe U, il s'achève dans une norme juste universelle en tant qu'elle est acceptable sans aucune contrainte par tous. Certes l'objectivité ainsi atteinte n'est pas aussi rigoureuse que celle qui s'exprime dans une proposition universelle où le lien entre le sujet et le prédicat est nécessaire. L'affirmation « telle norme est juste », vu l'indétermination jamais complètement levée de la signification accordée au contenu de la norme et à l'attribut « juste », ne pourra jamais être nécessaire au sens le plus strict. Cependant, l'universalité au sens large, telle que définie par le principe U, est la seule qui, dans l'état actuel des connaissances, soit accessible dans le domaine de la morale vécue. Toutefois, l'universalité au sens strict, à titre d'idée directrice et d'idéal visé, exerce sur le savoir moral et pratique, une incitation à déployer le maximum d'efforts pour parvenir à la solution qui soit la plus juste possible.

En tant qu'activité communicationnelle, le savoir moral et pratique se distingue de la prudence (*phonésis*) d'Aristote. Tout d'abord, contrairement à cette dernière, le caractère obligatoire de ses décisions ne s'enracine pas dans le devoir naturel qui incombe à chacun d'agir selon sa bonne conscience, mais dans un consensus entre plusieurs, établi à la suite d'une procédure définie. Chez Aristote, un individu particulièrement doué comme Périclès, détenteur d'une prudence dite architectonique qui lui permet de saisir la portée sociale des activités de chacun, peut établir les normes obligatoires pour tous les citoyens. Ce point de vue est incompatible avec le consensus requis par Habermas ; en ce qui concerne les normes universelles, un individu ne peut décider pour les autres.

Certes le consensus n'échappe pas à toute possibilité d'erreur, mais il en diminue au moins les risques dans la mesure où il fait appel à un plus grand nombre d'informations et de connaissances.

En outre, à la différence d'Aristote, chez Habermas la procédure décisionnelle n'a pas pour fonction ultime de parfaire les humains, mais d'implanter un ordre social plus juste.

CHAPITRE III

L'INTERPRÉTATION CRÉATRICE DE RONALD DWORKIN

Remarques préliminaires

Le savoir moral et pratique, défini comme activité communicationnelle, ouvre la voie à la conclusion d'un accord rationnel, mais il demeure grevé par l'imperfection récurrente du savoir de chacun des participants. La justesse de la solution adoptée au terme de la discussion reste dépendante de l'état des connaissances de l'ensemble des participants. Comment améliorer le savoir de chacun, de façon à le rendre le plus objectif possible ? Certes, dans la mesure où la justice est concernée par l'extension de la causalité d'une action à l'ensemble de ses effets, elle repose sur un savoir scientifique et technique dont les développements importent au plus haut point. Toutefois, selon Dworkin, les décisions relatives à un problème concret se prennent surtout à partir d'un contexte marqué par un ensemble de pratiques sociales déjà existantes. Ces dernières incorporent, à titre d'éléments, des paradigmes de justice reconnus par tous, ainsi que des lois et des droits issus des décisions passées. Cette donnée incite Dworkin à concentrer sa recherche sur les modalités auxquelles doit se plier l'attitude de conformité aux normes établies. Selon lui, ces normes ainsi que leurs composantes, principes, notions et données sont sujets à une interprétation qui seule est susceptible de révéler leur véritable signification.

Cependant, toute interprétation inclut une part de subjectivité ; aussi afin de canaliser cette opération sur la plus grande objectivité possible, Dworkin va-t-il lui conférer un certain nombre de modalités dont le registre varie ente la définition de la tâche à accomplir et l'imposition de règles précises. Par là, il attribue au savoir moral et pratique une nouvelle dimension qui vient s'ajouter à celle que Jürgen Habermas avait déjà proposée.

Les ouvrages de Ronald Dworkin se situent d'emblée dans le courant du savoir moral et pratique qui anime de fait le processus concret de la justice. Dans son livre intitulé *Law's Empire,* il expose sa pensée sous une forme plus unifiée que dans les autres ouvrages, soit *A matter of principle* et *Taking rights seriously.* Aussi le présent travail s'appuiera-t-il principalement sur ce volume[1].

Pour bien saisir l'originalité de la contribution de cet auteur, il importe de la situer dans le contexte où elle s'inscrit.

Lors d'un congrès tenu en France en 1987, John Rawls apportait certaines précisions relatives à son projet théorique. Dans son exposé, il affirmait : « ... la conception publique de la justice doit être politique et non pas métaphysique[2] ». Dans la mesure où la justice est une dimension de l'organisation sociale, il appartient à l'art et au savoir moral politiques d'en élaborer les normes. Mais la construction de John Rawls débouche sur une utopie politique. Aussi Dworkin va-t-il centrer sa réflexion sur la politique ordinaire, active, telle qu'elle se déroule actuellement aux États-Unis, avec ses lois, sa jurisprudence et les convictions populaires[3]. Il n'entreprend pas une refonte radicale des structures existantes ; il vise à les améliorer en accentuant un comportement déjà à l'œuvre à l'intérieur du processus américain de la justice : l'attitude interprétative.

Le champ ouvert à une telle attitude, en ce qui nous concerne, comprend à la fois les concepts, les pratiques et les

1. Ronald Dworkin, *Law's Empire,* Cambridge, Harvard University Press, 1986.
2. John Rawls, « La théorie de la justice comme équité : une théorie politique et non pas métaphysique », dans C. Audard *et al., Individu et justice sociale,* Paris, Seuil, 1988, p. 279.
3. Ronald Dworkin, *Law's Empire, op. cit.,* p. 164.

institutions qui relèvent de la justice. Tous les éléments sont dits interprétatifs, c'est-à-dire qu'il appartient à un interprète autorisé, comme le législateur ou le juge, d'en déterminer le sens et la portée. Toutefois, un interprète n'est dit autorisé que s'il juge et décide en tant que membre et représentant de la communauté ; non pas en tant qu'individu. En fait, il agit au nom de l'État qui accède au statut de personne morale.

Parmi les critères sur lesquels s'appuie l'interprétation, il faut citer, outre la justice et l'équité, l'intégrité, soit la fidélité de l'État à ses propres principes de justice. Le concept d'intégrité, un produit de l'interprétation de Dworkin, assume un rôle de premier plan dans la solution des cas litigieux où la justice et l'équité s'avèrent insuffisantes.

Mais en quoi consiste au juste l'interprétation créatrice, quels en sont les fondements et comment opère-t-elle ? Telles sont les interrogations auxquelles il importe de répondre.

L'interprétation créatrice

Approche descriptive

Le pianiste de concert accorde aux œuvres des grands auteurs une signification qu'il privilégie parmi d'autres possibles ; il en est de même pour le metteur en scène d'une pièce de Shakespeare. C'est en ce sens que les artistes exécutants sont dits interprètes. Cependant, leur interprétation, pour être valable, doit respecter pour ainsi dire l'esprit de l'œuvre, cet aspect essentiel sans lequel l'apport de l'exécutant ne serait plus une interprétation, mais la production de quelque chose d'autre.

Les artistes exécutants apportent une signification à une œuvre achevée sous un aspect, soit l'écriture, mais inachevée sous un autre, soit la modalité de l'exécution. Il est une autre forme d'interprétation dont l'objet est une œuvre inachevée au niveau même de l'écriture et qui consiste à parachever l'œuvre dans son écriture, du moins en partie, sinon en totalité, selon les exigences de la signification jugée la meilleure. Ainsi les écrivains, qui assument la tâche de poursuivre la rédaction d'un « roman-savon » dont plusieurs épisodes ont déjà été écrits par d'autres, se vouent à cette forme d'interprétation. Il s'agit pour eux de retracer l'idée qui constitue le noyau des intrigues et de rédiger les épisodes à venir selon la signification qu'ils jugent la meilleure en regard de l'idée maîtresse. Selon Dworkin l'interprétation des lois se rapproche plutôt de celle qui prévaut dans le dernier exemple. En effet, il se situe d'emblée dans la perspective de la politique ordinaire aux prises avec un processus de justice déjà existant mais toujours en voie d'achèvement.

Sur quoi repose ce rapprochement entre l'interprétation des œuvres d'art et celle qui anime le processus de la justice ?

> La forme d'interprétation que nous étudions — l'interprétation des pratiques sociales — est semblable à l'interprétation artistique de la manière suivante : elles visent toutes deux à interpréter quelque chose qui a été crée par les humains en tant qu'entité distincte d'eux, plutôt que le « dire » des gens comme dans l'interprétation d'une conversation ou que le fait non scientifique. J'insisterai sur la ressemblance entre l'interprétation artistique et l'interprétation des pratiques sociales. Je les appellerai toutes les deux comme des formes d'interprétation « créatrice » pour les distinguer des interprétations propres à la conversation et à la science[4].

Justification

Sur quel fondement reposent la possibilité et l'émergence de l'interprétation créatrice ? Le point commun aux pratiques sociales et aux œuvres d'art réside en ce qu'elles sont des produits de l'être humain, pris comme individu ou comme regroupement. Or les œuvres des humains, quelles qu'elles soient, laissent toujours subsister, sous un aspect ou un autre, une marge d'indétermination qui appelle des déterminations subséquentes. Les œuvres de Mozart et de Shakespeare sont achevées dans leur écriture mais, dans leur exécution, elles laissent le champ libre à diverses interprétations. Toutefois, il est bon de noter que la forme d'exécution privilégiée confère à l'œuvre écrite une signification particulière. S'il s'agit d'un roman-savon dont l'écriture est

4. *Ibid.*, p. 50.

inachevée et doit être menée à terme par de nombreux écrivains, ces derniers, tout en respectant le fil des intrigues déjà amenées, pourront tout de même, à travers leur propre rédaction, présenter ce fil sous un nouvel éclairage.

Il en est de même pour les pratiques sociales, comme la courtoisie, la législation et l'adjudication. Le processus de la justice, avec ses lois, sa jurisprudence et sa tradition orale, est toujours inachevé et par suite affecté d'une marge d'indétermination qui laisse aux législateurs, aux juges et au peuple le soin d'interpréter ce que la justice requiert, surtout dans la conjoncture où surgissent de nouveaux problèmes, et par suite, soit de poser de nouvelles normes, soit d'améliorer celles qui existent déjà. Les processus naturels ne sont pas affectés par cette forme d'indétermination ; certes des hasards peuvent entraver leur cours, mais une fois l'obstacle levé, ils se déroulent d'une manière prévisible et déterminée, selon les lois dérivées des propriétés mêmes des choses.

L'interprétation : une construction

La collation d'un sens à une œuvre d'art ou à une pratique sociale s'effectue par une démarche dite constructive ; la signification accordée est dite construite. Quelles sont les grandes lignes du modèle à suivre dans cette entreprise ?

En l'occurrence, puisque l'objet de la présente étude concerne surtout ce qui est afférent à la justice, il importe d'examiner les deux principaux modèles suivant lesquels des normes de justice sont susceptibles d'être établies.

Selon le modèle naturel, le concept de justice et ses normes se révéleraient à une lecture attentive et réfléchie de la condition naturelle de l'homme, de la même manière que les notions de base de la physique ainsi que les lois qui en dérivent sont saisies par une observation rigoureuse de l'ordre naturel ; ils seraient déjà présents dans un ordre ontologique déterminé.

Le modèle dit « constructif » assume que le concept de justice et ses normes sont à construire, non à découvrir, et il désigne les règles pour y parvenir. Selon ce modèle, l'observation des humains ne fournit que des données fragmentaires comme les ossements détachés d'un animal préhistorique dont le sens ne s'affirme que par la médiation de leur rassemblement en un tout, d'une reconstruction dont la raison et l'imagination du paléontologue sont les agents principaux[5]. Comme les humains ne disposent pas d'une image achevée de l'animal, le succès de leur entreprise se mesure à la cohérence et à la justesse des articulations posées entre les fragments. Toutefois, malgré la vraisemblance obtenue rien ne prouve d'une façon péremptoire qu'il s'agisse d'une reproduction adéquate de l'animal tel qu'il a existé.

Selon Dworkin, le processus adopté par Rawls dans la détermination des principes de justice est une construction de ce genre. Les individus dans la situation originelle assument comme point de départ de leur réflexion leurs propres intuitions relatives aux droits fondamentaux, puis ils les passent au crible de leurs convictions familières, de façon à ce qu'elles deviennent des jugements bien pesés. Les intuitions premières ne seront retenues que si elles sont corroborées par les convictions familières de chacun ; que si elles s'ajustent les unes aux autres de manière à former un tout cohérent ; ayant traversé cette épreuve avec succès, elles accèdent au statut de principes de justice. Certes la démarche suivie par Rawls dans la détermination des principes est ici simplifiée ; néanmoins, elle suffit à manifester son caractère constructif. Ce sont des opérations humaines, intuition, mise en relation, jugement et décision qui font accéder les connaissances premières au statut de principes. La signification « principe de justice » est bel et bien accordée par un processus humain ; ce n'est pas une découverte, car antérieurement à ce processus les intuitions ne sont pas des principes. L'ensemble du processus se déroule au niveau du connaître, du savoir-faire et du vouloir ; en dernière analyse, c'est une décision humaine qui pose les principes.

Lorsqu'il décrit le modèle « constructif » dont on retrouve les grandes lignes chez Rawls, Dworkin souligne un point sur lequel il insistera tout au long de sa démarche :

> Le modèle constructif considère les intuitions d'un point de vue plus public (non individuel) ; c'est un modèle qui

5. Ronald Dworkin, *Taking rights seriously*, Cambridge, Harvard University Press, 1978, p. 160.

> pourrait être proposé pour le gouvernement d'une communauté dont les membres possèdent chacun des convictions fermes, différentes, sans l'être trop, des convictions des autres[6].

Puis il précise sa pensée :

> Ce modèle serait approprié à l'identification du programme de justice qui s'ajuste le mieux aux convictions communes de la communauté, sans référence à la description d'un univers moral objectif[7].

Dans la situation originelle, parmi les éléments qui influent sur la prise de décision, les convictions familières de chacun jouent un rôle de premier plan. Cependant, telles que mentionnées par Rawls, il n'est pas évident que ces convictions familières propres à chacun soient aussi partagées par l'ensemble des membres de la communauté.

Sur ce point, Dworkin est précis. Parmi les modalités caractéristiques du modèle « constructif », à « l'univers moral objectif » il substitue « les convictions communes de la communauté ».

Selon le dernier texte cité, le modèle « constructif » assigne aux convictions communes le rôle de critère objectif qui selon certaines théories est encore attribué à un ordre moral éternel et immuable ; d'ailleurs un ordre moral, dont les humains sont les concepteurs et les auteurs, n'a d'autre objectivité que celle que lui confère le comportement social des gens animés par leurs convictions. Aussi le « modèle constructif » propose-t-il deux règles à suivre dans l'élaboration des normes : assumer comme point de départ les intuitions fondamentales des membres de la communauté ; ajuster ces convictions, si elles sont divergentes, aux convictions que partagent l'ensemble des membres de la communauté.

---

6. *Ibid.*, p. 163.

7. *Id.*

L'interprétation créatrice : traits spécifiques

L'interprétation selon Dworkin est une construction, mais une construction marquée par des caractères spécifiques. Il ne s'agit pas pour lui de construire les normes, comme le propose Rawls, à partir d'une situation originelle où la plupart des aspects concrets de la conjoncture présente sont écartés par le voile d'ignorance, mais plutôt de les établir par une analyse approfondie des pratiques existantes. L'objet de l'interprétation, ce sont les pratiques sociales existantes, y compris, il va de soi, les pratiques normatives telles qu'elles se présentent à la politique exercée au fil des jours.

Aussi la construction des règles et des normes s'effectue sous la poussée d'un comportement spécifique des agents, d'une attitude interprétative vis-à-vis des pratiques sociales. Cette attitude, applicable à toute pratique sociale, se définit par deux composantes :

> La première assume que la courtoisie (par exemple) n'existe pas simplement, mais qu'elle véhicule une valeur, c'est-à-dire qu'elle sert un intérêt, un but ou renforce quelque principe, en résumé qu'elle renferme un point (un aspect essentiel) qui peut être établi indépendamment de la seule description des règles qui constituent la pratique. La seconde assume que les exigences de la courtoisie (par exemple) — la conduite qu'elle recommande ou les jugements qu'elle cautionne — n'ont pas nécessairement ou exclusivement la portée qu'on leur a attribuée jusqu'à ce jour, mais sont plutôt sensibles au « point » visé par la pratique, de telle sorte que les règles strictes doivent être comprises ou appliquées, ou étendues, ou modifiées, ou qualifiées, ou limitées par ce point[8].

L'attitude interprétative réside dans un comportement par lequel, dans un premier temps, on vise à cerner le « point », l'aspect essentiel d'une pratique et, dans un second, à évaluer si oui ou non les règles recommandées par la pratique sont pertinentes, en regard du « point » ; si non elles sont écartées et remplacées par d'autres ; si oui elles sont maintenues, ou modifiées, ou étendues selon les exigences des cas conjoncturels. Toute règle reçoit sa signification de son rapport au « point ».

---

8. Ronald Dworkin, *Law's Empire*, *op. cit.*, p. 47.

Ainsi l'attitude interprétative n'est pas purement judicative, elle est aussi volitive ; en effet, elle s'achève dans une décision qui se traduit soit par le maintien, l'extension ou la modification d'une règle, soit par l'institution d'une nouvelle règle.

Le « point » de la courtoisie, c'est de fournir l'occasion de manifester du respect à des supérieurs sur le plan « social ». Cet aspect essentiel est susceptible de se réaliser de diverses manières tant selon les marques de déférence, comme saluer, céder un siège, laisser passer devant, etc., que selon les bénéficiaires de ces marques de respect, les ministres, les héros, les femmes, les vieillards, les prêtres... Pendant les périodes de foi intense, les ministres du culte jouissaient d'un prestige qui leur attirait la déférence de chacun, salutation ou préséance ; avec l'avènement d'une forme de rationalisme généralisé, ces coutumes ont presque disparu. Les prêtres ne sont aujourd'hui dans l'ensemble ni considérés ni traités comme des supérieurs sur le plan social.

Il peut arriver aussi que dans certaines circonstances la courtoisie exige l'abstention de toute marque de déférence à l'égard d'un homme public à qui elle serait due dans une autre conjoncture, par exemple s'il était en vacances et manifestait de toute évidence qu'il désire jouir de l'anonymat. Enfin, il n'est pas impossible, bien que ce soit improbable, qu'un jour les individus, au nom de l'égalité de tous, décident de ne plus pratiquer la courtoisie.

L'attitude interprétative — concept interprétatif

Selon Dworkin, l'attitude interprétative, telle qu'il la définit, est elle-même un concept interprétatif, en ce sens qu'il lui octroie lui-même sa signification : « L'analyse de l'interprétation que je construis et défends dans ce chapitre est le fondement du reste de l'ouvrage[9]. »

Aussi tient-il à la distinguer des autres sens que le terme interprétation revêt parfois dans le langage courant.

9. *Ibid.*, p. 50.

Appliquée à la conversation, l'interprétation vise à saisir avec exactitude la pensée que l'interlocuteur veut communiquer ; elle est donc mesurée par l'intention même de ce dernier. D'un autre côté, le physicien qui étudie la nature est dit interpréter cette dernière ; toutefois, en dernière analyse, sa compréhension est mesurée par les propriétés et les lois mêmes des êtres naturels, lesquelles ne dépendent en aucune façon du *vouloir* des individus humains. Le scientifique cherche à comprendre ce que « les données observables essaient de lui communiquer », il entre pour ainsi dire en dialogue avec la nature. Pour certains (Gadamer) l'interprétation dégage le sens d'une œuvre à travers la reconstitution de sa genèse historique.

Il n'en est pas ainsi pour l'interprétation telle que conçue par Dworkin. Tout d'abord, elle ne concerne que les ouvrages créés par les humains, telles les œuvres d'art et les pratiques sociales. En tant que « créatrice », elle ne cherche pas à cerner les causes économiques, psychologiques ou physiologiques qui ont provoqué l'existence d'une pratique sociale ou d'une œuvre d'art, mais plutôt, une fois saisi le « point » auquel ces dernières sont ordonnées, à déterminer les modalités qu'elles doivent revêtir pour être les plus significatives, les plus performantes, en regard de l'aspect essentiel de l'œuvre d'art ou de la pratique.

> En gros, l'interprétation constructive consiste dans l'imposition d'une fin visée à un objet ou à une pratique dans le dessein de faire d'eux le meilleur exemple possible du genre auquel ils sont jugés appartenir[10].

C'est par une analyse de « l'interaction entre la fin visée et l'objet ou la pratique » que l'interprète parvient à dégager la meilleure signification qui convienne à la pratique ou à l'objet, soit les règles constitutives susceptibles d'engendrer la meilleure performance.

Intention et sens de la pratique ou de l'objet

Il importe de souligner la distinction entre l'intention de l'auteur et le sens inhérent dans la pratique ou l'objet. Puisque les

---

10. *Id.*

œuvres d'art et les pratiques sociales originent dans le savoir et le vouloir des humains, il semblerait qu'elles trouvent leur sens d'abord et avant tout dans les idées et les intentions de leurs auteurs. Mais cette vision des choses ne correspond pas à la réalité. En effet, les gestes, les opérations, les matériaux, les figures et les formes utilisés par les agents dans la construction de la signification à conférer sont traversés par une ontologie propre qui est indépendante du vouloir des agents et d'où ils tirent un sens et des propriétés. Aussi la signification globale d'une œuvre d'art ou d'une pratique sociale est-elle le résultat à la fois de la signification ontologique des éléments dont elle se compose ainsi que de leurs rapports, et de la signification que visent les agents par un rassemblement ordonné des éléments choisis. Il s'ensuit que cette signification globale est toujours plus ou moins adéquate aux idées de l'auteur. Qu'un arrangement de formes et de couleurs, ou encore de sons, produise tel effet visuel ou auditif est attribuable à de nombreux facteurs : l'idée et le faire de l'agent ; les propriétés mêmes des formes, des couleurs ou des sons, les effets de leur rapprochement ; selon la prédominance de tel ou tel facteur, la signification globale ne sera pas la même.

Dans le domaine de l'économie, la pratique de l'échange, selon les attentes des individus, implique des produits d'égale valeur ; toutefois, ce qu'il est convenu d'appeler le « juste prix » relève d'un ensemble d'opérations, d'heures de travail, d'offre et de demande, de libre concurrence, dont le fonctionnement d'ensemble revêt une quasi-autonomie face au pouvoir de contrôle des humains ; et par voie de conséquence la signification réelle des échanges rejoint plus ou moins l'égalité visée.

Ainsi la signification de l'œuvre d'art ou de la pratique sociale ne peut être identifiée à l'intention de l'auteur et il n'est pas nécessaire de connaître cette intention pour saisir le sens et la portée d'une œuvre ou d'une pratique.

Dans la mesure où les règles constitutives d'une pratique sont en elles-mêmes des modes de réalisation d'une visée, cette dernière est perceptible à travers elles, et ainsi, en les analysant, l'interprète juge si oui ou non il y a lieu, par exemple, de leur en substituer de nouvelles qui répondraient mieux à la fin visée.

Interprétation et objectivité

La mise au rancart d'un ordre moral à découvrir soulève le problème de l'objectivité. Déjà le modèle constructif générique se heurtait à cette difficulté ; Dworkin l'avait résolue en soulignant que l'objectivité de l'ordre moral reposait sur les convictions communes des gens et non sur des données purement ontologiques.

Ce même problème surgit maintenant sous une autre forme : comment établir qu'une interprétation est objectivement meilleure qu'une autre ? Voici la réponse de Dworkin.

> La présente recherche vise à découvrir, au moins dans le sens suivant : quel point de vue relatif aux matières importantes dont nous discutons s'accorde le mieux avec les convictions que chacun, ensemble avec les autres, ou pris un par un, possédons et maintenons en ce qui concerne la meilleure performance de ces pratiques[11] ?

Une considération est dite objective en tant qu'elle est soutenue par chacun comme valable pour n'importe qui. Une conviction accède au statut de critère objectif moral si elle remplit deux conditions : si son contenu est estimé valable pour tous ; si elle s'accorde avec les convictions des autres en ce qui concerne l'objet et la portée de ce contenu. Si la justice est une institution humaine et ne dispose d'aucun modèle ontologique, à quel niveau d'objectivité peut-elle se situer si ce n'est à celui des ouvrages dont l'homme est le concepteur et l'agent ?

L'interprétation créatrice et les pratiques légales

Les pratiques légales, législation et jurisprudence, à l'instar de toute pratique sociale, sont assujetties à l'attitude interprétative ; cette dernière est ordonnée à déterminer la signification qui convient le mieux à la pratique, non pas selon les intentions de ses auteurs, mais considérée en elle-même, selon ses traits réels, en regard de son aspect essentiel, de sa finalité propre. Quel sens convient le mieux à la loi relative aux testaments dans le contexte où un individu tue son père pour entrer en possession de

11. *Ibid.*, p. 81.

l'héritage qu'il escompte ? Cette loi autorise-t-elle l'héritier présomptif à recevoir son legs même s'il a commis un meurtre pour l'obtenir ? En l'occurrence, la meilleure interprétation de la loi se traduit-elle par une licence ou une prohibition ? Le débat est important, car la décision du juge détermine et impose le sens et la portée de l'impératif qui constitue la loi. Aussi le problème de fond est-il le suivant : comment établir (et non pas démontrer) selon les critères de l'objectivité morale qu'une interprétation est meilleure que l'autre ?

Comme cette entreprise est complexe et se déroule en plusieurs phases, examinons une à une les principales étapes à franchir pour parvenir à la solution qui s'appuie sur l'argumentation la plus convaincante. Toute argumentation relative aux pratiques tire son objectivité première de son articulation à ce que la presque totalité des membres de la communauté reconnaissent comme le « point » (*purpose*), soit la fin visée par la pratique. Bien que le « juste » ne soit pas l'unique élément à figurer dans le « point » de la loi, il n'en est pas moins l'un des principaux ; et comme il est lui-même un concept interprétatif, il importe de l'examiner d'abord.

À première vue, il semble impossible de réconcilier autour d'un concept de base les diverses conceptions de la justice encore invoquées, comme celles de Rawls, Nozick, des utilitaristes et des égalitaristes. Comme il n'est pas d'énoncé, si abstrait soit-il, qui puise rallier des opinions aussi divergentes, Dworkin se replie sur certaines propositions particulières, susceptibles d'obtenir l'assentiment de presque tous les théoriciens. Qui oserait affirmer à l'heure actuelle, quelle que soit sa conception privilégiée de la justice, que l'esclavage, l'infliction d'un châtiment à un innocent ou la spoliation des pauvres par les riches ne sont pas des injustices[12]. Ces dernières propositions sont dites des paradigmes et constituent « le point » des pratiques sociales sous l'angle de la justice ; par voie de conséquence, elles serviront de base à toute argumentation destinée à justifier une interprétation. Ainsi c'est à partir de l'un ou l'autre de ces paradigmes que l'interprète construit son concept de ce qui est juste dans tel ou tel cas. Ainsi selon une approche provisoire, vu le paradigme que nul

12. *Ibid.*, p. 75.

ne doit profiter de son crime, il est juste que l'individu, coupable du meurtre d'un parent, dont il est l'héritier présomptif, soit privé de son héritage.

Il est bon de noter, pour mieux comprendre ce qu'est un concept interprétatif, que le terme « juste » dans la proposition, « il est juste que l'individu... », n'est pas porteur d'un sens abstrait déjà là, mais reçoit sa signification de l'interprète qui la pose en fonction d'un paradigme. Selon l'exemple cité, la pratique n'est juste que si elle n'autorise pas quelqu'un à profiter de son crime ; ou, en l'occurrence, la meilleure façon de réaliser le point en question, c'est de priver le meurtrier de son héritage.

Le point de la loi

Cependant, le « point de la loi » déborde celui du « juste », aussi faut-il l'examiner dans toute sa complexité. Dans le texte suivant, Dworkin exprime l'essentiel de sa pensée en ce qui concerne la finalité inscrite à l'intérieur de toute pratique légale.

> Les gouvernements poursuivent des buts : ils visent à rendre prospères, ou puissantes, ou religieuses, ou éminentes les nations qu'ils gouvernent ; ils visent aussi à conserver le pouvoir. Ils emploient la force collective dont ils ont le monopole pour atteindre ces fins et d'autres en plus. Notre discussion assume dans l'ensemble, du moins je le suggère, que le « point » le plus abstrait et le plus fondamental de la pratique légale consiste à guider et à contraindre le pouvoir du gouvernement de la manière suivante. La loi exige que la force ne soit employée ou retenue, peu importent l'utilité escomptée, les avantages et la noblesse des fins visées, que si elle est permise ou requise par les droits individuels dérivant des décisions politiques passées déterminant quand l'emploi de la force est justifié[13].

Le gouvernement, en tant qu'entité, dispose de la force requise pour exécuter ses projets ; la loi vient déterminer quand l'emploi de cette force est justifié. La norme justificatrice, ce sont les droits et obligations en tant qu'issus de décisions politiques

---

13. *Ibid.*, p. 93.

passées. À l'encontre des théories utopistes, comme celles de Nozick et de Rawls, Dworkin ne repart pas à zéro, d'une situation imaginaire initiale d'où il pourrait reconstruire l'ordre moral ; il assume l'ordre moral existant, mais il le libère de la gangue qui l'entoure et le vicie et met à jour le noyau auquel se rattachent les pratiques légales valables. Tel est le sens de l'expression « en tant qu'issus de... ».

Pour Dworkin, l'institution des droits relève du pouvoir politique : instituer un droit, c'est protéger par la force un choix fondamental des individus ou un projet de société. C'est pourquoi les « décisions passées » figurent dans sa description du point de la loi.

Toutefois, la conception du « point » de la loi élaborée par Dworkin, vu son abstraction, soulève plusieurs questions auxquelles il importe de répondre. Toutes ces difficultés concernent le lien entre les droits, obligations et les décisions politiques passées. D'où deux interrogations. Tout d'abord pourquoi l'usage de la force étatique tire-t-il sa justification de son accord avec les obligations découlant de décisions politiques passées ? En second lieu, que faut-il entendre au juste par « découler de décisions passées » ? La réponse à la première question ne pose aucun problème. Que des droits et obligations conditionnent l'emploi de la force étatique, c'est une contrainte qui garantit à tous les citoyens un traitement égal minimum de la part du gouvernement. Il est plus difficile d'apporter une réponse satisfaisante à la deuxième interrogation : de quelle manière les droits et obligations dérivent-ils des décisions politiques passées ? S'enracinent-ils dans la lettre des textes de loi et de jurisprudence ou dans leur esprit, c'est-à-dire dans les principes qui, écrits ou non, explicitement invoqués ou non, s'avèrent des justifications des décisions passées.

Les conventionnalistes privilégient les textes écrits. Les pragmatistes ne retiennent que les principes considérés en eux-mêmes indépendamment de leur lien avec les décisions passées ; ils appuient leur jugement sur la justice et l'équité en fonction des conséquences futures prévisibles. Dworkin présente une solution originale : il articule les droits et obligations, les principes et les décisions passées à l'intérieur d'un nouveau concept : l'intégrité.

L'intégrité

À la différence des théories utopistes qui pivotent toutes autour d'un moyen central où figurent, d'une manière quasi exclusive, la justice et l'équité, la politique ordinaire, telle qu'elle se manifeste dans les pratiques légales actuelles, comprend aussi une autre dimension, l'intégrité. Cette dernière, presque inconnue de la plupart des théoriciens de la politique, assume un rôle important, parfois décisif dans maintes pratiques légales. Ce nouveau concept, Dworkin le découpe à l'intérieur du processus concret qui a conduit à certaines décisions d'ordre législatif ou judiciaire.

Pour bien cerner les éléments spécifiques de ce concept, il importe au préalable d'examiner brièvement les principales notions dont il se distingue, soit la justice et l'équité.

> L'équité en politique consiste à trouver les procédures politiques — soit les manières d'élire les officiels et de rendre des décisions conformes [aux volontés] de l'électorat, de façon à répartir le pouvoir politique d'une façon correcte[14].

Un tel énoncé suppose que les membres d'une communauté sont les artisans de leur organisation politique et sociale.

> La justice, au contraire, concerne les décisions que les institutions politiques existantes, qu'elles aient été ou non choisies selon l'équité, devraient prendre. Si nous recevons la justice comme une vertu politique nous voulons que nos législateurs et les autres officiels distribuent les ressources matérielles et protègent les libertés civiles de telle sorte que s'ensuivent des effets moralement acceptables[15].

Le justice s'achève et se réalise dans le monde extérieur (*a matter of outcome*), elle appartient à l'ordre des faits et est ainsi indépendante de l'intention des agents. Distincte de l'équité, la justice peut parfois entrer en conflit avec elle. Les décisions prises selon les vœux de la majorité ou même de la totalité ne constituent pas un garant absolu du « juste ».

Quant à l'intégrité, en voici une première approche.

---

14. *Ibid.*, p. 164.
15. *Ibid.*, p. 165.

> Cette dernière (l'intégrité) est parfois ramassée dans une formule condensée qui veut que les cas semblables doivent être traités de façon similaire. Elle requiert que le gouvernement n'ait qu'une seule voix, qu'il se comporte d'une manière cohérente et appuyée sur des principes envers tous ses citoyens, de telle sorte qu'il étende à chacun des normes de justice et d'équité qu'il applique à quelques-uns[16].

Par exemple, si le gouvernement reconnaît que les manufacturiers d'automobiles doivent être tenus responsables des dommages consécutifs à un défaut de fabrication, il doit l'étendre à tous les autres manufacturiers ainsi qu'à tous ceux qui exercent une profession ou un métier, comptables, avocats, médecins, etc., dont les erreurs peuvent causer des dommages à autrui.

Toutefois, selon Dworkin, ce premier aperçu est trop abstrait et appelle des précisions. L'intégrité est l'attribut d'une personne. Une personne est dite intègre lorsqu'elle gouverne sa vie selon les convictions qui l'ont guidée dans sa vie passée ; en somme, c'est une personne fidèle à ses principes. Selon cette perspective, l'intégrité ne peut être attribuée à l'État que s'il accède au statut de personne morale. Mais comment y parvient-il ?

> L'intégrité devient un idéal politique lorsque nous adressons à l'État les mêmes demandes que celles que nous adressons à un agent moral, lorsque nous insistons pour qu'il agisse selon un ensemble unique et cohérent de principes même si les citoyens sont partagés en ce qui regarde la teneur réelle des principes de justice et d'équité[17].

L'intégrité n'est pas une donnée, elle le devient ; c'est nous qui la posons et par cet acte créateur nous instituons en même temps l'État comme personne morale. L'État n'est pas un agent moral doué d'une vie propre, distincte de celle des individus qui le composent en vertu de certaines données d'ordre ontologique ou métaphysique, mais en vertu d'une personnification effectuée par ses membres en tant qu'ils le considèrent et le traitent comme une entité morale.

16. *Id.*

17. *Ibid.*, p. 166.

La personnification de l'État entraîne les conséquences suivantes : d'une part, il devient investi de responsabilités qui lui sont propres en tant qu'agent moral ; d'autre part, comme toute personne, il peut être fidèle ou non à l'ensemble cohérent de principes qu'il a jusqu'ici assumés, c'est-à-dire qu'une fois personnifié il peut violer sa propre intégrité. En outre, comme l'État n'existe que par ses membres, il s'ensuit chez ces derniers une dichotomie selon laquelle l'individu agit tantôt en tant que membre de l'État, selon les principes de ce dernier, tantôt en tant qu'individu, selon les principes qui correspondent à ses opinions.

Intégrité et politique active

> D'où vient la nécessité de recourir à l'intégrité ?
>
> J'ai commencé en concédant que l'intégrité n'aurait aucun rôle à jouer dans une communauté saisie par tous ses membres comme étant parfaitement juste et équitable. Je défends une interprétation de notre propre culture, non pas une moralité politique abstraite et en dehors du temps[18].

Il s'ensuit que l'intégrité n'est d'aucune utilité si la justice et l'équité s'accordent sur l'existence et la portée d'un droit individuel, par exemple lorsque le lien entre un cas à résoudre et un paradigme est évident. Cependant, la politique active (ordinaire, agissante) est sans cesse appelée à résoudre une foule de cas qui ne se présentent pas avec la même limpidité. Le problème se pose avec acuité dans les éventualités suivantes : lorsque subsistent des divergences profondes sur l'existence et la portée des droits fondamentaux ou autres déjà reconnus ; ou encore lorsque la justice et l'équité sont en désaccord ; et enfin lorsque les droits, marqués d'un indice d'incertitude parce qu'ils tombent sous l'une ou l'autre des deux catégories mentionnées, sont appelées à justifier certaines mesures d'intérêt général. Voici quelques exemples susceptibles d'illustrer cette problématique. Lorsque les individus sont en désaccord sur la portée du droit à la compensation pour dommages subis à la suite de la négligence d'autrui, à savoir s'il s'étend non seulement aux dommages corporels, mais encore aux

18. *Id.*

répercussions psychiques et à ces dernières si elles surviennent au moment de l'accident ou plus tard, le principe de justice accepté par l'intégrité, que les cas semblables doivent être traités de façon semblable, autorise une réponse affirmative à toutes ces questions. Si l'équité, qui entérine les opinions et les désirs de la majorité, entraîne des mesures comminatoires pour les droits fondamentaux d'une minorité, ce qui suppose la méconnaissance de ces droits par la majorité, l'intégrité devra intervenir à partir de son propre schème de justice. Si certaines politiques d'intérêt général, comme les assurances sociales, sont contestées par plusieurs au nom du droit de propriété privée, l'intégrité détient la clé de la solution qui convient. En effet, c'est l'impôt progressif, nécessaire au maintien des assurances sociales, qui est rejeté par plusieurs comme une violation de la propriété privée. Mais cet impôt est une mesure déjà adoptée par l'État et reçue comme juste par la communauté pour le financement de la plupart de ses institutions comme le système judiciaire, la police et l'armée. Selon l'intégrité, l'extension de cet impôt aux assurances sociales est une mesure cohérente avec le schème de justice propre à l'État.

L'intégrité et la vision politique des gens[19]

Après avoir souligné l'importance de l'intégrité pour la solution des cas difficiles, Dworkin s'applique à montrer qu'elle ne heurte pas les convictions politiques des gens. Son argumentation s'appuie sur l'impopularité de certaines mesures contraires aux exigences de l'intégrité, tels les compromis assimilables aux règles du jeu de dames (*checkerboard*). Ce jeu autorise divers règlements selon la conjoncture et les avantages obtenus au cours de la partie.

L'adoption de la politique dite du « damier » se traduisait par la rétention d'un principe en un lieu et par son rejet dans un autre, ou encore par l'application de tel principe dans un cas donné et par le recours à un autre principe dans un cas semblable ; bref par la reconnaissance de compromis à l'intérieur d'un même schème de justice. La diversité des lois sur l'avortement

19. *Ibid.*, p. 178-184.

dans les États américains constitue un exemple de cette politique. Ainsi tel État permet l'avortement, pourvu que le fœtus n'ait pas plus de trois mois ; tel autre l'interdit radicalement. Comme la question de la justice de l'avortement demeure toujours ouverte, la solution du « damier » préconisée serait plus conforme à l'équité ; en effet, elle se plie aux vœux des majorités respectives de chaque État. Et si, de fait, l'avortement est injuste, cette solution est moins injuste que si l'avortement était toléré par tous les États.

Toutefois, il importe que la solution retenue par un État particulier ne brise pas la cohérence du schème de justice propre à cet État. Mais en dernière analyse, « un problème d'intégrité persiste : la solution qui laisse aux États individuels le soin de décider de l'avortement d'une façon qui leur est propre est-elle cohérente en principe avec l'ensemble du schème constitutionnel américain qui étend et renforcit à l'échelle nationale les autres droits importants » ?

Certes Dworkin n'apporte pas de réponse définitive aux difficultés qu'il soulève en ce qui concerne l'avortement ; néanmoins, il estime que l'insatisfaction qu'éprouvent les Américains à l'égard de leurs législations sur ce sujet témoigne de leur préférence pour l'intégrité.

L'intégrité et les pragmatistes

L'intégrité est-elle préférable aux vues des pragmatistes ? Ces derniers ne reconnaissent d'autres critères que la justice et l'équité. Ainsi, dans les cas difficiles où les exigences de ces dernières sont sujettes à controverse, le pragmatiste ne peut se fier qu'à son propre jugement, d'où le danger d'arbitraire. En revanche, l'intégrité, dans la mesure où elle inclut un schème de justice propre à l'État, impose une autre balise au choix des législateurs et des juges. Les pragmatistes rejettent cette dernière, car ils refusent à l'État le statut d'agent moral.

À cette négation Dworkin oppose l'argument suivant :

> Nous ne devons pas dire que l'intégrité est une vertu politique spéciale parce que l'État ou la communauté est une

entité distincte, mais que la communauté devrait être vue comme un agent moral distinct parce que les pratiques intellectuelles et sociales qui traitent la communauté comme une personne devraient être protégées[20].

L'État n'est un agent moral que si nous le considérons et le traitons comme tel ; et nous devrions nous comporter ainsi à son égard. Il nous appartient de faire accéder l'État au statut d'agent moral, et la meilleure interprétation de nos pratiques légales le requiert. Outre qu'elle est un rempart de plus contre l'arbitraire, l'intégrité est plus efficace en tant qu'elle lie les citoyens non par la lettre de la loi, mais par une communauté de principes dont les ramifications s'étendent d'une façon quasi organique, au fur et à mesure que de nouveaux problèmes se posent et que le savoir moral et pratique des membres de la société se développe et se parfait. Et enfin, elle établit entre les membres de la communauté un lien beaucoup plus fort, car elle les réunit autour d'un schème de justice qui leur est commun, alors que leur propre schème de justice en tant qu'individus s'avère souvent un facteur de division.

Intégrité et légitimité[21]

L'intégrité s'impose là où la justice et l'équité échouent, toutefois son rôle n'est pas que supplétif. En effet, la communauté de principes dont elle est l'attribut s'avère le meilleur fondement de la légitimité d'un État. Cependant, pour établir le bien-fondé de cette assertion, il faut effectuer un long détour dont la première étape réside dans le rapport entre la légitimité et l'obligation d'obéir.

Le point de la loi, c'est de justifier le pouvoir coercitif de l'État, sa légitimité. Cette dernière repose sur les obligations qui lient entre eux les membres de la communauté dont il assume le gouvernement. De telles obligations, en l'occurrence, sont dites morales dans le sens suivant : elles consistent dans une contrainte imposée, sous forme d'impératif, à des êtres libres dans leurs

20. *Ibid.*, p. 187-188.

21. *Ibid.*, p. 190-195.

rapports avec d'autres êtres libres ; elles supposent un agent doué de volonté et enjoignent de respecter la liberté d'autrui sous ses diverses facettes.

D'où viennent de telles obligations ? La tradition et la pensée contemporaine apportent diverses réponses à cette interrogation. L'opinion la plus répandue appuie la justification d'un tel impératif sur une forme de contrat social. Que penser de cette affirmation ? Un contrat purement hypothétique est impuissant à produire un impératif ; un contrat explicite n'est aucunement vérifiable dans les faits ; un contrat tacite, appuyé sur le fait que chacun peut immigrer dans un autre État est un contre-sens. En effet, la possibilité d'immigrer dans un autre pays n'est pas l'équivalent d'un choix entre le refus ou l'obligation d'obéir aux lois.

Cette obligation ne peut s'enraciner non plus dans le devoir général et abstrait de supporter les institutions gouvernementales. Le passage de l'abstrait au concret ne s'effectue jamais par voie déductive ; le déterminé ne se déduit pas de l'indéterminé. Ce dont il faut rendre compte ici et maintenant, c'est pourquoi les Canadiens et les Américains sont obligés d'obéir aux lois de leur État respectif. Le devoir d'un citoyen américain ou canadien en tant que tel ne peut s'étayer que sur un fondement spécifique et concret.

L'argument le plus contemporain réside dans le principe d'équité que Rawls définit de la manière suivante :

> Une personne est obligée d'obéir aux lois d'une institution à deux conditions : tout d'abord que l'institution soit juste [...], et ensuite qu'on ait accepté librement les avantages qu'elle offre ou que l'on ait profité des possibilités qu'elle donne de promouvoir nos intérêts personnels[22].

Dworkin apporte deux objections à la validité de ce principe.

> En premier lieu, cet argument assume que les gens encourent des obligations par le simple fait de recevoir ce qu'ils ne demandent pas et qu'ils rejetteraient s'ils en avaient l'occasion[23].

---

22. John Rawls, *Théorie de la justice*, traduction de C. Audard, Paris, Seuil, 1987, p. 142.

23. Ronald Dworkin, *Law's Empire*, *op. cit.*, p. 193-194.

La seconde objection concerne l'ambiguïté que ce principe recèle. Bénéficier d'une institution peut revêtir une double signification : procurer aux individus un bien-être dont ils ne jouiraient pas sous une autre institution, ce qui est indémontrable ; ou encore assurer un bien-être dont ils seraient privés en l'absence de toute institution, ce qui constitue selon lui un argument inadéquat.

Une dernière interprétation du principe mentionné s'appuierait sur le fait que chaque individu en aurait retiré au moins quelque avantage. Ce point de vue, selon lequel personne n'est oublié, n'apparaît pas assez positif pour fonder une obligation.

Obligation morale et association

C'est dans l'association elle-même, dans les actes par lesquels les individus se considèrent et se traitent comme des associés qu'il faut chercher la racine de l'obligation.

Dworkin amorce son argumentation en invoquant les convictions communes des gens. Les membres d'une même famille ne sont-ils pas conscients que certaines responsabilités leur incombent en vertu même de leur appartenance à ce groupe : n'en est-il pas ainsi pour les citoyens d'un même pays ?

Ces convictions communes sont susceptibles d'une justification rationnelle. Que signifie l'expression « être associés » si ce n'est que nous sommes engagés les uns vis-à-vis des autres sous certains rapports, que chacun est autorisé à requérir de l'autre un certain comportement et en retour est tenu de se plier à certaines requêtes de l'autre. Ce comportement social déterminé est constitutif de l'association. L'expression utilisée par Dworkin « associatives obligations » signifie littéralement : des obligations qui associent, qui rendent les individus membres d'une association et, par voie de conséquence, qui constituent une association.

Pour Dworkin, ce sont les liens associatifs de la communauté dite « vraie » qui s'avèrent le meilleur fondement de la légitimité. Mais quelles sont les principales caractéristiques de ces liens ?

Avant de procéder à l'examen de ces principaux traits, Dworkin, à l'aide d'exemples, rend manifeste le rôle central assumé par la réciprocité dans la formation de toute association. L'union fondée sur l'amitié, la famille, la communauté politique n'existe que si les individus dont elle se compose adoptent les uns vis-à-vis des autres un même comportement. La solidité du lien dépend du degré d'obligation reconnu par chacun vis-à-vis de l'autre, ce qui suppose une conception commune de la forme de l'association et du bien-être qui la justifie. Une association peut être fondée sur un intérêt commun limité comme la musique, ou encore sur un ensemble de biens autour desquels s'articule une forme de vie commune, comme la famille, la profondeur d'une amitié ne dépasse pas le cadre des exigences et des obligations que l'un et l'autre des participants se reconnaissent mutuellement ; si l'un est prêt à pousser plus avant alors que l'autre refuse, le lien qui les unit ne s'élève pas au degré désiré par le premier. La réciprocité s'avère la mesure fondamentale et irremplaçable de toute forme d'association.

Les liens « associatifs », ce sont les exigences et les obligations que les individus s'accordent mutuellement. Dès lors, quelle sorte de liens les individus doivent-ils nouer entre eux pour constituer la communauté qui présente les meilleures garanties de légitimité ?

Les conditions d'une vraie communauté[24]

Ces conditions, Dworkin les énumère de la façon suivante :

1- Les obligations reconnues de part et d'autre sont spécifiques, elles ne tiennent qu'à l'intérieur d'un groupe déterminé, elles ne s'étendent pas aux individus qui ne sont pas membres de l'association.

2- Ces responsabilités sont personnelles, elles courent directement d'un membre à l'autre, et non pas au groupe pris comme un tout. Si je contreviens à la loi de l'impôt, je lèse

24. *Ibid.*, p. 199-201.

directement les autres citoyens et leur cause un tort personnel. En effet, les ressources ainsi acquises seront moindres et, par ce fait, les services qu'elles alimentent, moins efficaces.

3- Les responsabilités doivent être entrevues par chacun comme découlant de la responsabilité plus générale qui lui échoit en vertu des modalités reconnues selon lesquelles il est concerné par le bien-être des autres à l'intérieur du groupe. Cet énoncé appelle de plus amples explications. Mes responsabilités particulières vis-à-vis de mon fils tombent sous la responsabilité générale qui m'échoit en tant que père de la famille dont le bien-être propre inclut l'éducation des enfants. Il n'en est pas ainsi dans la presque totalité des entreprises industrielles où les accords de réciprocité ne proviennent pas des modalités d'une recherche commune d'un bien-être convoité par tous, mais d'une négociation collective où dominent les activités purement stratégiques.

4- En tant que membre d'un groupe spécifique, chacun doit porter un égal intérêt au bien-être des autres membres, dans la mesure où ce bien-être est le nœud même de l'association. Il peut arriver que cet égal intérêt se traduise par l'accord d'un traitement privilégié à l'un ou l'autre membre. Pour que mon fils, atteint d'une déficience physique ou mentale, jouisse selon les possibilités, du bien-être visé par la famille, il faut que je lui consacre des soins particuliers. De même, dans une communauté politique où l'on reconnaît que chacun doit jouir au moins du minimum nécessaire à la vie, il est impérieux d'apporter un traitement privilégié aux indigents.

Les quatre conditions relèvent d'une interprétation qu'assigneraient, aux pratiques relatives à la détermination et à la reconnaissance des responsabilités, des gens animés par un juste souci du bien-être des autres.

Une communauté qui remplit ces quatre conditions est certes mieux armée pour défendre sa légitimité que celle qui, par exemple, ne répondrait pas à la troisième condition. Si le partage des responsabilités découle d'un accord réciproque relatif à la poursuite d'un bien-être commun, l'autorité qui échoit aux uns est plus acceptable que si elle résulte d'une épreuve de force.

Néanmoins, une difficulté subsiste. Une communauté vraie se fonde sur la fraternité, sur les droits et les obligations que les associés se concèdent mutuellement, en regard de la poursuite d'un bien-être commun. Cet accord de réciprocité doit-il être pleinement volontaire ?

Dworkin répond clairement à cette question.

> Si les conditions se réalisent, les gens qui appartiennent à une pure communauté (c'est-à-dire qui ont un statut d'appartenance) assument, bon gré mal gré, les obligations propres à une vraie communauté ; toutefois, il va de soi que les conditions ne se réalisent que si la plupart des membres reconnaissent et honorent ces obligations[25].

Ce sont les liens associatifs, soit les droits et obligations reconnus qui définissent et constituent une association. Aussi longtemps que ces droits et obligations sont acceptés par la majorité ou par la plupart des membres, l'association qu'ils constituent devient une réalité sociale douée d'une permanence et d'une autonomie qui la rendent indépendante du vouloir de tel ou tel individu et l'autorisent à contraindre ses membres. Être membre d'une association c'est être engagé dans et lié par les rapports de réciprocité constitutifs de l'association. Le milieu social, famille ou association politique, est un réseau de droits et d'obligations ; dès qu'on y met le pied à titre de membre, soit en vertu de la naissance, de l'immigration ou de quelqu'autre éventualité, on est entraîné dans ce réseau, peu importe qu'on y consente ou non.

Après avoir établi que la communauté vraie fournissait à la légitimité ses meilleurs fondements, Dworkin entreprend d'examiner si les différents modèles d'association politique qu'offre la présente conjoncture répondent aux conditions d'une vraie communauté.

Pour prendre un raccourci, nous allons concentrer l'analyse sur les deux principaux modèles en présence, soit la communauté dite « libérale » et la communauté de principes.

---

25. *Ibid.* p. 201.

La communauté « libérale »

Ce modèle de communauté s'inscrit dans le courant du libéralisme économique et politique, qui accorde le plus d'extension possible au jeu des libertés individuelles, en autorisant chacun à poursuivre ses intérêts propres sans autre limite que l'égale liberté des autres.

Une telle communauté ne remplit pas les troisième et quatrième conditions d'une vraie communauté. Tout d'abord, elle permet à chacun d'exercer sa liberté comme il l'entend, pourvu qu'il ne viole pas les droits fondamentaux des autres ; ses impératifs ne sont que des interdictions. Elle n'établit aucun lien positif entre les intérêts des uns et des autres ; chacun n'est concerné par le bien-être des autres que dans la mesure où il ne doit pas nuire à leur liberté. Bref, le schème de justice qu'elle préconise est purement formel ; il réside dans un cadre à l'intérieur duquel le jeu des forces doit se dérouler. La troisième condition n'est donc pas respectée ; en effet, une telle association ne se fonde pas sur la recherche positive d'un bien-être commun. En outre, les liens associatifs d'un tel État en ce qui regarde les responsabilités particulières s'établissent par voie de négociation où chacun, par des activités stratégiques qui autorisent l'emploi de la ruse et de la force, défend ses intérêts propres et tente d'obtenir le consentement de l'autre ; l'issue d'un tel affrontement réside dans un consensus qui n'est autre que le résultat d'un rapport de forces.

L'égalité requise par une telle communauté est aussi purement formelle ; elle n'exige rien d'autre que l'assujettissement des joueurs aux mêmes règles. Quant au jeu lui-même, pourvu que les règles soient observées, il laisse libre cours aux rapports de forces où l'inégalité règne en maîtresse. Il n'est aucunement question d'un minimum de bien-être qui soit préservé pour tous.

Au fond, la légitimité d'une telle communauté s'appuie sur un consensus négocié.

La communauté de principes

La communauté de principes passe-t-elle l'épreuve avec succès ? Au préalable, il importe d'apporter certaines précisions relatives à ce qu'inclut la communauté de principes.

La lettre des paradigmes, soit les principes de justice formulés de telle sorte que la plupart des auteurs et des gens les acceptent, n'exprime pas le dernier mot de la conduite à tenir. Ces paradigmes sont sujets à interprétation et il y a lieu d'en retracer le principe qui les justifie.

L'interdiction de l'esclavage ne repose-t-elle pas sur l'obligation de respecter la liberté d'autrui. Mais respecter la liberté d'autrui, n'est-ce pas aussi contribuer positivement à sa promotion. De même, infliger un châtiment à un innocent est une injustice ; mais empêcher la commission d'une injustice, n'est-ce pas aussi fournir à tout accusé des moyens efficaces de défense ? Et enfin, s'il ne faut pas voler, c'est que la propriété privée, à l'intérieur d'une société, est jugée la forme la plus efficace de répartition des biens matériels nécessaires à la vie ; d'où l'obligation positive de veiller à ce que chacun puisse s'approprier les biens premiers.

Ainsi les principes sous-jacents aux paradigmes, dont la formulation est une interdiction, incluent aussi un aspect positif qui contraint à faire certaines actions. Les liens associatifs qui caractérisent la communauté de principes s'articulent autour de la recherche positive des formes de bien-être visées par les principes justificatifs des paradigmes. Les membres d'une telle communauté s'engagent les uns vis-à-vis des autres, non seulement à s'abstenir de toute action susceptible de compromettre une forme de bien-être sur laquelle ils s'entendent, mais encore à accomplir des actes destinées à promouvoir ce bien-être commun.

Quant à la quatrième condition relative à l'égalité de traitement, la communauté de principes ne se situe pas à un niveau purement formel seulement, elle vise aussi à l'atténuation des inégalités subsistantes au niveau des forces en présence, car les principes transforment la liberté de chacun en un bien commun et garantissent à tous l'accès aux ressources nécessaires à l'exercice de leur liberté.

Ainsi la communauté de principes remplit toutes les conditions d'une communauté vraie et présente à son État les meilleurs titres de légitimité.

Communauté de principes et consensus

La communauté véritable, outre ses quatre conditions, présente une caractéristique notable aux yeux de Dworkin : les obligations qui la constituent s'imposent à tous ses membres sans exception, même aux dissidents. Cette caractéristique revêt une grande pertinence en ce qui concerne la communauté de principes pour deux raisons : tout d'abord l'un ou l'autre de ses principes est souvent contesté par l'un ou l'autre de ses membres ; et ensuite son rôle devient vital surtout dans les cas douteux où les divergences s'affirment. D'où l'importance de justifier, par une argumentation appropriée, l'autonomie de cette forme de communauté.

Il n'est pas nécessaire que le « schème commun de justice » soit entériné par chacun des membres de la communauté pris comme individu ; il suffit que le comportement de la plupart des membres soit conforme aux exigences de ces principes. Aussi les législations et les sentences judiciaires, qui présentent un caractère de nouveauté, bénéficient de cette forme d'approbation dans la mesure où elles sont cohérentes avec le schème de justice reconnu. Un rejet massif de la part des membres de la communauté équivaudrait à une brèche pratiquée dans le schème de justice et serait l'indice d'un changement significatif du comportement social et par suite de la communauté elle-même.

Ce point de vue est d'autant plus manifeste que la communauté de principes accède au statut d'agent moral. L'adoption d'un schème commun de justice induit les individus à agir comme s'ils ne constituaient qu'une seule personne :

> Ils acceptent que leurs sorts soient liés solidement de la façon suivante : ils acceptent d'être gouvernés par des principes communs, pas seulement selon des règles enfoncées à coups de marteau par un compromis politique[26].

26. *Ibid.*, p. 211.

L'État, en tant qu'agent moral, doté d'un savoir et d'un vouloir propres, est désormais une personne distincte des individus dont les jugements peuvent s'opposer aux siens ; il n'est plus à la merci de telle ou telle opinion divergente.

> Un membre de la communauté ne peut supposer que l'établissement des droits et obligations (issus des principes communs) soit conditionné par son approbation pleinement volontaire de ce schème[27].

Autonomie de l'État et politique active

L'autonomie de l'État, fondée sur la reconnaissance d'un schème de justice par ses membres, se vérifie dans maintes pratiques politiques actuelles.

L'engagement personnel des individus les uns vis-à-vis des autres s'articule autour d'une attitude que chacun doit adopter vis-à-vis d'une forme de bien-être sur laquelle il y a entente. Ainsi dans la plupart des pays organisés, les citoyens se reconnaissent une responsabilité commune en ce qui concerne la paix et la sécurité. La réalisation de cette forme de bien-être suppose la mise sur pied et le maintien des institutions judiciaire et militaire. Or l'établissement de ces institutions repose sur une responsabilité commune qui se déploie en des formes de participation à la fois multiples et diverses. Par exemple, le système militaire comprend une grande variété de ressources humaines et matérielles : des soldats, des fabricants d'armes, des engins et des armes de toutes sortes, ainsi que des moyens de financement. Vu la diversité qualitative des formes de participation requises, il est impossible de parler d'un partage égal des responsabilités. Le financement même d'une armée efficace requiert l'impôt proportionnel ou progressif. Dès lors, le principe de justice qui préside à la répartition des responsabilités s'énonce ainsi : à chacun selon ses moyens.

Une communauté de principe, tout en restant fidèle à elle-même, avec l'appui de ses membres, peut étendre la portée de ce

---

27. *Id.*

principe à la mise sur pied de certaines institutions jugées nécessaires et destinées à couvrir les risques inhérents au travail et aux hasards de la vie, comme les assurances sociales. Or ces dernières ne peuvent être maintenues que par un impôt au moins proportionnel.

L'État, qui adopte de telles assurances, est donc en mesure de se justifier en s'appuyant sur un principe qui fait partie de son schème de justice, et de résister aux attaques des individus qui contestent cette initiative au nom d'une certaine interprétation du droit de propriété privée.

Les exigences actuelles de l'intégrité sont différentes de celles qui prévalaient aux siècles antérieurs. L'extension de la responsabilité commune qui s'est concrétisée dans l'adoption des droits sociaux n'est devenue possible que par la généralisation de la technique de l'assurance, comme l'a si bien démontré François Éwald dans son ouvrage intitulé *L'État providence*[28]. Cette dernière a révélé un nouvel aspect de la solidarité et des possibilités qu'elle offre ; aussi appartenait-il aux membres d'une communauté de la considérer comme un élément de la meilleure interprétation d'une vraie communauté politique. D'autant plus qu'elle s'harmonisait au principe « à chacun selon ses moyens » déjà reconnu valable pour la mise sur pied de certains biens communs jugés nécessaires.

De même, en ce qui concerne l'extension de la responsabilité individuelle, liée à la négligence, non seulement aux dommages physiques ou psychiques subis sur les lieux de l'accident, mais encore à ceux qui, bien que consécutifs à l'accident, n'ont été éprouvés qu'après un certain laps de temps ; elle se justifie par une meilleure interprétation du principe de la responsabilité individuelle reconnu par la communauté.

Ainsi l'extension de la responsabilité individuelle dans le sens mentionné ci-dessus, telle que reconnue aux États-Unis, et celle de la responsabilité commune aux droits sociaux, telle qu'assumée au Canada, trouvent leur meilleure justification dans l'existence d'un État personnifié, capable d'intégrité, car elles s'appuient toutes deux sur les principes qui fondent aussi des décisions passées.

---

28. François Éwald, *L'État providence*, Paris, Grasset, 1986.

Concept de la loi et communauté de principes

Il est temps de dégager la solution qu'apporte l'argumentation développée à la difficulté initiale : à savoir quelle est la meilleure interprétation de concept de loi ? La réponse autorisée est la suivante : celle qui fonde la légitimité de l'État sur les droits et obligations issus des décisions passées en tant qu'elles s'appuient sur les principes de justice reconnus par la communauté en tant que telle.

Néanmoins, un aspect important demeure obscur. N'y a-t-il pas des droits qui sont attachés à l'individu lui-même et indépendants des décisions passées de la communauté comme les « droits dits naturels ». Dworkin répond explicitement à cette question dans un texte tiré de son ouvrage *Taking rights seriously.*

L'expression « droit naturel » exclut certaines interprétations : « il n'est le produit ni d'une législation, ni d'une convention, ni d'un contrat hypothétique ». Quant à son contenu positif :

> Elle n'exige rien de plus que l'hypothèse suivant laquelle le meilleur programme politique, selon la signification qui fait de lui un modèle, est celui qui assume la protection de certains choix individuels comme fondamentaux, et à proprement parler, non subordonnés à quelque but ou devoir, ou à quelque combinaison de ces derniers[29].

Ainsi le « droit dit naturel » n'est pas un produit de la nature, ce n'est pas une amulette que chacun porte à sa naissance : il est dit naturel en tant qu'il concerne un choix fondamental de l'individu ; mais ce choix n'est un droit que si le meilleur programme politique en assume la protection.

Dans la mesure où la communauté de principes vise à réaliser le meilleur programme politique, elle ne peut qu'assumer la protection de ces choix fondamentaux. Ainsi les droits dits naturels, à l'instar de tous les autres droits, comptent parmi les liens associatifs de la communauté de principes.

29. Ronald Dworkin, *Taking rights seriously*, *op. cit.*, p. 127.

Sommaire

La pensée éthique de Dworkin dont l'interprétation créatrice et l'intégrité, deux concepts indéniablement nouveaux, s'avèrent les principaux piliers, se rattache au savoir moral et pratique qui préside immédiatement aux décisions concrètes, mais elle lui confère une signification originale dont il importe d'examiner l'impact.

Tout d'abord, cette forme de savoir réside dans une construction mise sur pied en vue de cerner avec la plus grande approximation possible le « juste » comme fait, événement à poser dans le monde externe. Pour Dworkin, à l'instar de Kant, le juste (*a matter of outcome*) se réalise dans la mesure où les activités externes issues de la liberté des uns s'accordent avec l'exercice de la liberté des autres. Aussi il ne faut pas assimiler le savoir moral et pratique au jugement de la prudence d'Aristote dont le critère ultime réside dans l'intention de l'agent ; c'est la réalité externe qui assume ce rôle. Par voie de conséquence, un tel savoir ne concerne pas seulement l'agir, mais aussi le « faire » ; il implique une construction, un agencement de données et de principes en vue de produire un événement déterminé ; il réside dans un savoir-faire que l'intention droite peut tout au plus favoriser. En tant que savoir-faire, il se rapproche de l'art, en l'occurrence de l'art tel qu'il prévaut en politique. Mais Dworkin est encore plus précis. Le savoir-faire moral est appelé à construire, à partir des données que fournit à la politique active une conjoncture, située à une époque et en un lieu déterminés, et comprenant des possibilités concrètes, une législation et une jurisprudence particularisées.

Ces données multiples et complexes n'autorisent pas une seule forme de construction mais plusieurs ; en tant qu'interprétation créatrice, le savoir-faire a pour fonction de dégager la meilleure dans les circonstances. Certes la meilleure objectivement est celle qui s'accorde le mieux avec le « juste » comme événement à poser ; malheureusement, il n'est pas toujours possible d'établir un tel rapport. En l'absence d'une telle relation directe et immédiate, il faut mesurer l'interprétation selon l'équité et l'intégrité ; et s'il arrive que l'équité ne se prête pas à ce rôle, il reste un critère toujours disponible, l'intégrité. Cette dernière, dans la mesure où elle inclut un schème de justice reconnu par les membres de la communauté est suffisante à préserver l'objectivité morale du jugement de l'interprète. Ici cependant, il importe de noter que l'objectivité morale, suivant laquelle une construction est dite meilleure que les autres dans les circonstances, demeure toujours relative à un double point de vue : d'abord, il n'est pas absolument certain que dans les mêmes circonstances une autre solution, non encore proposée, ne serait pas meilleure ; et ensuite, comme le « juste » est un idéal à concevoir et à réaliser par les humains, et non un idéal imposé par un ordre moral métaphysique, les diverses versions proposées sont toujours perfectibles. Les pratiques légales sont marquées au coin de la même indétermination que les autres ouvrages humains, quels qu'ils soient. Les œuvres d'art, les organisations sociales et politiques sont toujours susceptibles d'améliorations.

Le cours de la politique active appelle des solutions immédiates qui n'ont d'autre critère exigible que celui d'être, selon l'objectivité morale, les meilleures dans les circonstances ; l'interprétation créatrice répond à ce besoin.

L'analyse, effectuée par Dworkin, du processus concret selon lequel les pratiques légales s'établissent, révèle que, malgré les impondérables et la multiplicité des éléments à considérer, le savoir, qui préside immédiatement aux décisions, possède néanmoins une structure logique qui le garantit contre l'arbitraire. Certes les études théoriques, qui visent à déterminer et à justifier les principes les plus appropriés à la saisie du « juste » comme événement à poser, présentent toujours de l'intérêt ; mais il faut reconnaître que malgré les progrès réalisés, il n'en est aucune qui déploie une argumentation susceptible d'entraîner l'assentiment de tout être raisonnable en tant que tel ; et pourtant c'est le but visé. Aussi, puisque la politique est toujours active et prend sans cesse des décisions relatives à la justice, n'est-il pas urgent que de plus en plus de penseurs s'inscrivent dans le sillage de Dworkin et explorent les multiples facettes du savoir moral et pratique ? N'est-ce pas ce souhait que formulait Paul Rincœur dans la dernière phrase de son allocution lors d'un congrès tenu en France en 1987 :

> Qu'on ne doive pas traiter la personne seulement comme un moyen mais toujours aussi comme une fin, cela nous l'avons toujours su. Tout ce que nous y ajoutons ne relève-t-il pas

alors de ce que le professeur Ronald Dworkin, commentant ici même la théorie de John Rawls, appelle « interprétation constructive[30] ».

---

30. Paul Rincœur, « Le cercle de la démonstration », dans C. Audard *et al.*, *Individu et justice sociale*, Paris, Seuil, 1988, p. 143.

CHAPITRE IV

LE SAVOIR MORAL ET PRATIQUE ET LES INSTITUTIONS

Certes, dans son exercice à titre de procédure décisionnelle relative aux droits et aux obligations, le savoir moral et pratique ne revêt pas toujours les modalités que lui prêtent Habermas et Dworkin, mais ces dernières ne sont pas utopiques et s'imposent graduellement. Entre autres, le recours de plus en plus fréquent aux commissions parlementaires, destinées à sonder les opinions et les vœux de l'ensemble des concernés en regard des projets de loi, s'avère une mesure conforme aux exigences de l'activité communicationnelle. Selon Dworkin, la jurisprudence américaine fournit de nombreux cas dont la solution n'est recevable que dans le cadre de l'interprétation créatrice. Ainsi les procédures décisionnelles s'éloignent donc progressivement de l'activité purement stratégique.

Puisque l'arbre se juge à ses fruits, il importe maintenant d'examiner le savoir moral et pratique à travers ses réalisations, soit les droits et les pratiques sociales adoptés par maintes sociétés occidentales contemporaines. Nul ne peut nier que les droits effectivement reconnus et les services assumés par la société à l'heure actuelle ne soient marqués au fer rouge des procédures décisionnelles. Toutefois, malgré leurs faiblesses et leurs imperfections, il est pertinent d'en explorer le contenu et les justifications avant de les passer au crible des théories.

Les droits

Dans les écrits éthiques aussi bien que dans le langage courant, le terme « droit » véhicule plusieurs significations dont les principales sont les suivantes. Chez Aristote, il désigne le juste ; dans le langage courant, un pouvoir subjectif issu d'une norme et corrélatif à une obligation morale chez autrui ; selon Kant, un pouvoir externe de coercition qui est un prolongement de la notion de « juste ».

Kant est peut-être celui qui a exposé avec le plus de clarté la problématique du droit ; aussi est-il pertinent à la présente recherche d'examiner son point de vue.

Après avoir exposé la norme du « juste », Kant poursuit son raisonnement.

> Il s'ensuit que si un certain usage de la liberté même est un obstacle à la liberté suivant les règles universelles (c'est-à-dire injuste), alors la contrainte qui lui est opposée, en tant qu'obstacle à la liberté, s'accorde avec cette dernière suivant des lois universelles c'est-à-dire est juste[1].

En résumé, la contrainte qui supprime un obstacle à l'exercice légitime de la liberté est dite juste. Ainsi le « juste », saisi comme le point de rencontre où les activités extérieures s'accordent avec la liberté de chacun, s'étend dans la même foulée au pouvoir d'utiliser la force pour établir et maintenir cet équilibre.

Avec la justification du pouvoir de contrainte, Kant dispose désormais de tous les éléments requis pour l'élaboration du concept de droit.

> ...le droit ne peut pas être pensé comme constitué de deux moments : à savoir de l'obligation suivant une loi — et de la faculté de celui qui oblige les autres par son arbitre de les contraindre à accomplir cette obligation[2].

Ainsi le droit ne se déploie pas en « deux moments » : l'un où l'obligation se manifesterait ; et l'autre où la « faculté de contraindre » assurerait le suivi de l'obligation. Au contraire,

1. Emmanuel Kant, *Métaphysique des mœurs. Doctrine du droit*, traduction de A. Philolenko, Paris, Vrin, 1979.

2. *Ibid.*

« l'obligation *propre au droit* naît de la possibilité de la liaison d'une contrainte réciproque universelle avec la liberté de chacun ». Ainsi l'obligation juridique repose sur une contrainte externe en tant qu'elle est juste.

Kant précise ensuite sa pensée.

> Certes ce droit se fonde sur l'obligation de tout un chacun suivant la loi ; mais pour déterminer par là l'arbitre, il ne peut ni ne doit, s'il doit être pur, s'appuyer sur cette conscience en tant que mobile, mais il doit au contraire s'établir sur le principe de la possibilité d'une contrainte externe, qui puisse se concilier avec la liberté de chacun suivant des lois universelles[3].

Le droit se fonde sur la conscience de l'obligation de réaliser ce qui est juste, c'est-à-dire que sans cette obligation le droit serait nul et non avenu, mais tel n'est pas le mobile invoqué par le droit, il fait plutôt référence à la contrainte externe légitime.

Ces dernières explications permettent de mieux comprendre où la loi universelle du « juste » et l'obligation qui en dérive se situent dans l'argumentation globale de Kant. L'obligation d'agir selon le « juste » peut être remplie d'une double manière : d'une part, en tant que subsumée sous un impératif catégorique, et alors elle devient une obligation morale au sens strict ; et, d'autre part, en tant qu'elle s'appuie sur le pouvoir externe de contrainte reconnu comme juste, et alors elle s'identifie à l'obligation juridique externe. Cette dernière n'est pas antérieure au droit, elle en fait partie. Bref, l'acte juste peut être posé ou par vertu ou sous la poussée d'une contrainte externe, car le recours à la force est juste lorsque la liberté est compromise.

Par la suite, Kant définit le droit strict comme la possibilité d'une contrainte externe qui puisse se concilier avec la liberté de chacun suivant les lois universelles. Cette définition, vu sa concision et son abstraction, appelle de plus amples explications.

Ce qui rend possible une telle contrainte c'est l'existence d'une force qui puisse l'exercer. Quelle est cette force ? Les grandes lignes du processus d'institution du droit de propriété

---

3. *Ibid.*

privée, telle que livrées par Kant, s'avèrent un lieu privilégié pour apporter une réponse à cette question.

Tout d'abord, Kant affirme que sans engagement réciproque universel, il n'y a pas de propriété privée.

> Je ne suis ainsi pas obligé de respecter le sien extérieur de chacun, si chacun en retour ne m'assure pas que relativement au mien il se conduira suivant le même principe[4].

À la base du droit, il y a cette opération réciproque et volontaire par laquelle chacun reconnaît à l'autre un titre sur certains biens. Le droit de propriété provient donc d'une activité volontaire des humains.

Mais comment cette entente réciproque et universelle peut-elle garantir que chacun respectera ses engagements ?

Pour Kant :

> il n'y a qu'une volonté obligeant tout un chacun, ainsi collective et universelle et toute-puissante qui puisse donner à chacun cette garantie[5].

La reconnaissance réciproque et universelle, qui réside dans un accord des volontés individuelles, ne peut offrir de garantie que si elle est reprise et assumée par une volonté collective qui dispose de la force et de l'autonomie nécessaire pour contraindre les individus à respecter leur engagement. Or cela n'est possible que si les individus se regroupent à l'intérieur d'un État civil et confient à leur gouvernement le soin de gérer leur consensus et la force pour que ce dernier ne demeure pas lettre morte. « Ainsi ce n'est que dans l'État civil qu'il peut y avoir un mien et un tien extérieur[6]. »

Ainsi, selon Kant, il n'y a pas de droit en dehors de l'État civil. En outre, alors que le principe de la justice « agis extérieurement... » reposait pour Kant sur un postulat, ce même philosophe reconnaît explicitement que le droit s'établit par des accords

---

4. *Ibid.*
5. *Ibid.*
6. J. L. Mackie, *Ethics*, Londres, Penguin Books, 1990, p. 175.

de réciprocité ; ce qui autorise l'affirmation que le droit est un produit du savoir moral et pratique.

Toutefois, cette conclusion va à l'encontre d'un courant de pensée, qui jouit encore d'une certaine notoriété, selon lequel le droit est issu de la nature et existe antérieurement à la formation de la société civile. Les humains, en tant qu'individus, détiendraient, de par leur nature même, l'autorisation d'utiliser la force pour défendre et promouvoir leur liberté lorsqu'elle est injustement menacée. Au fond, la problématique actuelle du droit s'énonce ainsi : les individus possèdent-ils des droits en vertu de leur nature humaine ou en tant que membres d'un État civil ? Le droit est-il une réalité naturelle ou une réalité sociale ?

Le droit s'inscrit dans le prolongement du juste en tant qu'il implique l'autorisation d'utiliser la force requise pour que le juste se réalise malgré les résistances qui s'y opposent. Cette assertion laisse subsister une alternative : le droit réside-t-il seulement dans l'autorisation d'utiliser la force ou requiert-il la détention de la force requise ? Pour Kant, la réponse est claire : il inclut la possession de la force. Quant aux tenants du droit naturel, ils optent pour le premier membre de l'alternative.

Existe-t-il des droits naturels ? Les opinions sur ce point sont à la fois diverses et opposées ; d'où la nécessité pour chacun d'appuyer son jugement sur une argumentation rigoureuse. En l'occurrence, chacun porte le fardeau de la preuve.

Que vaut le raisonnement déployé par les tenants du droit naturel ? Avant d'entreprendre cet examen, il importe de situer le débat sur le terrain des défenseurs du droit naturel et de l'aborder par le biais des droits spécifiques, car seuls ces derniers sont susceptibles d'exister. En outre, dans la mesure où les contemporains articulent leur argumentation surtout autour du droit de propriété privée, c'est elle qui sera l'objet de la présente investigation.

Dès lors, le droit sera ici considéré comme incluant l'autorisation d'employer la force, non comme la possession de cette force.

Si la nature est l'auteur du droit de propriété privée, elle en détermine le contenu. Que vaut le raisonnement déployé par les auteurs pour justifier l'origine naturelle de ce contenu ? Le droit de propriété privée autorise les individus à disposer, à leur gré et d'une manière exclusive, de certains biens.

L'homme est le propriétaire de lui-même et, à ce titre, il devient le propriétaire de tout ce qu'il acquiert par son travail. L'humain est le propriétaire de lui-même ; cette assertion n'est pas dépourvue d'ambiguïté[7]. D'un point de vue sémantique, le terme propriété a d'abord été utilisé pour désigner un rapport de l'homme aux choses ; ce n'est que par dérivation qu'il a été appliqué au rapport de l'humain avec lui-même. D'un point de vue ontologique, le rapport de l'homme avec lui-même ne concerne pas l'avoir, mais l'être. Je suis un humain ; mon corps, mon esprit, mes facultés organiques font partie de mon être et je ne peux m'en départir sans renier mon être même. Certes je peux louer mes services, mon travail dans la mesure où ils sont détachables de mon être. Si la société me réduit à l'état de chose, en me considérant et en me traitant comme un esclave, elle étouffe ma liberté, mais celle-ci s'exercera de nouveau lorsque la contrainte externe disparaîtra.

Même si la prémisse de Locke était acceptable, il ne s'ensuit pas que les déductions qu'il en tire le soient. Selon Locke, Dieu a donné le monde en partage à tous les hommes de telle sorte qu'il soit leur propriété commune ; mais si quelqu'un transforme une portion de cet univers par son travail, il devient le propriétaire exclusif de cette portion. Que penser d'une telle affirmation ?

> Si quelqu'un mélange son travail à la nature en cueillant des pommes, en exploitant du minerai, ou en défrichant et clôturant une terre, il serait naturel de dire que la valeur de ce qu'il acquiert ainsi dérive de deux sources ; une partie en vérité provient de son travail mais une partie aussi provient de ce qui était donné au départ, les pommes dans l'arbre, le minerai dans le sol, la forêt en friche. Seulement la première de ces deux sources appartient exclusivement à l'homme ; la seconde, de l'aveu même de Locke, est la propriété commune de tous les hommes. Pour contourner cette objection, Locke affirme que l'on acquiert quelque chose en mélangeant son travail aux données de la nature, seulement s'il y en a

7. *Ibid.*, p. 175.

> suffisamment et s'il en reste assez en commun pour les autres. Si la propriété commune n'est pas effectivement diminuée, les droits que les autres possèdent sur ce que l'homme acquiert par son travail peuvent être ignorés : ce que j'ai appelé la deuxième partie de la valeur de la chose peut être réduite à zéro, et toute sa valeur finale devient attribuée au travail de celui qui l'a ainsi acquise[8].

Si l'on suit le raisonnement de Locke, il faut conclure que la propriété privée est toujours assujettie à la satisfaction du proviso ; s'il est impossible de répondre aux exigences de ce dernier, elle ne tient plus. Or dans la période actuelle, toutes les ressources sont rares et sujettes à la compétition ; il n'y en a pas assez pour satisfaire les besoins de l'humanité. Aussi, selon la logique de l'argumentation, faut-il conclure avec Mackie :

> Lorsque le proviso n'est plus satisfait, les biens une fois légitimement acquis, ne peuvent plus être retenus à titre de possession exclusive, mais retournent à la possession commune[9].

Toutefois, on pourrait, dans le sillage de la logique développée par Locke, affirmer que l'humain est le propriétaire exclusif de la « partie de la valeur de la chose qui est attribuable à son travail ». Ici surgit une difficulté de taille : en quoi consiste la valeur d'une chose ? À première vue, cette valeur se composerait de deux éléments : l'un naturel, l'autre artificiel. Marx considère cette distinction comme inopérante. Selon lui, la valeur d'une chose se mesure au nombre d'heures de travail socialement nécessaires à sa production. Il n'est pas opportun, en l'occurrence, de procéder à un examen détaillé de l'argumentation sur laquelle il s'appuie. Il suffit de retenir que pour lui, les activités économiques, à l'insu même de ceux qui en sont les agents, obéissent à la loi de la valeur, telle qu'il la définit.

Outre qu'elle n'a jamais pu être vérifiée d'une manière convaincante, la notion marxiste de la valeur est aujourd'hui contredite par les faits, du moins dans la mesure où la valeur marchande d'un objet n'a d'autre forme d'expression que le prix.

---

8. *Ibid.*, p. 176.
9. *Ibid.*, p. 288.

En effet, et c'est devenu un lieu commun à l'heure actuelle, le prix d'une marchandise est déterminé par un ensemble de facteurs économiques parmi lesquels il faut citer : la rareté ou l'abondance relatives des matières premières ; l'offre et la demande dont le rapport varie selon le niveau de l'emploi et les préférences des consommateurs ; les fluctuations du marché boursier attribuables en grande partie à des données plus ou moins pondérables comme l'évaluation de la situation économique et politique, les projections et la spéculation. Vu cette complexité, il est quasi impossible de déterminer la part qui revient au travail dans la fixation des prix. En conséquence, dans le contexte actuel, le contenu de la propriété privée n'est pas circonscrit par une donnée naturelle, soit le travail, mais par un ensemble de pratiques sociales.

Dans la mesure où il implique une autorisation, le droit tire-t-il sa provenance de la nature ? L'autorisation est corrélative à une obligation morale chez autrui. D'où l'interrogation : y a-t-il des obligations morales inscrites dans la nature humaine ? Si l'on respecte l'autonomie de la volonté, l'obligation morale n'existe que si elle reconnue comme telle par le sujet à qui elle s'adresse ; ce qui suppose une interprétation des exigences de la nature, car cette dernière est loin d'être explicite. À partir d'une réflexion sur sa propre nature, l'individu deviendrait conscient du devoir universel de respecter la propriété d'autrui. Mais puisque tous n'en sont pas conscients, comme le démontre l'expérience quotidienne, l'acceptation d'une telle obligation risque de tourner au détriment des intérêts justifiés de ceux qui en tiennent compte. Dans cette perspective, l'obligation persiste-t-elle ? Suis-je obligé de respecter le bien d'autrui si ce dernier ne s'estime pas obligé de respecter le mien ? Une obligation qui n'est pas universellement reconnue tombe d'elle-même. Aussi ne peut-on enraciner l'obligation morale dans la conscience individuelle de chacun, du moins en matière de justice. Dès lors, si autrui n'est pas moralement obligé envers moi je ne suis pas autorisé à employer la force pour défendre mon bien.

Néanmoins, dans l'hypothèse où l'obligation de respecter la propriété privée serait universellement reconnue par tous et chacun, je serais autorisé à employer la force pour défendre mon bien. Mais quelle force ? Aucun individu en tant que tel ne dispose de la force requise pour surmonter toute résistance de la part d'autrui, car ce dernier peut toujours recourir à une force supérieure, à la ruse, à la coalition, etc.

Un droit antérieur à la formation de la société ne peut se fonder que sur la conscience et la force de l'individu ; aussi, pour les raisons mentionnées, demeure-t-il problématique.

Dès lors, même si l'on ramène le droit à sa signification courante, soit un pouvoir subjectif qui autorise l'emploi de la force pour défendre ses légitimes intérêts, que cette force soit disponible ou non, les arguments, qui visent à le démontrer comme un produit de la nature, s'avèrent peu convaincants et s'écroulent devant un examen rigoureux.

Le lieu du droit

Le droit, même défini selon l'acception courante, comme simple autorisation d'employer la force, se comprend beaucoup mieux si on lui assigne comme lieu d'origine, non pas la nature, mais les accords de réciprocité. En effet, il est tout à fait concevable que même les droits dits fondamentaux, comme celui de vivre, de s'approprier les biens nécessaires à la vie, naissent et se développent à l'intérieur des accords de réciprocité qui sont l'élément constitutif de toute association. Il est possible, à défaut de données historiques certaines, de reconstituer une situation où un raisonnement rigoureux bien qu'élémentaire, à la portée de tous, induit les individus à se reconnaître des droits basiques.

Si, pour une raison ou pour une autre, des individus, appartenant à des groupes ennemis en guerre, se retrouvent à forces égales sur une île déserte où, selon la conjoncture, ils sont appelés à vivre les uns à côté des autres pendant une période de temps indéfinie, ont-ils d'autre alternative que la suivante : ou bien ils continuent à s'entre-tuer et leur vie est menacée à chaque instant ; ou ils concluent une entente par laquelle ils s'engagent les uns vis-à-vis des autres à respecter les conditions minimales d'une coexistence pacifique ? À la suite de cet accord, où chacune des parties prenantes s'oblige à respecter la vie et la propriété de l'autre pourvu que ce dernier en fasse autant, les deux camps reconnaissent qu'en cas de bris de l'engagement la partie lésée est moralement autorisée à employer la force pour défendre ses intérêts. Le raisonnement déployé tout au long de cette opération n'est qu'une forme rudimentaire du savoir moral et pratique. Il en contient tous les principaux éléments : volonté commune de tracer le contour d'un espace favorable à l'exercice de la liberté ; connaissance des possibilités qu'offre la condition humaine ; choix de la seule solution viable à longue échéance. D'ailleurs, cette argumentation, en tant qu'elle est à la portée de tout individu doué de raison, est aussi susceptible de rendre compte des arrangements effectués pour l'instauration de la paix à l'intérieur de chacune des formations. Selon cette perspective, il est tout à fait possible de rendre compte de l'existence de la détermination des droits, quels qu'ils soient, sans faire appel à l'hypothèse des droits naturels

Toutefois, si les droits sont le produit du savoir moral et pratique, il s'ensuit qu'ils ne peuvent exister que dans et par l'association, et qu'ainsi ils se rangent parmi les réalités sociales.

Le droit, une *réalité sociale*

Selon une première approche, la distinction fondamentale entre une réalité physique ou naturelle et une réalité sociale réside en ce que la première est indépendante du savoir et du vouloir des humains alors que l'autre ne l'est pas. Cependant, pour mieux saisir ce qui oppose ces deux formes de réalité, il est nécessaire d'approfondir la notion de réalité sociale. L'ouvrage de Castoriadis, intitulé *L'institution imaginaire de la société*, s'avère un guide précieux pour l'accomplissement de cette tâche.

> Dire qu'un objet ou une classe d'objets sont des marchandises ce n'est pas dire quelque chose sur ces objets comme tels ; mais sur la manière dont une société traite (peut traiter) cet objet ou cette classe d'objets, sur la manière d'être de ces objets pour cette société ; c'est dire que cette société a institué la signification marchandise — comme telle et dans et par un réseau de signification dérivée — des comportements d'individus et des dispositifs matériels qui font être les objets, tels objets comme marchandises[10].

---

10. Cornelius Castoriadis, *L'institution imaginaire de la société*, Paris, Éditions sociales, 1975, p. 288.

Un objet revêt la signification « marchandise » non en vertu de ses qualités physiques, mais en autant que la société le considère et le traite comme échangeable ; c'est une manière d'être de l'objet qui n'est valable que pour la société. C'est uniquement par la médiation de la pratique sociale de l'échange que les objets deviennent des marchandises.

L'humain est aussi susceptible de recevoir des significations qui sont attribuables au comportement social des individus libres entre eux. L'esclavage fournit un exemple percutant d'une telle réalité.

> Ce dont il s'agit dans la réification, dans le cas de l'esclavage [...], c'est l'instauration d'une nouvelle signification opérante, de saisie d'une catégorie d'hommes par une autre catégorie comme assimilable à tous égards pratiques, à des animaux ou à des choses[11].

En résumé, c'est exclusivement parce qu'ils sont considérés et traités comme des choses par une partie notable de l'humanité que certains individus deviennent des esclaves. De même, les êtres humains ne deviennent sujets de droits que si la société les juge et les traite comme tels.

Mais comment s'opère une telle transformation, car il s'agit bien de l'ajout de nouveaux attributs ?

La vie sociale n'est réductible ni à une physique mécaniste ni à un processus biologique ; elle réside dans un ordre où se rencontrent, s'entrecroisent et parfois s'affrontent de multiples activités individuelles dont le principe immédiat est un vouloir conscient. La coordination entre ces activités n'est réalisable que par des signes acceptés et reconnus par des agents ; en effet, ces derniers ne peuvent ajuster leur agir respectif que par leur soumission à des indicatifs qui, lorsque la justice est concernée, figurent à titre d'impératifs. Ces significations, qui assurent la cohérence de la vie sociale, Castoriadis les a analysées et il les qualifie d'« imaginaires sociales ». Il importe au plus haut point de parcourir les grandes lignes de cette étude, car elles projettent un éclairage révélateur sur les caractéristiques du droit, saisi comme réalité sociale.

---

11. *Ibid.*

Les significations imaginaires sociales[12]

Qui dit signification dit rapport de signifiant à signifié. Dans le langage, la signification désigne le rapport entre un mot et son signifié. Pour éviter toute équivoque subséquente, il importe de souligner que le langage et les significations imaginaires sociales se distinguent par leur fonction : le premier est un moyen de communication ; les secondes ont pour fonction d'articuler entre elles les diverses activités des individus.

Selon l'usage courant, le symbole est le terme signifiant du rapport. Il comporte pour ainsi dire un double élément, l'un, matériel, l'autre, formel, soit la relation à un signifié. Dans le langage, les phonèmes sont la matière du symbole, non pas en eux-mêmes, comme sons, mais en tant qu'assemblés selon un ordre précis. Les catégories économiques, le pouvoir politique, le droit, en tant que significations, contiennent aussi un aspect symbolique qu'il importe de bien cerner. La marchandise est un symbole qui désigne le caractère « échangeable » d'une valeur d'usage. La matière de ce symbole, ce n'est pas la valeur d'usage en elle-même, selon ses qualités physiques, mais en tant que posée dans un rapport d'égalité avec d'autres valeurs d'usage ; ce qui suppose des opérations, comme l'introduction d'une mesure, et l'application de cette mesure à telle valeur d'usage déterminée. Il s'agit donc d'un ensemble fort complexe où prédominent les activités de la conscience. Le symbole du pouvoir politique n'est pas simple non plus. Qu'est-ce qui autorise un individu ou un groupe d'individus à commander aux autres membres de la communauté ? Dans la plupart des sociétés modernes, ce n'est ni la compétence, ni l'hérédité, ni l'accomplissement d'un fait héroïque, mais l'élection par voie démocratique. En l'occurrence, la matière du symbole, c'est l'individu en tant qu'élu au suffrage universel.

Le droit comme symbole, c'est le pouvoir subjectif d'exercer une activité déterminée sans entrave de la part d'autrui, avec l'autorisation d'employer la force en cas de résistance. La matière de ce symbole c'est l'individu en tant que reconnu par la société comme satisfaisant aux exigences d'une norme établie. Un individu n'est investi du droit de propriété privée d'un objet quel-

12. *Ibid.*, p. 474-475.

conque que s'il est reconnu par la société comme l'ayant acquis selon la voie légitime, soit le travail, l'échange ou la donation. De même, un individu n'est porteur du droit à la liberté, par exemple de circuler à l'extérieur comme bon lui semble, que s'il ne présente aucun danger pour autrui. Les maniaques et les criminels endurcis ne jouissent pas de ce droit. Les droits se greffent toujours sur les normes.

Ainsi, la réalité sociale est un symbole, une signification déterminée et attribuée par la société aux choses ou aux humains. Conformément aux justifications précédentes, cette notion s'applique sans difficulté au droit issu du savoir moral et pratique.

Cependant pour Castoriadis, cette signification n'est pas seulement sociale, elle est aussi imaginaire ; elle est le produit de l'imaginaire social. D'où l'interrogation : le savoir moral et pratique comprend-il une dimension imaginaire ?

Le savoir moral et pratique et l'imaginaire social

Est attribuable à l'imaginaire toute forme qui n'est ni préfigurée dans la matière où elle est appelée à s'inscrire, ni référée à un modèle préexistant. Une telle forme reçoit ses principales modalités de l'idée de son concepteur, avec cette restriction toutefois que la matière dans laquelle elle s'inscrit lui apporte certaines modifications en tant qu'elle les reçoit selon ses propriétés. Le David de Michel-Ange, comme sculpture imprimée dans le marbre, répond d'abord et avant tout à une idée de son créateur, mais il reçoit de la matière sa couleur, sa dureté, son poids et sa résistance. L'esclavage n'est pas prédéterminé dans la nature de l'humain ; il tire toute son origine d'un comportement social ; mais si l'esclave est réduit à l'état de chose, il n'en est pas moins une chose pensante et souffrante. Tout ce qu'exigent de la matière les significations imaginaires, c'est sa plasticité, sa docilité à les recevoir. Quant à l'idée d'où elles originent, elle naît et se développe dans l'esprit des humains.

Le savoir moral et pratique à la racine des droits comporte-t-il une telle dimension imaginaire ? Cette interrogation est pertinente, car ce savoir œuvre à l'intérieur d'un cadre bien défini. Tout d'abord, il s'adosse à une volonté commune à tous les associés d'établir entre eux des accords de réciprocité qui soient justes, c'est-à-dire qui respectent la liberté de tous. Ce vouloir origine sous la poussée d'une donnée naturelle, soit la recherche de l'intérêt égoïste présente à toutes les activités des individus. Toutefois, le juste visé n'est qu'une idée directrice, abstraite et indéterminée qui ne se prête qu'à une saisie approximative de ses traits objectifs. Ainsi la matière que doit modeler le savoir moral et pratique, ce sont des accords de réciprocité. Vu leur plasticité, ces derniers se prêtent à une multitude de significations, de modes de réalisation parmi lesquels il faut choisir le meilleur dans les circonstances.

Comment ce choix est-il effectué ? Résulte-t-il d'une découverte ou d'une invention ?

Au niveau des faits, d'une part, il n'est point de modèles concrets préexistants des divers accords de réciprocité conformes à la justice ; d'autre part, la conclusion et la détermination de ces accords est toujours liée à des facteurs subjectifs, soit l'interprétation de la condition humaine, l'analyse de la conjoncture et une conception de la liberté. Il s'ensuit que l'énoncé des diverses solutions possibles, et par suite de la meilleure, repose sur une investigation dont le succès n'est pas mesuré par son adéquation à une réalité déjà existante, mais par sa conformité à une vision qui n'est pas dépourvue de subjectivité. Le choix définitif des accords et des droits qui les scellent n'est donc pas l'objet d'une découverte, comme les lois de la nature qui sont déjà à l'œuvre, avant même d'être exprimées dans une propositions formulée par le savoir humain. Bien qu'elles soient saisies à travers des opérations qui comportent des caractères subjectifs, leur existence est néanmoins indépendante de cette démarche.

Quant aux normes de justice, leur existence est consécutive à certains arrangements effectués par le savoir moral et pratique. En ce sens, elles sont dites inventées, imaginées, posés à partir d'une idée directrice abstraite, celle du juste. Or en établissant une norme concrète de justice, le savoir moral et pratique détermine en même temps la matière d'un droit. En effet, ce n'est que s'ils sont engagés dans des accords de réciprocité spécifiques qui comportent des obligations mutuelles, que les individus sont des sujets de droits. Ce n'est que dans un contexte où les normes obligent chacun à respecter la propriété privée d'autrui, que les individus bénéficient du droit de propriété privée. Ainsi, dans la préparation d'un terrain propice à l'instauration des droits, le savoir moral et pratique comporte une dimension imaginaire sociale.

Cependant, le droit lui-même, saisi non pas selon sa matière, mais selon sa forme, en tant qu'attribut de l'individu et symbole efficace, est-il susceptible d'être qualifié d'imaginaire ?

Le droit, à l'instar de toute réalité sociale, n'est une signification efficace, c'est-à-dire qui ne produit ce qu'elle signifie, que dans et par le comportement social, qui d'ailleurs le détermine, le fait exister et le maintient dans l'existence. Ainsi, le facteur décisif de la collation d'un droit ce n'est pas la norme en elle-même, mais la norme intégrée dans un comportement social qui lui est conforme. Or ce comportement social, en tant qu'il n'est ni dicté par la nature ni copié sur un modèle préexistant, mais issu d'un processus où se déploient l'initiative et le vouloir des gens, est en grande partie tracé par l'imaginaire social. Il s'ensuit que le droit est une signification imaginaire.

Pour bien comprendre la portée de cette conception du droit, il importe de rassembler toutes les caractéristiques qui l'opposent au droit dit naturel. Contrairement à ce dernier, son support dans l'être, ce n'est pas la nature de l'individu, mais un comportement social. En second lieu, alors que le droit dit naturel est au principe des normes de justice, lui, il les présuppose et en dérive ; en tant que réalité sociale, il ne revêt jamais une forme définitive, il varie au gré de l'évolution du comportement social.

Et enfin, son mode d'être spécifique échappe aux catégories traditionnelles : « Dans le passage du naturel au social il y a émergence d'un autre niveau et d'un autre mode d'être[13]... »

La tradition philosophique, d'Aristote à nos jours, reconnaît deux modes d'être fondamentaux, le mode d'être des choses dans la réalité, et le mode d'être des choses dans la pensée. Ce

13. François Éwald, *L'État providence*, Paris, Grasset, 1986, p. 52-140.

qu'évoque Castoriadis, c'est un mode d'être nouveau par rapport aux précédents, le social historique. Ce dernier n'est ni une qualité inhérente aux choses et aux individus humains à la manière d'une propriété, ni une simple représentation, il appartient au mouvement même de la conscience collective qui anime les comportements, sociaux, il en est le produit et la manifestation.

Les pratiques sociales

Les pratiques sociales, ce sont des opérations courantes adoptées par la communauté en vue d'un objectif spécifique, assujetties à des règles, et mettant en rapport les individus les uns avec les autres. Elles peuvent être justes ou injustes. Ainsi, l'échange répond à cette notion : il est posé en vue de satisfaire des besoins ; régi par des normes de justice, et consiste dans un rapport entre au moins deux individus.

Le savoir moral et pratique, tel que déjà défini, désigne le processus conscient qui préside à l'élaboration et à l'institution de ces pratiques en tant qu'elles sont concernées par la justice.

Toutefois, le rapport entre le savoir moral pratique et les pratiques sociales suscite de nombreuses difficultés qu'il importe d'examiner. Tout d'abord, le savoir moral pratique n'œuvre pas toujours selon sa forme idéale, soit à titre d'activité communicationnelle orientée vers l'intercompréhension ; il emprunte souvent la voie sinueuse de l'activité stratégique qui rend plus précaire la justice de la solution adoptée. Ensuite, le rendement effectif d'une pratique sociale ne dépend pas seulement des décisions humaines, mais aussi du caractère ontologique des activités mises en place, ce qui entraîne souvent des conséquences imprévues et non intentionnelles. La généralisation de l'échange, son extension sous la forme du salariat et des spéculations boursières, conjuguée à l'avènement du capital et de la libre concurrence ont produit un ordre économique que personne n'avait planifié. Et enfin, les limites du savoir moral en ce qui concerne la notion et les exigences de la liberté, ainsi que la portée ontologique des activités recommandées, laissent la porte ouverte à une critique avertie. D'où la remarque suivante. Il est indéniable que le savoir moral pratique, du moins dans ses grandes lignes, volonté commune, mise en commun des connaissances jugées pertinentes et consensus sur la conduite à tracer, détermine la fin visée par la pratique et exerce un impact sur les modalités de cette dernière. Toutefois, le rôle de la conscience collective, bien que toujours présent, ne rend pas compte de la totalité des effets de la pratique et n'offre pas toujours la garantie souhaitée de sa justice. Aussi importe-t-il, à la lumière des recherches effectuées par des auteurs dont la notoriété est reconnue, d'entreprendre un examen rigoureux de la valeur et de la portée de ces pratiques issues de la conscience collective, du moins en partie.

Mais au préalable, il importe d'examiner le contenu des principales pratiques sociales adoptées par la plupart des pays qui se situent à la pointe de la civilisation occidentale.

Deux remarques préliminaires s'imposent à propos des pratiques sociales : elles apparaissent toujours en réponse à un problème concret comme la meilleure solution possible dans les circonstances, tant au point de vue de l'efficacité que de la justice ; elles incorporent toujours, à titre d'élément justificateur, un principe de justice reconnu par la collectivité. Le point vulnérable de toute pratique sociale, c'est qu'elle ne peut s'appuyer que sur une version plus ou moins approximative du « juste ».

Le présent exposé se borne à l'étude des pratiques sociales dominantes à l'heure actuelle.

Les échanges

L'échange est une pratique rendue nécessaire par la division du travail et la reconnaissance du droit de propriété privée ; il consiste en une opération où chacun cède à l'autre un produit dont il est le propriétaire, mais dont il n'a pas besoin, en retour d'un produit dont il a besoin, mais dont l'autre est le propriétaire. Dans cette transaction, les attentes sont claires : chacun veut recevoir l'équivalent de ce dont il s'est départi ; sinon, il s'estime avec raison lésé dans son droit de propriété qui l'autorise à rester en possession d'une valeur égale à celle qu'il a cédée. Dès lors, si les produits échangés sont d'égale valeur, la transaction est d'une part avantageuse pour l'un et l'autre, car chacun acquiert un bien dont il a besoin, mais qu'il ne possédait pas, et d'autre part juste, car elle respecte le droit de propriété privée. D'où la norme de la justice propre à l'échange : il est juste si les produits, objets de la transaction sont d'égale valeur. Un tel principe répond aux exigences de la justice, mais il demeure indéterminé en regard de la pratique à régler ; en effet, l'égalité entre les valeurs suppose une mesure qui soit la plus objective possible. Mais quelle est cette mesure ? Sur ce point, les recherches contemporaines s'en remettent encore aux jugements inscrits dans les pratiques économiques. Ainsi, à l'heure actuelle le juste prix est celui qui prévaut selon les lois d'un marché concurrentiel non entravé. Mais quelle en est l'objectivité en regard de l'égalité à préserver ? Toutefois, malgré son indétermination, le principe de justice dégagé demeure encore présent sous la forme d'une idée directrice.

Les biens communs

Pour exercer leurs libertés fondamentales, les individus ont besoin de biens dits communs, en ce sens qu'ils ont pour caractéristiques de n'être produits que par un effort collectif et d'être disponibles pour tous selon l'occurrence des nécessités. Ils se distinguent des biens privés surtout par un mode d'appartenance où ne figure pas l'exclusivité ; tous ont le droit de les utiliser en autant qu'ils en ont un besoin réel. L'infrastructure matérielle d'un pays, comme les services d'eau et d'égout, le réseau routier, répondent à cette définition. Construits par la communauté, leur usage est à la portée de tous. Le bien commun prend la forme d'une institution où sont rassemblées, réparties et réglementées les ressources humaines et matérielles destinées à pourvoir à un besoin précis. Parmi ces institutions, outre celles qui viennent d'être mentionnées, il faut citer les systèmes judiciaire, militaire et d'éducation, le service de protection des forêts, de la faune et des mines, et enfin ce qu'il est convenu d'appeler le système des assurances sociales.

Comment financer ces divers services ? Ici, il y a lieu de retracer les principales lignes du raisonnement sur lequel le savoir moral et pratique est susceptible de s'appuyer. Dans la présente conjoncture, la mise sur pied de ces institutions n'est possible que moyennant une participation de tous les citoyens sous la forme d'un impôt proportionnel aux moyens de chacun. En effet, il va de soi que les richesses dont chacun dispose sont inégales ; dès lors surgit l'alternative suivante : faut-il exiger de chacun une part équivalente qui sera forcément minimale puisqu'elle devra être fixée selon les moyens des moins bien nantis, ou encore imposer une contribution proportionnelle aux moyens de chacun ? L'adoption du premier membre de l'alternative revient à instituer un bien commun dont l'efficacité sera douteuse, sinon carrément insuffisante ; celle du second, un service d'une qualité satisfaisante. Dans la mesure où la justice doit être compatible avec l'efficacité, ce choix apparaît comme la meilleure solution possible dans les circonstances. Prise dans le cadre des accords de réciprocité, la décision consécutive au choix doit s'étayer sur un consensus. Or un consensus social demeure effectif malgré les quelques dissidences inévitables, pourvu que son objet ne soit pas démontré injuste. Autrement, si l'assentiment explicite de tous et de chacun des concernés était requis, aucune norme ne pourrait être établie et par suite aucune société ne serait viable. Aussi l'État, en tant que représentant autorisé de ce consensus, détient-il le pouvoir légitime d'imposer à tous l'observance de la norme.

Le principe de justice sous-jacent à cette pratique sociale s'énonce ainsi : à chacun selon ses moyens. Ce principe n'est pas déduit à partir de prémisses éternelles et immuables ; il est choisi à titre de meilleure solution possible dans les circonstances et sa pertinence demeure liée à la conjoncture.

La répartition du bien commun

Le bien commun est un bien disponible à tous selon les besoins ; il inclut donc, dans sa notion même, le principe qui régit sa répartition, soit à chacun selon ses besoins. Lorsqu'il est reconnu par un État, ce principe s'applique à tous ses membres, soit à tous ceux qui jouissent du statut officiel de citoyens. Il faut noter en outre que la répartition est indépendante de la contribution, contrairement à ce qui a lieu dans les échanges où on reçoit l'équivalent de ce dont on se départit. Cette particularité se justifie en vertu de la finalité même qui est assignée au bien commun, soit répondre à des besoins précis de tous et de chacun des membres de la société. En outre, avec la mise sur pied d'un bien commun, la justice fait un pas : elle ne se traduit pas par une simple interdiction ; elle enjoint aux individus de s'entraider mutuellement. Un bien commun ne s'obtient que par la voie de la solidarité.

Les assurances sociales

L'adoption des programmes sociaux manifeste une évolution notable du savoir moral et pratique. Le territoire de la justice s'étend désormais à un domaine jusque-là réservé à la charité et à la bienveillance. Cette extension est-elle justifiable ?

Les assurances sociales se rangent-elles parmi les biens communs nécessaires ? La majorité des gens pourraient atteindre ces objectifs par le truchement des entreprises privées. Mais dans ce cas il y aurait des laissés-pour-compte. Le sort réservé à ces derniers est-il pour autant injuste ? Selon la justice traditionnelle, je ne suis pas obligé de contribuer à soulager la misère des autres si je ne suis pas responsable de ce qui leur arrive. Les promoteurs et les défenseurs des assurances sociales contournent cette objection en suscitant une autre problématique : est-il juste que les individus s'engagent les uns vis-à-vis des autres à faire en sorte que leur société assume la responsabilité de pallier les maux qui résultent de certains risques inhérents à la vie ? Si la réponse est affirmative, il s'ensuit que la détermination de certains aspects concrets de la justice est abandonnée aux soins des consensus collectifs. Une telle conséquence est-elle acceptable et sur quelle argumentation repose-t-elle ? Voici les grandes lignes du raisonnement qui sous-tend une réponse affirmative à cette interrogation.

L'ordre social est un produit de l'imaginaire social guidé par la raison. À l'instar de toutes les constructions, il repose sur des matériaux de base qui en l'occurrence sont des données fournies par la nature, telles la liberté et la nécessité de l'association pour la réalisation des projets de vie des individus. Toutefois, ces données sont toujours médiatisées par la raison, c'est-à-dire interprétées, ajustées, modifiées, agencées de manière à répondre à des objectifs précis. Les attentes des individus vis-à-vis de l'ordre social portent principalement sur son efficacité, sa capacité de produire des avantages, et sur sa justice, sa manière de répartir ces avantages sur tous. L'efficacité s'obtient par une organisation matérielle de plus en plus raffinée ; la justice, par un comportement que les individus adoptent dans leurs rapports de réciprocité eu égard à leurs intérêts propres respectifs. Il appartient à la raison et à la volonté de l'homme de tracer les grandes lignes de cette conduite : la première indique la voie à suivre par la détermination de ce qui est juste ; la seconde lui imprime un caractère obligatoire. La saisie de ce qui est juste s'effectue à partir d'une analyse de la conjoncture dans laquelle se rencontrent les agents et d'une forme d'argumentation qui se plie aux exigences de la raison. Cependant, pour que le juste ainsi déterminé revête un caractère obligatoire, il est nécessaire qu'il soit entériné par un vouloir collectif, car toute obligation morale s'enracine dans l'autonomie de la volonté. Pourquoi un vouloir collectif si ce n'est que seul ce dernier peut autoriser une règle qui s'applique à tous.

La raison et la volonté produisent donc des effets distincts susceptibles de dissociation. Il s'ensuit que le juste n'est pas toujours incorporé dans un droit et que ce dernier n'enveloppe pas toujours un contenu qui soit juste ; aussi existe-t-il des droits positifs non justes et des contenus justes sans garantie juridique.

Sous la pression des changements conjoncturels, du développement des recherches et de la raison, ainsi que des nouvelles prises de conscience collectives, l'ordre social subit une évolution constante et appelle des règles de justice plus appropriées.

L'histoire du XXe siècle, avec l'avènement des assurances sociales, fournit un exemple révélateur de cette évolution. Aussi est-il fort instructif de parcourir un mouvement historique qui a conduit à l'adoption de programmes sociaux.

Un individu n'est responsable que des effets prévisibles de ses actes volontaires. Or de toute évidence, la misère qui sévissait à la fin du XIXe siècle et au début du XXe ne résultait pas seulement de l'imprévoyance, de la négligence et de la mauvaise volonté, mais encore d'un ensemble de facteurs qui échappaient totalement à la responsabilité du concerné : ses faiblesses congénitales ; son vécu dans un milieu démuni qui le privait des possibilités d'apprentissage requis pour améliorer son sort ; les accidents imprévisibles qui aggravaient son cas, etc. Bref, le réseau de causalités d'où résultait la misère s'étendait bien au-delà de la responsabilité de chacun.

Face à ce constat, la pensée libérale, pour conserver son intégrité et ne pas sacrifier ses principes de base où prédomine la responsabilité individuelle, se traduisait par des pratiques qui se pliaient à un nouveau schème de raisonnement fondé sur la distinction entre l'obligation morale attachée à la bienveillance ou à la charité et le droit ou la justice.

Vu la persistance de la misère à cette période historique, les patrons reconnurent que la charité leur imposait le devoir de suppléer eux-mêmes aux insuffisances de leurs ouvriers et de veiller à leur assurer le minimum vital. Ce fut l'ère du patronage. Les patrons construisirent à leurs frais des logements pour les ouvriers sur un territoire attenant à l'usine ; ils leur procurèrent ainsi un habitat convenable pourvu de toutes les ressources élémentaires comme les services d'hygiène, d'eau et d'égouts, etc. Cette pratique comportait un double avantage : outre qu'elle assurait aux ouvriers la satisfaction de leurs besoins de base, elle permettait aux patrons de disposer d'une main-d'œuvre à portée de la main.

À première vue, cette initiative des patrons pouvait apparaître comme l'expression d'une retenue sur le salaire des ouvriers et ainsi aurait été due en justice, non en charité. Mais telle n'était pas l'interprétation libérale ; cette initiative était considérée comme une subvention : « Le salaire est un « droit » ; en payant le salaire convenu le patron acquitte une « dette », la subvention au contraire est « facultative et bénévole »[14] ». Les ouvriers n'avaient aucun droit à cette subvention ; pour soulager leur misère, ils ne pouvaient compter que sur les obligations découlant de la charité et de la bienveillance. Seul un acte volontaire, la commission d'une faute, pouvait donner lieu à une revendication en justice.

Les pratiques exercées selon le schème étroit de pensée, où la charité suppléait aux insuffisances de la justice, n'eurent jamais qu'un succès partiel et localisé ; aussi laissèrent-elles intact le problème suscité par la misère existante.

---

14. *Ibid.*, p. 131.

Dans la dernière partie du XIXe siècle et au début du XXe, deux événements majeurs vinrent donner un nouvelle dimension à la problématique suscitée par l'écart entre les causalités et la responsabilité en regard de la misère.

Selon Marx, au XIXe siècle, à l'ère du capitalisme sauvage, la misère des ouvriers résultait de la structure même du système de production. Tout d'abord, la loi de l'offre et de la demande, qui régissait l'embauche, jouait contre l'ouvrier ; en effet, la demande, dans la presque totalité des cas, était plus élevée que l'offre. Ensuite, la libre concurrence entre capitalistes, jointe à la loi du marché des produits, contraignait à des prises de décision qui, la plupart du temps, tournaient au désavantage des ouvriers : la hausse de la productivité, nécessaire pour soutenir la concurrence, entraînait souvent le chômage. La combinaison de ces divers facteurs avait aussi pour effet de réduire les salaires au strict minimum. En outre, intégré à cette structure, dont le moteur principal réside dans le profit, l'ouvrier, par son propre travail, contribue à l'enrichissement du capitaliste, non au sien. La structure a donc pour effet de reproduire sa misère.

De cette interprétation des faits Marx tire une conclusion des plus pertinentes pour la présente étude : cette causalité de la structure dégage tout un chacun de ses responsabilités en ce qui regarde la misère qu'elle engendre, aussi bien le capitaliste que l'ouvrier. La seule règle de justice qu'autorise le système économique capitaliste est celle du consentement volontaire dans les échanges. Or cette dernière ne s'applique qu'aux effets immédiats des activités économiques individuelles, elle ne s'étend pas aux effets sociaux qui découlent de l'intégration de chacune de ces activités dans la totalité de la structure, comme les faillites et le chômage. Le capitaliste pour résister à la concurrence, n'a d'autre choix que d'améliorer ses techniques de productivité et par suite de congédier un certain nombre d'ouvriers si les circonstances l'exigent ; ou encore de maintenir les salaires au plus bas niveau possible. La justice qui prévaut à l'intérieur du système ne lui défend pas d'agir ainsi. Bref, la véritable cause de la misère, c'est le système économique pris comme un tout. Aussi la solution qu'il préconise est-elle des plus radicales : la destruction totale du système économique capitaliste et son remplacement par une autre structure. En même temps, il apportait une nouvelle dimension au concept de justice : ce dernier ne concernait plus seulement les individus dans leurs rapports de réciprocité, mais la structure de base elle-même sous ses aspects économique et politique. John Rawls assume cette perspective, du moins dans ses grandes lignes. Conscient que la structure de base de la société produit des effets susceptibles d'être qualifiés d'injustes, il élabore le projet d'établir des principes de justice qui soient applicables, non aux individus, mais à la structure de base même de la société.

Ce point de vue de Marx, même s'il était rejeté par la pensée libérale, n'en allait pas moins susciter un double remous : d'une part, il allait renouveler la problématique de la justice qui désormais ne relevait plus de la seule responsabilité individuelle, mais aussi de celle de la société prise comme entité distincte ; d'autre part, il déclenchait des pratiques révolutionnaires qui s'attaquaient aux institutions de base.

Au moment où ce mouvement radical ébranlait les fondements de plusieurs sociétés européennes, certains pays dont la France, l'Angleterre, l'Allemagne développaient des pratiques, certes moins spectaculaires, mais non moins efficaces, qui elles aussi étaient porteuses d'une nouvelle conception de la justice. Ces dernières pratiques, ce sont les assurances sociales.

Il était désormais reconnu que l'ouvrier ne fût pas le seul responsable de sa misère. Le chômage, la maladie et la vieillesse, qui apparaissaient comme les facteurs les plus visibles et les plus fréquents de la misère, se profilaient sur un réseau de causalités qui comportait de nombreuses inconnues. Si l'enchaînement des causes ne se prêtait pas à un examen rigoureux, certains de leurs effets, tels le chômage et les accidents de travail, vu la fréquence régulière de leur incidence, se pliaient à des observations qui permettaient de les nombrer et de les prévoir avec une certaine approximation. Les méthodes statistiques et le calcul des probabilités rendirent possible la mise sur pied de nouveaux moyens de pallier la misère. La désignation des causes et par suite la détermination exacte du lieu des responsabilités s'étant avéré quasi impossibles dans la plupart des cas, surgit la pratique de l'assurance qui visait à remédier aux effets néfastes du réseau des causalités sans tenir compte de ces dernières[15]. Plutôt que de préconiser une refonte radicale de tout le système économique et politique, comme Marx le proposait, ce qui revenait à détruire le réseau de causalités existantes et à lui en substituer un autre, l'assurance ne s'attaquait pas aux causes mais aux effets, d'où la mise entre parenthèses de la responsabilité attachée aux actes volontaires.

Description de l'assurance

Dans les grandes lignes, l'assurance est une technique, une construction de l'imaginaire en vue d'apporter une compensation à certains maux qui affectent les individus et dont les causes, dans l'état des connaissances et des moyens disponibles, échappent au contrôle de l'homme, tels le chômage, les accidents de travail, la maladie, la vieillesse, les pertes de biens à la suite de certains hasards, etc. Comme technique, elle consiste à répartir sur l'ensemble des assurés le poids d'un mal qui survient à l'un d'entre eux. Une perte évaluée à 200 000 $, répartie sur 100 000 personnes, ne coûte que 2 $ à chacune d'entre elles.

L'objet de l'assurance[16]

La répartition des charges sur l'ensemble des assurés, ce qui équivaut à fixer le montant des cotisations, suppose une double quantification : l'évaluation approximative du nombre des dommages susceptibles de se produire au cours d'une période de temps dans un secteur déterminé d'activités ; l'établissement du coût approximatif de l'ensemble de ces pertes. Aussi l'objet de l'assurance, ce sont les risques en tant que soumis à certaines opérations. Selon le langage courant, le risque est un mal qui, vu la conjoncture, est susceptible de survenir.

Les risques de l'assurance doivent être calculables et récurrents de manière à se plier aux méthodes statistiques et au calcul des probabilités, ce qui permet de prévoir le nombre de

15. *Ibid.*, p. 225-226.

16. *Ibid.*, p. 173-181.

leurs incidences au cours d'un laps de temps ; ils doivent aussi, grâce à un accord entre tous les concernés, se prêter à une conversion de leur qualité en quantité, soit être marqués d'un prix, comme la valeur monétaire de la perte d'un bien, ce qui rend possible l'estimation du coût total des dommages éventuels.

Ainsi le risque assumé par l'assurance n'est pas une donnée, mais un objet à construire par une série d'opérations dont les unes résident dans des calculs effectués à l'aide de techniques relativement précises et les autres, dans des jugements concertés qui laissent subsister une marge de subjectivité.

La justice inhérente à l'assurance

L'assurance introduit une nouvelle règle de justice différente de celle du droit civil libéral. Selon ce dernier, l'obligation de compenser s'enracine soit dans une faute, soit dans une promesse, donc dans un acte volontaire qui rend responsable. Il n'en est pas ainsi pour l'assurance ; elle tire cette obligation d'un fondement non pas subjectif, mais objectif, soit la solidarité nécessaire à l'affrontement de certains risques, qui entraîne pour les individus l'obligation de compenser ensemble certains maux qui surviennent à l'un ou l'autre d'entre eux. Si, d'une part, il est dans l'intérêt de tous, de se protéger contre certains maux et si, d'autre part, le meilleur moyen d'y parvenir c'est d'assumer ensemble le poids de ces maux, il s'ensuit qu'il est dans l'intérêt de chacun et donc juste de contribuer à la compensation de ces maux, même s'il n'en est pas responsable. Ainsi l'obligation de compenser s'appuie non pas sur une solidarité vague et imprécise, mais sur cette solidarité que les risques inhérents au vécu établissent entre les hommes.

Une telle solidarité introduit une forme de responsabilité collective qui a pour corrélatif un droit différent des droits civils reconnus. En effet, l'obligation de compenser échoit aux assurés pris collectivement ; il s'ensuit que le droit des individus à une compensation oblige les assurés non pas en tant qu'individus, mais en tant que membres d'une association. C'est l'association qui est obligée de défrayer les coûts estimés des dommages subis par l'un de ses membres. Il s'agit donc d'un droit de l'individu vis-à-vis d'une société.

L'assurance obligatoire

Le contrat social objectif, avec sa règle de justice, pour devenir efficace, doit être entériné par un engagement réciproque et explicite des individus entre eux. Dès lors se pose le problème : est-il juste, vu les avantages indéniables de l'assurance, d'obliger tous les individus exposés à certains risques, à s'associer selon la technique de l'assurance ? La loi de 1898 rendait obligatoire sur tout le territoire français l'assurance contre les accidents du travail. Par le fait même, l'État français rendait opératoire le contrat social objectif avec sa nouvelle règle de justice ainsi que son nouveau droit et sa nouvelle obligation. Tout principe de justice est porteur de droits et d'obligations qui lui sont propres. Par sa décision l'État étendait à tous les citoyens le droit que possèdent les assurés à la suite d'une entente librement conclue entre eux.

L'État est-il autorisé en justice à mettre sur pied des assurances sociales obligatoires ? L'enjeu est important, car il remet en question la légitimité de l'État-providence.

Bien que l'assurance fût juste en elle-même, elle pouvait demeurer facultative. Pour qu'elle devînt obligatoire, il fallait, d'une part, qu'il fût juste d'obliger ainsi tous les individus, d'autre part que cette obligation fût l'objet d'un consensus au moins implicite des concernés.

Une telle obligation était-elle respectueuse de la liberté de tous et de chacun ? Le point de départ de toute activité humaine réside dans la volonté de vivre selon le projet de son choix ; aucun être humain ne peut se détourner de cette fin sans aller à l'encontre de ce qui le spécifie. Ce vouloir initial demeure néanmoins indéterminé en ce qui regarde les modalités de son projet et les moyens d'y parvenir. Le sujet libre adopte telles modalités et tels moyens dans la mesure où ils représentent à ses yeux la meilleure solution possible dans les circonstances. C'est toujours dans la perspective du vouloir originel qu'il faut situer les décisions à prendre : à savoir quel est l'impact de l'activité sur le projet entre l'assurance et le projet de vie. Le vouloir initial implique l'intention de prendre les moyens efficaces pour mieux réaliser sa liberté. Parmi ces derniers, l'assurance présente des lettres de créance indéniables. Ne garantit-elle pas la compensation d'une perte éventuelle de la liberté par une maîtrise rationnelle des effets qui dérivent de causes jusqu'ici incontrôlables. Cependant, elle n'est pas la seule solution possible ; aussi certains individus préfèrent-ils assumer individuellement les risques dans l'espoir d'y échapper et compter sur leur épargnes personnelles pour les compenser si jamais un malheur les frappe. Mais puisque l'assurance consiste dans une forme d'association, sa mise sur pied nécessite un accord entre plusieurs individus, aussi, comme l'assurance, malgré son efficacité, n'est qu'un moyen parmi d'autres possibles, le consensus demeure facultatif. Toutefois, n'y aurait-il pas des circonstances susceptibles de la rendre obligatoire ?

La conjoncture, dans laquelle la loi de 1898 fut adoptée, souleva cette problématique. Durant la seconde moitié du XIXe siècle, certains ouvriers étaient assurés contre les accidents du travail, d'autres ne l'étaient pas. Parmi ces derniers, il en est qui auraient voulu s'assurer, mais ils se heurtaient au refus pratique de leurs compagnons. La situation était donc conflictuelle : l'opposition des uns empêchait les autres d'adhérer à une association estimée la plus sécuritaire dans les circonstances. Pour résoudre un tel litige entre deux droits, l'État adopte la loi de 1898 qui rendait l'assurance obligatoire. Cette obligation pouvait-elle être qualifiée de morale ?

Tout d'abord, la solution en elle-même était-elle juste ? En l'occurrence le conflit des droits conduisait à une impasse : ou bien le maintien de la liberté de choix des uns privait les autres d'un bien jugé nécessaire, ou l'inverse. Entre deux maux, il faut choisir le moindre. L'obligation de s'assurer comportait pour tous des avantages, et ces derniers compensaient la perte d'autonomie subie par ceux qui n'adhéraient qu'à contrecœur à cette décision.

Mais en vertu de quel droit l'État pouvait-il imposer sa volonté ? Malgré les apparences, l'État n'est pas un tiers ; il représente la volonté du peuple, bien que cette dernière soit traversée de contradictions. Aussi il ne dispose jamais de pouvoirs autres que ceux qui lui sont conférés par une entente entre les individus, qui ainsi tracent les limites de leur assujettissement à son autorité. Hobbes en un sens illustre très bien ce point de vue. Selon lui, c'est par un accord conclu entre eux que les individus renoncent à l'usage de la force pour régler leurs litiges et réservent au seul monarque le droit d'avoir recours à la violence. La portée d'un tel contrat est très limitée : elle investit l'État du pouvoir de coercition auquel les individus ont renoncé, mais elle ne constitue pas un chèque en blanc qui autorise l'État à décider désormais, au gré de son jugement, de la conduite à suivre par les citoyens dans tous les domaines de la vie sociale. Les individus n'ont pas renoncé à leur pouvoir décisionnel en tout ce qui regarde la vie sociale, ce serait sacrifier leur liberté, mais uniquement à l'usage de la force.

Au lieu de conclure, comme Hobbes l'a fait, qu'en vertu du contrat initial l'État était désormais investi d'un pouvoir décisionnel illimité, il faut plutôt déduire que l'État, pour chaque décision importante nécessitée par le changement des circonstances, doit s'appuyer sur un nouvel accord des individus entre eux, en regard de la solution qui s'impose. Les individus ne peuvent renoncer une fois pour toutes à leur pouvoir décisionnel en ce qui concerne leurs rapports, ce serait aller à l'encontre de l'autonomie de leur volonté. La concentration exclusive du pouvoir de coercition entre les mains de l'État facilite certes l'exercice de la liberté, mais il n'en est pas ainsi lorsque toute la vie sociale est régie par les lois qui échappent au contrôle des individus.

Face à la nouvelle problématique relative au caractère obligatoire de l'assurance, l'État pouvait certes trancher le débat, mais non sans s'appuyer sur un certain accord entre les individus. Mais comment cerner cet accord si ce n'est à travers le comportement social lui-même, c'est-à-dire l'attitude que les individus adoptent les vis-à-vis des autres dans leurs pratiques sociales.

L'attitude sociale des individus en France, à la fin du XIXe siècle, traduisait-elle un consentement ? Un consentement peut se situer à plusieurs niveaux selon les degrés de raisonnement moral auquel parviennent les individus, depuis l'assentiment basé sur la crainte des sanctions jusqu'à celui qui repose sur un droit reconnu. Un consensus social se compose d'une multitude d'assentiments qui n'atteignent pas tous le même niveau de moralité. Aussi, dans le cas étudié y a-t-il lieu de discerner trois niveaux de consentement : l'opinion claire et nette de ceux qui exerçaient des pressions sur l'État pour qu'il rende l'assurance obligatoire ; l'assentiment de ceux qui étaient réticents et dont les motifs d'adhésion étaient divers, comme la crainte des sanctions ou le respect de l'ordre social ; et enfin l'approbation de ceux qui étaient mus par un sens raffiné de la justice. Dès lors, peu importe les motifs d'adhésion de chacun, le comportement social se traduisait par un consensus suffisant pour fonder une obligation morale. D'ailleurs, ce processus se reproduit pour toutes les lois qualifiées justes ; comme l'histoire le prouve, une loi qui reposerait exclusivement sur le pouvoir coercitif de l'État ne serait pas viable. D'ailleurs, ce point de vue est aujourd'hui corroboré par Dworkin dont l'essentiel de la pensée se résume ainsi : être membre d'une société c'est être partie prenante aux accords de réciprocité qui en sont l'élément constitutif, et par suite en assumer les obligations.

Une justice évolutive

Avec les assurances sociales la justice ajoute une nouvelle dimension à son contenu : elle engage les individus non seulement en regard de leur responsabilité individuelle, mais elle assume leurs accords de réciprocité destinés à pallier les effets négatifs qui dérivent de la structure économique et sociale ainsi que de la vie elle-même. Ce fait pose le délicat problème des rapports entre la justice et la structure. La justice peut-elle être attribuée à la structure sociale ? Sur ce point, Marx et Rawls s'entendent : la structure sociale est elle-même la cause d'une multitude de maux immérités. Aussi Rawls va-t-il désigner la structure sociale elle-même comme le destinataire de ses principes. Il s'ensuit une difficulté majeure : selon la tradition, la justice est étroitement liée à la responsabilité. Dès lors, une structure peut-elle être qualifiée de responsable ? Si la structure est tout à fait indépendante du savoir et du vouloir de l'homme, il va de soi que le terme responsable ne peut en aucune façon lui être attribué à titre de prédicat. Par contre, si elle s'enracine, du moins en partie, dans des accords de réciprocité où le savoir et le vouloir de l'homme jouent un rôle de premier plan, dans la mesure où elle est pour ainsi dire le prolongement de cette conscience, elle peut être jugée responsable. Mais en dernière analyse, le véritable sujet de cette responsabilité, c'est la conscience collective en tant qu'elle est l'auteur et le support de la structure. Dès lors, comme membres d'une communauté, nous serions responsables de sa structure et des effets qui en dérivent. Le point soulevé ici, c'est la responsabilité collective. Cette perspective sera examinée plus à fond au cours des chapitres qui suivent.

La plupart des réalisations du savoir moral et pratique, ainsi que les principes de justice qui les sous-tendent, bien que dans l'ensemble répondant aux attentes et aux convictions communes des gens, sont néanmoins l'objet de controverses. Ce fait s'explique par de multiples raisons.

Tout d'abord, ces réalisations ne s'accordent pas nécessairement aux données objectives du juste. Puisque ce dernier n'exerce son rôle de critère ultime que sous la forme d'une idée directrice, il demeure toujours possible que la solution jugée la meilleure dans les circonstances ne le soit pas objectivement. En second lieu, l'étendue du rôle assigné au savoir moral et pratique est souvent contestée. Par exemple, les droits fondamentaux relèveraient plutôt de la nature (Locke et Nozick) ou encore d'un ordre spontané (Hayek). Et enfin, les nombreux abus, auxquels se prêtent parfois les programmes sociaux, alimentent l'opposition et le doute sur leur pertinence et leur justice. Ainsi, le caractère universel de certains programmes sociaux, entre autres l'assurance-santé, est-il vraiment justifiable ?

Aussi, en marge du savoir moral et pratique y a-t-il une autre forme de savoir moral qui se développe au gré de la réflexion. Ce dernier se présente la plupart du temps sous la figure d'une critique de la justice existante, au nom d'une théorie, c'est-à-dire d'un ensemble de principes agencés d'une façon cohérente. Pour bien camper la distinction entre ces deux types de savoir moral et mieux les situer l'un par rapport à l'autre, il est pertinent d'avoir recours à une analogie, si naïve puisse-t-elle paraître. Le premier est comparable au savoir du parti au pouvoir qui, grâce à la majorité absolue de ce dernier, débouche sur une décision qui rend efficaces ses déterminations ; le second est assimilable à celui du parti d'opposition qui ne peut produire un impératif, à moins d'être reçu et accepté par les détenteurs de la majorité. La différence à retenir c'est que le premier réside dans un savoir décisionnel efficace, alors qu'il n'en est pas ainsi pour l'autre. Toutefois, cette différence ne préjuge en rien de la justesse respective de ces deux savoirs ; il se peut que l'opposition préconise une solution plus conforme à la justice. Néanmoins, la justice reconnue à telle époque et dans tel pays, celle qui circule à travers les institutions et les mœurs, et qui par conséquent s'appuie sur les convictions communes des gens, est toujours celle du savoir moral et pratique.

C'est précisément par la fissure des faiblesses et des imperfections des réalisations issues des procédures décisionnelles en vigueur que le savoir moral et théorique se glisse dans le débat actuel. Au nom des principes universels qu'il défend et justifie, il se pose en juge et critique des pratiques sociales courantes, et par voie de conséquence du savoir pratique qui les a instituées. La force de frappe de ces théories repose sur leur argumentation globale et non sur l'un ou l'autre de leurs raisonnements ponctuels qui d'ailleurs tirent en grande partie leur pertinence du tout dont ils ne sont qu'une composante ; aussi importe-t-il d'en examiner la substance et les principales articulations.

DEUXIÈME PARTIE

Le savoir moral et théorique

Pour dissiper tout malentendu, il importe de dégager le sens privilégié qui est accordé à l'expression « savoir moral et théorique » dans la seconde partie de cet ouvrage.

Le savoir moral et pratique est un savoir engagé dans une procédure décisionnelle et ainsi il n'a d'autre sujet que les humains investis du pouvoir de décider. Selon une première approche, le savoir moral et théorique désigne un ensemble articulé et cohérent de connaissances relatives à la conduite que les humains doivent adopter dans les rapports qu'ils établissent entre eux ; il est accessible à tout penseur, qu'il ait ou non le pouvoir de commander. Toutefois, ce dernier savoir est divisible selon l'objet sur lequel il se concentre : les procédures décisionnelles elles-mêmes ; ou la détermination des principes universels de justice et des droits qui leur seront afférents. Le savoir moral et pratique est susceptible d'une approche théorique en ce sens qu'il se prête, comme tous les schèmes d'action où la liberté entre en jeu, à une redéfinition et à un regroupement de tous les éléments qu'il assume en tant que processus, concepts, principes, opérations ; ce qui se traduit par l'élaboration et la proposition d'un nouveau modèle de procédure. Une telle entreprise est à la portée de tout penseur, quel qu'il soit. En tant qu'ils se rangent parmi les études qui correspondent à la catégorie mentionnée, les ouvrages d'Habermas et de Dworkin sont dits théoriques. Mais si l'on assigne au savoir théorique, à titre d'objet exclusif, la recherche et la justification des principes universels de justice, il devient une démarche distincte, à la fois par sa méthode et sa fin, de celle qui porte sur les procédures décisionnelles. Or ce sont précisément les théories axées quasi exclusivement sur l'étude des principes de justice incontournables que désigne l'expression « savoir moral et théorique » qui titre cette deuxième partie.

Parmi les auteurs qui représentent le mieux le courant théorique et critique contemporain, il faut citer F. A. Hayek, Robert Nozick et John Rawls.

CHAPITRE I

LA JUSTICE ET LE DROIT SELON F. A. HAYEK

Dès l'introduction à son ouvrage en trois volumes, intitulé *Droit, législation et liberté,* Hayek reconnaît que la pensée éthique a subi, au cours des derniers siècles, une évolution dont les traits marquants sont les suivants :

> ...la perte de la croyance en une justice indépendante de l'intérêt personnel : par voie de conséquence le recours à la législation pour autoriser la contrainte non plus simplement pour empêcher l'action injuste mais pour atteindre certains objectifs particuliers concernant des individus ou des groupes spécifiques[1].

Cette lecture des pratiques sociales contemporaines s'accorde en tout point avec la description et l'analyse des institutions destinées à la promotion de certains biens communs, telles qu'elles ont été exposées au cours d'un chapitre précédent ; sous la poussée de leurs intérêts égoïstes, les individus s'associent et se donnent des instruments collectifs pour en assurer la réalisation.

Cependant, Hayek émet des réserves sur cet état de fait. Selon lui, pour bien comprendre le sens « d'une société d'hommes libres » il faut tenir compte de quelques notions fondamentales dont les principales sont les suivantes : tout d'abord, « il faut distinguer entre un ordre qui s'engendre de lui-même, ou ordre spontané, et une organisation et que ce qui les différencie se rapporte aux deux sortes de différentes de règles ou de lois qui s'y

---

1. F. A. Hayek, *Droit, législation et liberté,* Paris, Presses universitaires de France, vol. 1, 1980, p. 2.

établissent » ; et ensuite « ce qui est aujourd'hui généralement considéré comme justice sociale ou distributive n'a de sens qu'à l'intérieur du second de ces genres d'ordre, l'organisation[2] ».

L'ordre spontané

L'ordre social, pris globalement, est un ordre spontané. Que signifie cet énoncé ? La société est nécessaire à la réalisation des intérêts personnels et, pour cette raison, elle est voulue et recherchée ; mais sa structure ne relève pas d'un dessein et d'une décision des humains ; ces derniers n'en sont pas les architectes. La vie sociale, comme regroupement agencé d'une multitude d'activités, possède pour ainsi dire sa propre ontologie, ses propres exigences, son propre dynamisme ; elle s'autodétermine selon des règles qu'elle se donne. Le moteur de son évolution ce sont les initiatives personnelles en autant que par leurs effets elles s'ajustent les unes aux autres de manière à former un tout ordonné. Voici un exemple, tout à fait conforme à la pensée de Hayek, approprié à ces affirmations. Le capitalisme, comme système économique, n'a pas été inventé par un ou plusieurs planificateurs ; il est né et s'est développé comme résultat d'un ensemble d'initiatives privées qui se sont déployées dans un contexte environnemental déjà marqué par les prédominances d'un marché libre et concurrentiel. Quelques individus, en vue d'accroître leurs richesses, se sont avisés de mettre sur pied des manufactures, soit un mode de production qui consistait à rassembler, moyennant salaire, un grand nombre d'ouvriers dans un même endroit, de façon à mieux contrôler leur travail, à les rendre ainsi plus productifs et à diminuer le coût des investissements immobiliers. Vu le succès de cette méthode, beaucoup les imitèrent, ce mode de production se généralisa et les entreprises artisanales de faible envergure, moins concurrentielles, virent leur nombre diminuer progressivement. Par la suite surgirent la division parcellaire du travail et la grande industrie suscitée par la découverte de nouvelles sources d'énergie comme la vapeur. C'est

2. *Id.*

ainsi que la production capitaliste succède à la production simplement marchande, et avec cette dernière, l'avènement d'un nouvel ordre économique et de nouvelles règles du jeu. Pour survivre dans un tel milieu et s'accaparer une part convenable du marché, il n'est qu'une procédure efficace : vendre à un prix concurrentiel par une diminution des coûts de production grâce à une hausse de la productivité rendue possible surtout par le progrès technique. Telle est la règle de la survie économique pour un entrepreneur. De même, la répartition des investissements s'effectue selon des modalités récurrentes. Lorsqu'un entrepreneur lance un nouveau produit sur le marché, il bénéficie de plusieurs longueurs d'avance sur ses concurrents et par suite peut réaliser un taux élevé de profit, disons 20 %. Aguichées par ce taux, d'autres entreprises semblables vont surgir jusqu'à ce que, sous le poids de la concurrence, le profit s'établisse à un taux moyen, par exemple 12 %. Les investissements affluent dans un secteur de production aussi longtemps que ce dernier offre un niveau de rentabilité acceptable.

À la lumière de cet exemple, il y a lieu d'examiner la notion d'ordre spontané telle que cernée par Hayek.

Tout d'abord il est bon de noter que dans son ouvrage, *Droit, législation et liberté,* Hayek ne livre pas une définition concentrée de ce qu'il entend par « ordre spontané ». Il procède plutôt par approches successives où il dégage les principales caractéristiques de chacun des éléments de cette notion.

Le terme d'ordre désigne

> un état de choses dans lequel une multiplicité d'éléments de nature différente sont en un tel rapport les uns aux autres que nous puissions apprendre, en connaissant certaines composantes spatiales ou temporelles de l'ensemble à former des pronostics concrets concernant le reste ; ou au moins des pronostics ayant une bonne chance de s'avérer corrects[3].

L'ordre réside dans une certaine régularité de comportement des divers éléments dans les rapports qui surviennent entre eux. Cette régularité, indispensable à la vie sociale où cha-

3. *Ibid.*, p. 42.

cun doit toujours prendre en considération le comportement d'autrui, est susceptible de provenir de deux sources.

La première est « exogène », extérieure au système, et réside dans un plan conçu et mis en place par quelqu'un en vue d'un certain objectif. La finalité visée s'avère le point de référence privilégié et la mesure de cet ordre. Ce dernier se réalise selon la relation de commandement et d'obéissance. L'ordre ainsi structuré est une organisation. L'armée remplit adéquatement cette définition.

La seconde est « endogène » intérieure au système : elle réside dans le comportement de chacun des éléments de ce dernier, eu égard à leurs propriétés, et dans l'impact qui résulte nécessairement de leur rencontre. Il s'ensuit un ordre qui ne découle ni d'un plan ni d'une intention, mais des caractères « ontologiques » de chacun des éléments. L'ordre du « cosmos », de la nature, appartient à ce genre si l'on met en parenthèses la théorie de la création divine. Pour être bref, l'ordre qui caractérise le mouvement d'ensemble des planètes et des étoiles appartient à ce genre ; il s'explique à partir des propriétés de chacun des éléments qui le composent, en l'occurrence leur poids ainsi que les forces d'attraction et de répulsion qu'ils exercent les uns sur les autres. La philosophie thomiste caractérisait cette conception de l'ordre par une expression des plus significatives, soit l'ordre qui dérive de la « nécessité de la matière », des propriétés inhérentes à chacun des éléments.

Bien que cet exemple puisse contribuer à clarifier la différence entre les deux espèces d'ordre, il n'a pas été utilisé par Hayek pour des raisons compréhensibles. L'ordre social « spontané » n'est pas entièrement assimilable à l'ordre naturel ; en effet, ses éléments ce sont les activités libres marquées au coin d'une certaine contingence. Ainsi, l'agir humain comporte un double volet : une décision qui dépend de l'agent ; des effets indépendants de l'agent qui dérivent de l'ontologie même de l'activité. Si je conduis mon automobile à 200 kilomètres à l'heure, je risque un accident et j'en suis responsable ; mais s'il survient une collision, l'étendue des dommages est attribuable à la force de l'impact qui résulte du poids de la vitesse des véhicules. Ce n'est pas moi qui décide que deux corps lourds à telle vitesse, s'ils se rencontrent, produisent tel effet. La force de l'impact dépend des propriétés des corps en présence. D'un autre côté, les activités humaines, en vertu de leurs propriétés, indépendamment de l'intention et de la volonté des agents, peuvent produire des effets positifs, comme l'ordre social qui résulte de leur rencontre.

Aussi Hayek insiste-t-il sur cette caractéristique des ordres spontanés.

> Il existe des structures ordonnées qui sont le résultat de l'action d'hommes nombreux mais ne sont pas le résultat d'un dessein humain[4].

Un autre trait que souligne Hayek, c'est l'abstraction de cet ordre.

> Nous ne pouvons pas voir, ni percevoir différemment par intuition, cet ordre reliant les actions intentionnelles, nous pouvons seulement le reconstituer mentalement en remontant le cours des relations qui existent entre les éléments. Nous évoquerons cet aspect en disant qu'il s'agit d'un ordre abstrait et non pas concret.

Par opposition, l'ordre concret est celui qui se révèle à l'intuition.

À partir de l'examen de l'ordre capitaliste, tel que décrit antérieurement, il est possible d'illustrer l'assertion de Hayek. La ligne de causalité, qui relie l'élévation des profits à la baisse des coûts de production et cette dernière à la hausse de la productivité correspondant au progrès technique, n'est pas accessible au seul regard, elle exige que l'on remonte par la pensée de chaque effet à sa cause.

Cet ordre est aussi abstrait à un autre point de vue.

> De tels ordres ont un caractère abstrait en ce sens qu'ils peuvent persister alors que tous les éléments qu'ils englobent et même le nombre de ces éléments changent[5].

Ici le terme « abstrait » équivaut à formel ; la figure d'un ordre et les lignes de causalité qui la dessinent peuvent persister

4. *Ibid.*, p. 43.
5. *Ibid.*, p. 45.

même si leurs supports matériels varient en nombre et en qualité ; ainsi l'avènement de nouvelles techniques, l'accroissement du nombre des industries, l'ouverture d'un nouveau secteur de production n'entament en rien la règle de la survie économique.

Le contrôle des ordres spontanés

Les considérations relatives au contrôle que nous pouvons exercer de l'extérieur sur les ordres spontanés revêtent une importance considérable, car c'est sur elles que F. Hayek s'appuiera pour limiter l'intervention de l'État en matière économique et sociale.

Tel que déjà mentionné, l'ordre spontané évolue et se maintient à partir de ses éléments internes, soit les initiatives personnelles des individus dans la mesure où leurs effets s'ajustent d'eux-mêmes les uns aux autres de manière à former un tout ordonné. Cependant l'esprit humain, tel qu'il se manifeste, lorsqu'il analyse cet ordre, n'a pas accès à l'ensemble de connaissances et des vouloirs qui interviennent dans l'élaboration de cet ordre, et par suite, il ne peut suivre jusque dans ses détails l'enchaînement causal qui s'achève dans sa mise en place. Il parvient à saisir la structure dans sa généralité, selon ses lignes abstraites, mais non dans sa totalité, selon ses lignes concrètes. Aussi l'attitude que F. A. Hayek conseille d'adopter face à cette réalité est la suivante :

> Ainsi en faisant confiance aux forces coordonnatrices spontanées, nous pouvons étendre le champ et la portée de l'ordre que nous sommes capables de faire se former, précisément parce que sa configuration particulière dépendra de circonstances bien plus nombreuses que nous n'en pouvons connaître ; et dans le cas d'un ordre social, parce que cet ordre mettra en œuvre les connaissances distinctes de ses nombreux membres, sans que ce savoir total soit jamais concentré dans un unique esprit, ni soumis à ces procédures de coordination et d'adaptation délibérées qu'un esprit met en œuvre[6].

6. *Ibid.*, p. 49.

De cette vision des faits, Hayek conclut qu'une intervention externe sur la structure serait préjudiciable à cette dernière.

> En conséquence, le degré de maîtrise sur l'ordre plus complexe et vaste, sera considérablement moindre que celui dont nous disposerions à l'égard d'un ordre fabriqué ou taxé. Il s'y trouvera de nombreux aspects sur lesquels nous n'aurons aucun pouvoir ; à tout le moins, nous ne pourrons rien y changer sans contrarier — et dans la même mesure empêcher d'agir — les forces qui produisent l'ordre spontané. Tout désir que nous pouvons avoir concernant la situation des éléments individuels, ou la relation entre des individus ou groupes particuliers, ne pourrait être satisfait qu'en perturbant l'ordre d'ensemble[7].

Deux événements majeurs qui se sont déroulés au cours des dernières décades donnent du poids à l'opinion de Hayek. L'échec de l'expérience des pays de l'Est, échelonnée sur plus de 70 ans, démontre l'étendue des risques qu'encourt la volonté de substituer un ordre économique purement organisationnel à un ordre économique spontané.

L'autre fait, moins spectaculaire mais aussi instructif, se rapporte à certaines pratiques économiques et sociales, qui ont prévalu dans les pays industrialisés de l'Ouest au lendemain de la Deuxième Guerre mondiale, dans la foulée des théories économique et politique de John Maynard Keynes. Dans l'ordre économique libéral établi, Keynes discerna une régularité que j'expose ici d'une façon très simplifiée mais néanmoins suffisante : le pouvoir d'achat disponible à l'ensemble de la population conditionne la demande des biens et services ; celle-ci à son tour conditionne les investissements ; ces derniers, le volume de l'emploi qui en dernière analyse détermine le pouvoir réel d'achat de la communauté. À partir de ce cycle abstrait de l'économie libérale, Keynes préconise des politiques qui se traduisent par des interventions externes de l'État. En cas d'inflation, il faut réduire le pouvoir d'achat par une diminution de la masse monétaire en circulation ; d'où les mesures restrictives comme la hausse des taux d'intérêts, l'augmentation des impôts et la réduction des

7. *Ibid.*, p. 49.

dépenses gouvernementales. En cas de récession, il importe d'accroître la masse monétaire par des mesures expansionnistes, comme la baisse des taux d'intérêts, la diminution des impôts et la mise sur pied de travaux publics. Malheureusement, à la suite de certains succès apparents, vint une période où l'inflation et la récession coexistaient ; ce qui rendait inapplicables les pratiques suggérées par Keynes. Bref, à longue échéance, ces intrusions du gouvernement dans la sphère économique ont perturbé l'ordre existant, conformément au diagnostic prévisionnel de Hayek.

La société, comme ordre spontané

Jusqu'ici, pour des raisons de clarté et de compréhension, nous avons privilégié comme point de référence de modèle l'ordre spontané que constitue indéniablement le système économique libéral en vigueur dans la plupart des pays occidentaux depuis les siècles derniers. Saisie dans cette perspective, la pensée de Hayek se présente sous un jour des plus favorables.

Cependant, le projet de Hayek est beaucoup plus ambitieux : la société prise comme un tout, y compris les sphères politique et juridique, et pas seulement le domaine de l'économie, se range parmi les ordres spontanés.

La problématique devient ainsi plus complexe, car la société ne se compose pas seulement d'individus mais aussi d'ordres organisés comme l'armée, le système judiciaire et divers services. Dans une première approche, il importe de déblayer le terrain et de bien cerner le cadre dans lequel Hayek développe sa pensée. Deux points situent son opinion : l'ordre spontané est en lui-même de beaucoup supérieur à l'ordre organisé ; que la société soit un ordre spontané, c'est un fait. Les ordres mentionnés se ressemblent au moins par un trait : ils impliquent tous les deux dans leur processus d'instauration, bien qu'à des titres divers, des décisions humaines et la portée causale des activités qui s'ensuivent. Dans un cas comme dans l'autre, cette dernière n'est jamais saisie que partiellement. Dans un ordre organisé, dont le tracé est intentionnel, cet aspect inconnu de la causalité non seulement n'est pas pris en considération, mais il constitue un obstacle potentiel à la réalisation du but visé. Dans un ordre spontané, ces forces inconnues sont intégrées et influent positivement sur sa configuration. Cet ordre résulte d'un réseau de causalités qui s'est constitué non seulement à partir d'un ensemble de connaissances dont la totalité n'est pas accessible encore à un esprit humain, mais de forces qui s'exercent même si elles sont inconnues. En tant qu'ordre, vu sa complexité et le nombre d'éléments qui entrent dans sa composition, il est supérieur à l'ordre organisé dont la configuration relève d'un dessein imaginé par les humains selon les connaissances forcément limitées dont ils disposent.

Il importe maintenant d'examiner si oui ou non la société, prise comme un tout, se classe parmi les ordres spontanés. Tout ordre, quel qu'il soit, repose sur un comportement régulier de ses éléments. Selon Hayek, dans les ordres organisés, la récurrence s'obtient par l'obéissance à des commandements issus des autorités en place ; dans les ordres spontanés, par l'observance de certaines règles de conduite auxquelles l'individu se conforme en pratique même s'il n'en a pas une connaissance explicite.

> Dans une société moderne fondée sur l'échange, l'une des principales régularités des comportements individuels résultera de la similitude des situations où se trouvent la plupart des gens travaillant pour se procurer un revenu ; c'est-à-dire qu'ils préféreront normalement obtenir de leur effort le revenu le plus élevé possible, et que souvent ils accroîtront leur effort dans une directive donnée si les perspectives de recettes s'améliorent. C'est là une règle qui sera suivie au moins avec une fréquence suffisante pour imprimer à une société de ce genre un certain ordre[8].

Ces règles se distinguent des commandements surtout par leur origine, en ce sens qu'elles ne sont pas issues du vouloir d'une autorité en place qui les institue à titre de moyens en vue de l'établissement et du maintien d'un ordre organisé. Elles s'instaurent dans la mesure où le comportement auquel elles correspondent a été pour ainsi dire sélectionné, au gré du jeu des essais et des erreurs, comme élément constitutif d'un ordre spontané. En effet, parmi les multiples comportements adoptés par les humains, certains débouchent sur un ordre, d'autres non.

---

8. *Ibid.*, p. 52-53.

Ces règles sont aussi dites abstraites, c'est-à-dire formelles, en ce sens qu'elles sont susceptibles de recouvrir des contenus multiples et divers. Elles ne sont pas des moyens en vue d'une fin ; elles désignent plutôt les modalités des comportements réguliers qui sont les éléments constitutifs d'un ordre spontané. Il n'est pas nécessaire non plus qu'elles soient connues explicitement ; il suffit qu'elles soient inscrites dans les pratiques récurrentes.

Un autre point reste à éclaircir : comment ces règles s'intègrent-elles aux comportements des individus ? Puisqu'elles reçoivent leur caractère de règles du fait qu'elles désignent les modalités des comportements réguliers qui sont les éléments constitutifs d'un ordre spontané établi, elles s'imposent à l'individu dès qu'il exerce ses activités dans un milieu façonné par cet ordre. Si un entrepreneur ne se plie pas au schème d'action tracé par la règle de la survie économique, il subira un échec tôt ou tard. Au fond, vivre dans un ordre spontané, c'est vivre selon les règles de ce dernier ; les individus qui naissent dans un pays capitaliste, au fur et à mesure qu'ils grandissent, acquièrent progressivement, dans et par l'exercice même des pratiques sociales en cours, les schèmes d'action propres à cette forme d'économie. Le psychisme individuel dérive du psychisme social.

Avec ces dernières remarques, nous disposons maintenant de toutes les connaissances requises pour entreprendre l'examen de la thèse centrale développée par Hayek dans son ouvrage *Droit, législation et liberté* : la société prise comme un tout, en tant qu'elle regroupe tous les individus et toutes les organisations, y compris le gouvernement, et en tant qu'elle englobe toutes les sphères d'activités, est un ordre spontané.

L'argumentation générale de Hayek pourrait se formuler ainsi. La vie sociale n'est possible que si les diverses activités des multiples individus s'ajustent les unes aux autres sans se perturber, c'est-à-dire forment un tout ordonné que l'on désigne sous le vocable société. L'ajustement des activités les unes aux autres est pris ici par référence à l'ordre global, et par voie de conséquence s'applique à toute activité, quelle que soit par ailleurs la sphère à laquelle elle appartient, familiale, économique ou gouvernementale. Il s'agit là d'un trait universel, et l'ordre qui s'ensuit est dit juste.

Un tel ordre est-il organisé ou spontané ? Il est clair qu'aucune société existante, selon les principaux rouages de son fonctionnement, ne répond à un modèle au préalable conçu par l'esprit humain. Les efforts déployés en ce sens au cours du XXe siècle se sont soldés par un échec indéniable. En outre, le fonctionnement des sociétés est d'une telle complexité que l'effort d'analyse des penseurs, bien qu'il en ait retracé certains aspects, n'est jamais parvenu à rassembler ces derniers selon un lien logique vigoureux qui exprime une vision compréhensive de l'ordre global. Pour Hayek, la raison de cet échec réside en ce que l'ensemble des connaissances à l'œuvre dans la mise en place et le maintien d'un tel ordre dépasse l'entendement des individus. Une conclusion s'impose donc : la société est un ordre spontané.

Comme ordre spontané, la société est un milieu de vie qui résulte d'un ensemble de comportements réguliers adoptés par les individus les uns vis-à-vis des autres, de telle sorte que chacun, en vertu même de cette récurrence, puisse anticiper ou prévoir l'attitude et les réactions d'autrui et par suite planifier la poursuite de ses projets individuels. Mais en quoi consistent ces règles auxquelles se plient les comportements sociaux qui permettent à chacun d'exercer sa liberté dans quelque domaine que ce soit et que F. A. Hayek désigne comme des « règles de juste conduite ».

Les règles de juste conduite

Hayek appelle « règles de juste conduite » les règles abstraites gouvernant l'ordre spontané de la société, c'est-à-dire l'ordre global et ses sous-ordres[9].

Pourquoi de juste conduite ?

Parce qu'on s'intéresse ici à ce qui coordonne les activités des hommes en un ordre social cohérent, c'est-à-dire essentiellement aux règles gouvernant ceux des comportements des hommes qui « affectent autrui ». C'est là le domaine propre de la justice.

Toutefois, le terme « justice » revêt un sens particulier chez Hayek. Bien que les règles concernent les rapports avec

9. Philippe Nemo, *La société de droit selon F. A. Hayek*, Paris, Presses universitaires de France, 1988, p. 100.

autrui, ce n'est pas dans les intérêts propres à ce dernier qu'il faut chercher leur « raison d'être », mais plutôt dans le fait qu'elles sont des causes de l'ordre social.

> Lorsque l'on a clairement reconnu que l'ordre des activités est objectivement un état de choses distinct des règles qui contribuent à sa formation, et alors seulement, l'on peut comprendre qu'un tel ordre resterait peut-être la raison d'être des règles de conduite[10].

Ainsi une règle est juste dans la mesure où elle est l'une des causes de l'ordre global. La logique de Hayek est visible : saisies comme règles en tant que sélectionnées comme causes de l'ordre global, par le fait même elles tirent leur justification de ce dernier. C'est pourquoi le juge, chargé de déterminer le « juste » dans les cas conflictuels,

> devra tirer ses conclusions, non pas exclusivement des prémisses posées (lois existantes), mais d'une sorte de logique de situation fondée sur les exigences d'un ordre existant des activités qui est, en même temps, le résultat non préconçu et le fondement logique des règles qu'il est tenu d'observer en tant que règles établies[11].

Il s'ensuit aussi que les règles de juste conduite tirent leur caractère obligatoire de leur nécessité en regard du maintien de l'ordre établi. Cette position de Hayek rejoint les observations de Kohlberg relatives au raisonnement moral proposé au stade conventionnel où l'obéissance est requise en raison de l'ordre social.

Le droit

Hayek désigne par le terme droit l'ensemble de ces règles de juste conduite attachées à l'ordre social spontané. Ainsi cerné, ce droit se distingue du droit au sens strict qui inclut, à titre d'élément, la force de sanction d'un État organisé. Ce droit est antérieur à toute loi qui provient de l'esprit d'un législateur autorisé ;

10. F. A. Hayek, *op. cit.*, p. 136.

11. *Ibid.*, p. 138.

il peut même s'appliquer à une association d'individus qui ne sont pas regroupés sous un même gouvernement.

> Le caractère du droit engendré par la pratique ressort très clairement si nous considérons la situation au sein de groupes qui ont des conceptions communes quant à la justice sans avoir de gouvernement commun. Des groupes dont les membres sont réunis par des règles communes, mais sans avoir une organisation créée délibérément pour les faire appliquer, ont sans conteste souvent existé[12].

Il s'ensuit que ces règles créeront un ordre efficace non seulement au sein d'un groupe fermé, mais aussi entre des gens qui se rencontrent par hasard et ne se connaissent pas personnellement. Que j'aille en Chine ou au Japon, je peux anticiper le comportement des gens et réaliser le but de mon voyage. L'ordre social spontané déborde les frontières des pays. Néanmoins, puisqu'il s'enracine dans les pratiques sociales, ce droit n'est pas dit naturel au sens où il serait un don de la nature.

Et enfin, selon Hayek, l'histoire corrobore un tel point de vue, car de tout temps et en tout lieu les hommes ont reconnu l'existence d'un droit coutumier antérieur à toute forme de législation et jouissant d'une préséance sur les lois humaines.

Le contenu du droit

D'une part, ce contenu ne peut être déterminé par les hommes, car il suppose une adaptation aux faits qui met en jeu une causalité dont la totalité des effets dépasse l'entendement humain. D'autre part, ce contenu ne peut être qu'abstrait et formel, car son rôle est d'assurer la stabilité des anticipations malgré le changement incessant des circonstances auxquelles le réel vécu est confronté.

> C'est tout ce que l'on peut obtenir dans un monde où certains faits changent d'une façon imprévisible et où l'ordre est réalisé par les individus s'ajustant eux-mêmes aux faits nouveaux chaque fois qu'ils en ont connaissance[13].

---

12. *Ibid.*, p. 115.
13. *Ibid.*, p. 128.

Toutefois ce cadre formel, vu la complexité du vécu social qu'il recouvre, ne peut garantir toutes les anticipations souhaitées.

> Cela implique une distinction entre les anticipations légitimes que la loi doit garantir et d'autres dont elle doit admettre qu'elles soient déçues. Une seule méthode a été dégagée pour définir la portée des assurances qui seront ainsi garanties, afin de réduire l'obstacle que les actions des uns apportent aux intentions des autres ; c'est de délimiter pour chacun une zone d'activités limites[14].

L'objectif de l'ordre social, c'est de délimiter un cadre d'activités où la liberté de chacun peut s'exercer sans nuire à la liberté des autres. L'étendue de ce cadre n'a d'autre mesure que les effets réels de l'exercice de la liberté de chacun sur la liberté des autres. Bien que la totalité de ces effets ne soit pas prévisible, il est néanmoins possible de tracer des limites qu'aucun effet, quel qu'il soit, ne peut franchir, sans léser la liberté d'autrui ; aussi le droit se formulera-t-il par des interdictions.

Selon Hayek, ses limites se concentrent dans la notion de propriété.

> La propriété au sens large qui lui est donné pour inclure non seulement les objets matériels, mais (comme John Locke l'a défini) « la vie, la liberté et le patrimoine » de chaque individu, est la seule solution que les hommes aient jamais découverte pour résoudre le problème de concilier la liberté individuelle avec l'absence de conflit. Le droit, la liberté et la propriété sont une trinité indissociable. Il ne peut y avoir de droit, au sens de règles universelles de conduite, qui ne définisse les frontières des domaines de liberté en posant les règles qui permettent à chacun de savoir où il est le maître de ses actes[15].

La fonction de la propriété c'est de tracer une frontière entre le mien et le tien. Où se situe ce tracé ?

> Il n'y avait guère qu'en ce qui concerne les biens meubles qu'il fût à peu près vrai que ce que faisait leur propriétaire n'affectait généralement que lui-même et personne d'autre ; ce qui permettait d'inclure dans le droit de propriété la

14. *Id.*

15. *Ibid.*, p. 129.

> faculté d'user et d'abuser comme on veut de l'objet possédé. Mais l'idée de disposition exclusive et arbitraire ne fournissait de solution satisfaisante que là où les avantages et les inconvénients de l'usage décidé ne débordaient pas les frontières du domaine dans lequel primaient les intérêts du propriétaire. La situation est très différente lorsqu'on passe des biens meubles aux immeubles où les effets du voisinage et autres conséquences de ce genre rendent beaucoup plus délicat le problème du tracé des frontières convenables[16].

En l'occurrence, le terme propriété désigne un domaine, un espace protégé où la liberté de chacun peut s'exercer, en ce qui regarde la possession, l'acquisition et l'usage des ressources matérielles et spirituelles nécessaires à la réalisation des projets personnels, sans être entravée par les activités d'autrui. Cependant, les biens qui m'appartiennent ne se classent pas tous dans la même catégorie, certains relèvent de mon être, d'autres de mon avoir, et parmi ces derniers, il y en a qui me sont exclusifs et d'autres qui sont communs à plusieurs ; aussi la garantie que constitue la propriété diffère-t-elle selon la nature des biens concernés. Les biens meubles se prêtent à la propriété privée qui autorise un usage exclusif et discrétionnaire, mais il n'en est pas ainsi pour les biens immobiliers dans la mesure où ils sont susceptibles d'affecter la liberté et les biens d'autrui.

Le droit, tel que conçu par Hayek, n'a d'autre fonction que de tracer les frontières entre le mien et le tien ; aussi se traduit-il par des interdictions plutôt que par des prescriptions. À l'intérieur des frontières désignées, chacun peut agir comme il l'entend. Il s'agit donc d'un droit formel.

Ce droit consacre la propriété privée, quoique la possession de certains biens soit pour ainsi dire grevée d'une hypothèque, en tant qu'elle exerce un impact sur la liberté d'autrui. Mais qu'en est-il des biens communs ?

> Dans une société libre, le bien commun consiste principalement en la facilité offerte à la poursuite des objectifs individuels inconnus[17].

---

16. *Ibid.*, p. 131.
17. F. A. Hayek, *Droit, législation et liberté*, Paris, Presses universitaires de France, vol. 2, 1982, p. 1.

Dans le commentaire qui suit cet énoncé, Hayek précise sa pensée :

> Le plus important des bienfaits publics pour lesquels le gouvernement est nécessaire, ce n'est donc pas la satisfaction des intérêts de qui que ce soit, mais la réalisation des conditions dans lesquelles les individus et les petits groupes auront des chances favorables de se fournir mutuellement de quoi satisfaire à leurs besoins respectifs[18].

Mais quel rapport y a-t-il entre ce bien commun que Hayek désigne aussi sous le terme « intérêt général » et les biens collectifs, soit « ces espèces de services que les hommes désirent mais qui, si on les leur fournit, ne peuvent pas être réservés à ceux qui sont disposés à les payer[19]... ». Au fond, l'expression « biens collectifs » recouvre les divers services assumés par le gouvernement pour répondre aux besoins de la communauté, tels l'armée, l'infrastructure matérielle du pays, les assurances sociales, etc. Le principe qui régit la provision de ces biens est le suivant :

> Un intérêt collectif ne deviendra un intérêt général que si tous estiment que donner satisfaction aux intérêts collectifs de certains groupes, sur la base de quelque principe de réciprocité, procurera à ceux qui n'en font pas partie un avantage plus important que la charge qu'ils auront à porter[20].

En somme, les biens collectifs sont assujettis au droit formel et par suite ils ne sont autorisés que dans la mesure où ils ne lèsent pas la propriété privée, selon laquelle chacun doit recevoir au moins l'équivalent de ce qu'il paie. Ce que préconise le droit formel c'est la justice commutative, d'où le problème que suscite cette forme de justice universellement reconnue aujourd'hui, soit la justice dite sociale.

En quoi consiste cette dernière ? Pour répondre correctement à cette question, il importe au préalable d'explorer les divers sens accordés au terme « justice ».

Dans l'expression « règles de juste conduite », la conduite est dite juste en tant qu'elle est cause de l'ordre spontané qui a

---

18. *Ibid.*, p. 2.
19. *Ibid.*, p. 7.
20. *Id.*

pour fonction d'assurer un espace protégé où la liberté de chacun peut s'exercer sans entraves. Le langage courant emploie le terme juste pour désigner une activité volontaire et responsable dont les effets respectent la liberté d'autrui. Dès lors,

> à strictement parler seule la conduite humaine peut être appelée juste ou injuste. Si nous appliquons ce mots à un état de choses, ils n'ont de sens que dans la mesure où nous tenons quelqu'un responsable du fait qu'il soit instauré, ou d'avoir permis qu'il le soit[21].

Dans cette perspective, l'ordre social global, en tant que spontané, ne peut être dit juste ou injuste, car il ne relève pas dans sa formation d'un sujet responsable qui l'aurait conçu. Le gouvernement, en tant que promoteur d'un ordre organisationnel, dans la mesure où il adopte des mesures destinées à réaliser des objectifs particuliers précis, est un agent responsable dont les décisions sont susceptibles d'être justes ou injustes, non pas en raison de leurs effets externes sur un ou plusieurs individus, mais selon qu'elles se conforment ou non au droit abstrait de l'ordre spontané.

> Cela signifie que la justice et l'injustice des exigences du gouvernement à l'égard des individus doivent être décidées à la lumière des règles de juste conduite et non d'après les résultats particuliers qui découlent de leur application à un cas particulier[22].

Par cette affirmation, Hayek met en place les prémisses du raisonnement qu'il développera tout au long de son examen des pratiques gouvernementales actuelles. Il rejette carrément la notion de justice, généralement acceptée aujourd'hui, soit celle qui reçoit sa formulation de John Rawls : équilibre adéquat entre les revendications concurrentes.

> La justice n'est [...] absolument pas l'équilibrage d'intérêts particuliers en jeu dans un cas d'espèce, ou même d'intérêts de telles et telles catégories de personnes, et elle ne vise pas non plus à introduire un certain état de choses considéré comme juste[23].

---

21. *Ibid.*, p. 37.
22. *Ibid.*, p. 39.
23. *Ibid.*, p. 46.

La justice n'a d'autre critère que les règles de juste conduite issues de l'ordre social spontané.

> ... les seuls aspects de l'ordre des activités humaines qui soulèvent des problèmes de justice sont ceux qui peuvent être déterminés par des règles de juste conduite. Parler de justice implique toujours qu'une ou plusieurs personnes devaient, ou ne devaient pas, accomplir telle action ; et cette obligation à son tour suppose au préalable la reconnaissance de règles qui définissent un ensemble de circonstances dans lequel une certaine sorte de conduite est prohibée ou requise[24].

Le caractère obligatoire de la justice se fonde sur la reconnaissance des règles de juste conduite et non sur le fait de l'empiétement de la liberté de l'autre. Un tel empiétement n'est injuste que s'il tombe sous la juridiction d'une règle de juste conduite reconnue. L'introduction d'une nouvelle industrie peut entraîner la ruine de celles qui sont moins performantes, et pourtant cette pratique n'est pas injuste, car elle n'est pas interdite par une règle de juste conduite.

Grâce à ces précisions relatives à la notion de justice, la position de Hayek face à la justice dite sociale devient plus compréhensible. Tout d'abord, comme exigence adressée non à l'individu mais à la société, la justice sociale est un concept vide de sens, car un ordre spontané ne peut en aucune façon être un sujet responsable. Aussi cette exigence, pour être significative, doit-elle plutôt viser le gouvernement. En tant qu'elle est ici considérée comme l'équivalent de la justice distributive des Anciens, la justice sociale désignerait un attribut du gouvernement qui doit veiller à la répartition de certaines ressources communes selon des règles reconnues. Ainsi, selon Aristote, une telle répartition devait s'effectuer proportionnellement aux mérites de chacun. Cependant, dans les sociétés contemporaines, les responsabilités dévolues aux gouvernements sont relatives à des objectifs communs qui nécessitent la mise sur pied de certains services collectifs à titre de moyens. Cette mission confiée au gouvernement par les citoyens comporte un double volet : le rassemblement des ressources nécessaires et la répartition de ces biens recueillis. Ces deux opérations sont susceptibles d'être justes ou injustes, car elles sont assujetties au droit. Certes le détenteur du pouvoir,

24. *Ibid.*, p. 39.

nécessaire pour coordonner les efforts des individus dans l'accomplissement de leurs tâches mentionnées, est tenu de se conformer aux règles de justice. Mais le problème est de savoir si le gouvernement dans un tel cas détient le pouvoir d'obliger moralement tous ses sujets à se conformer aux directives qu'il estime justes. Dans quels cas et moyennant quelles conditions le cadre du droit formel confère-t-il aux décisions gouvernementales un caractère obligatoire moral et universel ? Il ne faut pas l'oublier, selon Hayek, toute obligation morale dérive du droit formel.

Lorsque le gouvernement renforce le droit privé en l'assortissant d'une sanction, il ne fait que garantir l'application de ce droit et ses décisions revêtent le même caractère obligatoire que ce dernier. En ce qui concerne les services collectifs, il faut apporter une distinction entre ceux qui sont nécessaires et qui seraient trop imparfaits s'ils étaient laissés à l'initiative privée dont la rentabilité est le seul moteur, comme l'armée, le système judiciaire et l'infrastructure matérielle ; et ceux qui sont institués pour répondre à des besoins particuliers éprouvés par des groupes d'individus, et qui dans une certaine mesure pourraient être fournis par les entreprises privées, comme l'ensemble des services regroupés sous l'expression reconnue mais controversée des assurances sociales, comme l'assurance-santé, l'assurance-chômage, etc. Ce sont précisément ces derniers que l'on tente de justifier au nom de la justice dite sociale.

En ce qui regarde les premiers, puisqu'au fond ils ne restreignent pas mais consolident l'espace protégé par le droit, ils s'accordent avec ce dernier et par le fait même les mesures adoptées par le gouvernement, pour leur mise sur pied et leur maintien, s'imposent obligatoirement à tous. Toutefois, ces mesures ne sont pas réglées par la justice distributive ou sociale qui répartissent les ressources *au prorata* des besoins, mais par la justice commutative qui requiert une distribution des ressources proportionnelles à la contribution de chacun. Si vos revenus sont plus élevés que ceux de la moyenne et partant si vous payez plus d'impôts, l'écart entre votre impôt et celui de la moyenne doit être compensé par une plus grande part des avantages procurés par un service public. En principe, selon Hayek, les gens qui disposent d'un revenu plus élevé que la moyenne, exercent un travail et mènent un train de vie qui entraînent une plus grande utilisation des services publics.

Il en va tout autrement pour les assurances sociales, elles restreignent l'espace protégé par le droit, car elles retirent à l'initiative privée un territoire qu'elle pourrait occuper et par le fait même entravent le mouvement de l'ordre spontané qui se déroule sous la poussée des multiples activités déployées par les individus, en vue de réaliser leurs projets personnels. Il faut bien voir que, pour Hayek, les mesures sociales mentionnées ne doivent pas être jugées selon l'impact que les activités des uns exercent sur les activités des autres, mais à la lumière du droit, des règles du jeu. Or celles-ci stipulent que tous les besoins, qui sont susceptibles d'être satisfaits par les activités individuelles selon les exigences de la propriété privée, le soient selon ces modalités. Or imposer à des individus non consentants, qui sont capables par eux-mêmes de pourvoir à leurs soins médicaux, une partie des coûts d'un service social de santé en vue de subvenir aux soins médicaux d'un groupe d'individus qui, pour une raison ou pour une autre, ne dispose pas de fait des moyens de se les procurer, est une contravention aux règles du jeu et une lésion du droit de propriété privée. Il n'y a qu'une justice, celle qui dérive du droit formel. Le gouvernement n'est pas autorisé à changer les règles du jeu de l'ordre spontané. La justice dite sociale se range parmi les mythes et les idéologies.

Mais alors, comment corriger une situation de fait contemporaine, où en maints pays même industrialisés, vu l'absence de services sociaux, des portions non négligeables de la population ne disposent pas de moyens requis pour répondre convenablement à leurs besoins fondamentaux. En réponse à cette objection, dont il est tout à fait conscient, Hayek apporte une sourdine à la logique implacable de son raisonnement.

> Il n'y a pas de raison pour que le gouvernement d'une société libre doive s'abstenir d'assurer à tous une protection contre un dénuement extrême, sous la forme d'un revenu minimum garanti, ou d'un niveau de ressources au-dessous duquel personne ne doit tomber. Souscrire une telle assurance contre l'infortune excessive peut assurément être dans l'intérêt de tous ; ou l'on peut estimer que c'est clairement un devoir moral pour tous, au sein de la communauté organisée, de venir en aide à ceux qui ne peuvent subsister par eux-mêmes. À condition qu'un tel minimum de ressources soit fourni hors marché à tous ceux qui, pour une

> raison quelconque, sont incapables de gagner sur le marché de quoi subsister, il n'y a là rien qui implique une restriction de liberté ou un conflit avec la souveraineté du droit. Les problèmes qui nous occupent ici apparaissent seulement lorsque la rémunération de services rendus est fixée par l'autorité, mettant ainsi hors jeu le mécanisme impersonnel du marché qui oriente les efforts des individus[25].

En somme, le gouvernement peut mettre sur pied une forme d'organisation en vue d'assurer aux démunis un minimum vital décent, pourvu qu'il n'impose pas à tous obligatoirement un montant à payer pour le financement de son projet.

Les droits sociaux, à l'instar de la justice sociale, tombent sous le couperet de la logique de Hayek. En effet, selon la signification qui leur est accordée, les droits sociaux désignent des créances des individus envers la société ou ses représentants. Tout droit individuel, c'est-à-dire dont le titulaire est un individu, suppose l'existence corrélative d'un sujet responsable à qui incombe l'obligation de répondre aux requêtes signifiées par les créances. D'une part, la société, comme ordre spontané, est un être impersonnel et par suite non responsable ; aussi sous cet angle aucun individu ne peut se prévaloir d'une créance quelconque envers elle.

> Il est manifestement absurde de dire qu'il s'agit de créances sur la société puisque la « société » ne peut penser, agir, évaluer, ni traiter quelconque d'une manière ou d'une autre[26].

D'autre part, il peut y avoir des créances sur le gouvernement, car ce dernier est un être responsable. Mais quelles créances ? Dans la mesure où les règles de juste conduite imposent des obligations aux individus les uns vis-à-vis des autres, elles confèrent en même temps à chacun des droits face aux autres ; en l'occurrence, il s'agit du droit de propriété. Puisque le gouvernement assume la charge de veiller au respect de ces droits, il s'ensuit que les individus puissent se prévaloir de certaines créances à son égard relativement à l'accomplissement de sa tâche. Pour ces raisons, le droit mentionné ne déborde pas le cadre du droit privé de chacun à un espace protégé.

---

25. *Ibid.*, p. 105.

26. *Ibid.*, p. 124.

Cependant, le gouvernement assume aussi la responsabilité de fournir à la population certains services nécessaires que seule son organisation est capable d'instaurer et de maintenir. Cette responsabilité découle d'une entente entre le gouvernement et ses sujets d'où découlent des droits et des obligations chez les parties prenantes à l'accord. En vertu de cette entente, j'ai le droit d'exiger du gouvernement qu'il me fournisse certains services nécessaires ; en revanche, le gouvernement a le droit de requérir de moi une contribution au coût de ces biens communs. C'est le domaine du droit public.

Quant aux droits dits sociaux, ils sont relatifs à des besoins qui, à la rigueur, pourraient être satisfaits selon les lois du marché, mais que certains individus, pour une raison quelconque, ne peuvent combler à l'intérieur de ce cadre. Le gouvernement peut-il s'engager à corriger cette lacune en répartissant le coût de ces services sur l'ensemble de la population. Tel que déjà démontré, une telle entente va à l'encontre du droit formel et ainsi ne peut être conclue sans injustice. On ne peut présumer non plus que tout individu, en tant qu'humain, ait droit à un minimum vital s'il n'est point d'autres individus qui aient le devoir de lui assurer un tel bien. « Personne n'a le droit à une situation matérielle spéciale à moins qu'il soit du devoir de quelqu'un d'autre de le lui assurer[27]. »

Or en vertu des règles de juste conduite, aucun autre n'est obligé de fournir une telle prestation.

> La justice n'impose pas à nos semblables un devoir général de nous entretenir, et une créance sur de telles prestations ne peut exister que dans la mesure où nous alimentons une organisation instituée à cet effet[28].

Et ainsi les droits dits sociaux ne peuvent être des droits au sens rigoureux du terme, car ils ne sont pas enchâssés dans les règles de juste conduite. Il ne peut s'agir que de certaines créances dans le cadre d'une organisation spécifique et cette dernière ne peut répartir le coût de ces services qu'elle assume selon des modalités imposées obligatoirement à toute la population.

---

27. *Ibid.*, p. 122.

28. *Id.*

L'ordre du marché

Selon Hayek, le secteur le plus significatif de l'ordre social global, c'est l'ordre dit de marché parce qu'il est issu des activités par lesquelles les individus s'échangent des biens et des services.

L'échange est une opération par laquelle chacun cède à l'autre un bien dont il n'a pas besoin et reçoit de l'autre un bien dont il a besoin. Il a pour effet d'élargir l'espace où les initiatives personnelles peuvent se déployer : en effet, il facilite la circulation des biens et services et permet ainsi aux individus d'avoir accès à une quantité de ressources quasi illimitées, ce qui agrandit l'éventail des projets réalisables par tout un chacun. Ainsi les grandes entreprises industrielles se sont édifiées et se sont développées grâce à un ensemble d'échanges parmi lesquelles figurent l'achat des matières premières, le salariat, les emprunts bancaires, le marché boursier et la vente de leurs produits. Par ces nombreuses transactions, ils sont entrés en possession de la variété et de la quantité de biens et services que requérait l'envergure de leurs projets.

Ainsi l'échange, en favorisant la circulation des biens et services, élargit le domaine où la liberté de chacun peut s'exercer. Grâce à la multiplication et à l'extension des occasions offertes par la pratique généralisée de l'échange, les individus, au gré de leur imagination, de leurs connaissances et des aléas de la conjoncture, ont mis sur pied une foule d'entreprises privées qui, sans aucune planification, sous la pression de nombreux facteurs dont certains sont retraçables, comme les inventions, la concurrence, les circonstances particulières, se sont ajustées les unes aux autres de manière à former un ordre économique caractérisé par une prospérité sans égale au cours de l'histoire.

Cet ordre, dans la mesure où il résulte de l'ajustement non planifié d'une foule d'entreprises privées mises sur pied dans le cadre du marché, trouve sa causalité à la fois dans l'espace créé par l'échange et dans les connaissances respectives des individus dont les projets ont réussi. Comme il est impossible de dresser un inventaire complet de ces connaissances, il est des segments des lignes de causalité qui échapperont toujours à l'investigation.

Cependant si l'on démonte, par la voie réflexive, le processus de formation de cet ordre, il y a lieu d'y déceler un courant révélateur : il s'est développé grâce à l'accroissement des possibilités offertes à la libre initiative de chacun dans le cadre de la pratique généralisée de l'échange. Par conséquent, toute répartition des biens et services effectuée autrement que par l'échange (exception faite des privilèges du droit de propriété comme la donation et l'héritage), s'avère une entrave au fonctionnement de l'ordre et une restriction de l'espace ouvert à la liberté de chacun.

Le jeu de catallaxie

Pour désigner l'ordre économique spontané, Hayek emploie le terme catallaxie. « Une catallaxie est ainsi une espèce particulière d'ordre spontané produit par le marché à travers les actes des gens qui se conforment aux règles juridiques concernant la propriété, les dommages et les contrats. » Le fonctionnement de la catallaxie est comparable à celui d'un jeu, avec une différence cependant. Alors que dans un jeu les individus déploient leur énergie comme ils l'entendent à l'intérieur d'un cadre défini par des règles en vue de sortir gagnants, ce qui est visé, ici, ce n'est pas tant qu'il y ait des gagnants et des perdants, bien qu'il y en ait, mais de créer des richesses plus abondantes. Quant à la répartition même de cette richesse globale entre les participants, elle s'effectue selon les rapports entre les forces qui s'affrontent avec le résultat que souvent l'avoir des uns s'accroît au détriment de celui des autres. Cette situation n'est pas qualifiée d'injuste si les joueurs se sont conformés aux règles du droit abstrait et de l'échange.

> Il n'y a pas lieu de fournir une justification morale pour des répartitions objectives de revenus ou de richesses qui n'ont pas été engendrées délibérément, mais qui sont le résultat d'un jeu que l'on a pratiqué parce qu'il augmente les chances de tous les joueurs[29].

Dans la mesure où l'ordre de marché a pour effet de produire une plus grande abondance de richesses, il fournit à chacun une plus grande chance d'en acquérir plus.

29. *Ibid.*, p. 141.

Intervention gouvernementale et catallaxie

Les règles du jeu de catallaxie sont celles qui régissent la propriété et les échanges. Pour qu'un échange soit dit juste, il suffit que chacun des participants y consente parce qu'il le trouve avantageux pour soi. Le consentement volontaire est la condition essentielle de l'échange. Dès lors, si quelqu'un enlève à autrui un certain bien et lui en donne un autre en retour, sans avoir au préalable obtenu son assentiment, il enfreint la règle de l'échange et par là contrevient au bon fonctionnement de l'ordre de marché.

C'est à la lumière de cette conclusion qu'il faut analyser le rôle du gouvernement qui met sur pied un régime universel d'assurances sociales. D'ailleurs, selon Hayek, le terme « assurances » est ici employé selon un sens impropre. En effet, les assurances, dont l'invention est d'abord attribuable à l'initiative privée, exigent de tous leurs membres, qui présentent un risque égal, une cotisation qui s'élève au même montant. Pour financer ses régimes d'assurances, le gouvernement ne procède pas ainsi : les plus démunis ne paient pas tout en étant bénéficiaires ; quant aux autres, leur cotisation varie, non en raison des risques que chacun présente, mais *au prorata* de leurs revenus.

De toute façon, le gouvernement, pour financer ces services de protection, qui visent à répondre aux besoins d'un groupe particulier d'individus qui, pour une raison quelconque, sont incapables d'y pourvoir par eux-mêmes, oblige tous ses sujets, sous peine de sanctions, à participer aux coûts d'une telle opération. Ces mesures contreviennent à la règle de l'échange à un double point de vue : elles se passent du consentement de certains participants ; elles ne tiennent pas compte de la justice commutative qui exige de tous une contribution égale. Par le fait même, elles faussent le dynamisme interne de l'ordre de marché et nuisent à l'intérêt général. Elles sont donc tout à fait injustifiées.

> L'intervention ainsi conçue est donc toujours une action injuste dans laquelle quelqu'un se trouve contraint (généralement au bénéfice d'un tiers) dans une situation ou d'autres ne le seraient pas, et pour un objectif qui n'est pas le sien. C'est en outre une action qui à chaque fois perturbe l'ordre

global et empêche l'ajustement mutuel de toutes ses parties, ajustement sur lequel repose l'ordre spontané[30].

Jugement critique

La pensée éthique de Hayek se condense dans une théorie qui repose sur une extrapolation à l'ordre social global du mécanisme interne qui a produit l'avènement d'un ordre économique autonome en regard de la sphère politique. Du fait que les activités économiques forment le noyau de l'ensemble des activités sociales, et à partir des modalités de leur ajustement d'où résulte un ordre, il élabore l'hypothèse qu'un processus identique se retrouve dans la formation de la société. Certes son raisonnement n'est pas une déduction du genre : si l'ordre économique se plie à tel mode de fonctionnement, il s'ensuit que la société obéit à un comportement semblable. Mais inspiré par l'hypothèse qu'il a imaginée, il tente de retracer, à travers la structure de la société, des articulations identiques à celles que révèle l'ordre économique.

Règles propres à l'économie de marché et droit abstrait

Parmi les principaux rapprochements effectués par Hayek entre les deux ordres, il faut citer celui qui porte sur l'origine et le caractère obligatoire des règles. Selon lui, les règles de juste conduite, soit le droit abstrait, ne sont pas des commandements issus d'une quelconque volonté, elles tirent leur existence et leur caractère obligatoire du fait de leur présence dans les comportements sociaux qui, par suite de leur récurrence et de leur ajustement les uns aux autres, ont causé un ordre social. Il est vrai que les règles propres à l'économie de marché, comme l'offre et la demande, l'efficacité marginale du capital, le mode de fixation des prix, ne sont pas des commandements, mais dérivent de l'ordre économique lui-même. Mais il n'en est pas ainsi pour les règles de

30. *Ibid.*, p. 146.

juste conduite ; en effet, leur existence est antérieure à la formation d'une société au sens moderne du terme.

Les problèmes que la justice est invitée à résoudre se présentent dès que deux individus se trouvent dans une situation conflictuelle en raison de la divergence et de l'opposition de leurs intérêts respectifs. Ils se posent dès que le contexte de leur vécu les contraint à coexister. Or la simple coexistence pacifique d'un nombre restreint d'individus libres exige une forme élémentaire d'entente, au moins sous la forme d'un comportement adopté par les uns et les autres, basée sur le respect de certaines normes relatives à la vie et à la propriété. Dans un mode de vie primitif, les humains ne peuvent vivre en paix que s'ils se reconnaissent mutuellement le droit de s'approprier les biens nécessaires à la vie, par la chasse, la pêche ou l'agriculture, sur un territoire donné. Aucune association d'êtres libres, qu'elle se traduise par un ordre simple ou complexe, organisé ou spontané, existant ou à venir, n'est viable si ce n'est dans le cadre des droits fondamentaux. Cette exigence ne provient pas d'une décision humaine, elle réside pour ainsi dire dans l'ontologie même de l'association entre êtres libres, d'où son caractère universel. Il s'ensuit que le droit formel n'est pas un caractère propre à l'ordre spontané et ne peut résulter du processus de sélection caractéristique de ce dernier. D'où l'interrogation, comment rendre compte du caractère obligatoire de ce droit ?

Dans la perspective de Hayek, les règles de juste conduite ne peuvent être des commandements, car elles sont assimilées aux règles de l'ordre économique spontané. Puisque ce point de vue est désormais écarté, il reste à justifier leur caractère obligatoire en démontrant d'une façon positive que ces règles sont des commandements.

Au préalable, il importe de distinguer entre le contenu des droits et leur caractère obligatoire ; le premier peut se déduire d'une exigence d'ordre ontologique, mais il en va tout autrement pour le second. La pensée traditionnelle enchâsse l'obligation morale dans un processus dont le principe et le terme résident dans la volonté de l'être libre. Je ne suis moralement obligé de faire tel acte qu'en vertu d'un commandement issu d'une volonté qui est autorisée à m'imposer la décision. Et comme cette autorisation ne peut provenir d'une prérogative *a priori* de la volonté, à la manière de Kant, elle n'a d'autre source qu'un accord de réciprocité qui engage les individus les uns vis-à-vis des autres. Il s'ensuit que les droits et les obligations dérivent toujours d'une règle qui est un commandement.

Que ces règles se soient infiltrées dans le comportement social des individus à l'insu même des concernés au cours d'un long processus, et qu'elles aient ensuite été entérinées par la conscience, c'est une hypothèse plutôt invraisemblable ; en effet, outre que ces règles représentent la réponse la plus élémentaire à toute situation conflictuelle de coexistence, elles deviennent concevables et acceptables par tout être doué de raison, qui ne peut pas ne pas saisir, l'évidence du lien de causalité entre leur observance et la paix recherchée. Ce sont des principes premiers qui sont et ont toujours été à la portée de tous.

L'ordre spontané et les intérêts individuels

Deux facteurs interviennent dans la formation d'un ordre spontané : les décisions humaines prises au gré de la conjoncture et des intérêts de chacun ; les effets inévitables, prévus ou imprévus, qui découlent du caractère ontologique des activités consécutives aux décisions. Bien que l'ordre soit marqué par ces deux facteurs, il n'en résulte pas moins d'abord et avant tout de l'ajustement mécanique des effets, de telle sorte qu'il n'est en aucune façon le produit d'un projet humain.

Comment qualifier un tel ordre si ce n'est qu'il se fonde, selon une expression des Anciens, sur la nécessité de la matière. En l'absence de toute planification, à l'instar de l'ordre naturel, il se développe par l'ajustement mécanique des activités dont il se compose. De même que le mouvement des planètes et des étoiles se déploie d'une manière harmonieuse grâce à l'ajustement des effets de leurs propriétés, entre autres, leur masse et leur poids, ainsi l'ordre spontané résulte du caractère ontologique des activités issues des décisions humaines. Dans un cas comme dans l'autre, l'ordre est le produit d'un rapport de forces.

La finalité inhérente à l'ordre spontané en regard des individus est simple : établir un milieu de vie qui maximise les chances pour chacun de réaliser ses projets personnels. Toutefois, sur le terrain, ces chances sont réparties à travers un affrontement où les plus favorisés par la richesse, le talent et la santé sont nettement avantagés. L'issue de cette lutte se concrétise dans un partage si inégal des biens que beaucoup d'individus n'y trouvent pas leur compte. L'ordre spontané est indifférent au sort des perdants, sa finalité n'est pas de fournir à chacun les biens dont il a besoin, mais de créer un milieu où chacun puisse, grâce à ses efforts personnels, réaliser son projet de vie.

Mais contrairement à l'ordre naturel, l'ordre social spontané suppose chez les individus une attitude de confiance à son égard qu'il leur est loisible d'adopter ou non. Pour son maintien et sa prospérité, il faut que les individus se considèrent et se traitent les uns les autres comme de purs et simples éléments d'un système qui les englobe, telles des forces qui suivent leur trajectoire sans se préoccuper du résultat final obtenu à la suite de leur croisement. Selon l'économie libérale, le capitaliste qui, pour une raison ou pour une autre — l'éventualité d'une faillite ou l'ajustement de son entreprise aux contraintes de la concurrence — congédie 1000 employés, n'a pas à tenir compte, en vertu de son droit de propriété privée, des conséquences néfastes qui s'ensuivent pour les ouvriers réduits au chômage.

Pourquoi les individus jetteraient-ils leur dévolu sur un ordre social global qui étend à tous les secteurs des activités humaines des règles indifférentes aux effets malheureux que leur stricte observance entraîne pour eux, alors qu'ils sont conscients de la possibilité de lui en substituer un autre, plus sensible au sort qui échoit à chacun ?

D'ailleurs, les hommes ne s'associent que pour mieux réaliser leurs projets personnels ; leur regroupement n'est jamais qu'un moyen en vue de cette fin. L'ordre spontané n'accepte pas ce statut inférieur, il postule qu'on le veuille pour lui-même, tel qu'il est avec ses avantages et ses inconvénients. Aussi sa rigidité et son indifférence vont-elles contraindre les individus, soucieux de sauver leur peau, à lui infliger quelques affronts.

L'ordre spontané et la justice distributive

L'ordre spontané ne reconnaît qu'une seule forme de justice, celle qui dérive du droit de propriété privée, soit la justice commutative. Et pourtant, il est des pratiques sociales généralisées qui postulent une autre forme de justice, communément appelée « justice distributive ». Cette dernière repose sur le lien de solidarité que les individus établissent entre eux dans la poursuite d'un objectif commun dont la réalisation nécessite une collaboration de tous les citoyens, *au prorata* des moyens de chacun. Il est au moins un cas où cette justice est appliquée d'une manière rigoureuse, c'est la mise sur pied d'une armée. Une organisation de cette envergure requiert des soldats prêts à risquer leur vie, des techniciens, des savants, des fabricants d'armes, des ressources matérielles de toute sorte et un budget considérable obtenu par le truchement des impôts. Tous les citoyens participent : les uns paient de leur personne, les autres de leur travail et enfin il en est dont la contribution est surtout d'ordre monétaire par la voie des impôts. La participation de chacun est diverse tant au point de vue de la qualité que de la quantité, à tel point qu'il n'existe aucun dénominateur commun qui permette de mesurer la part fournie par chacun. Il est impossible de comparer le rôle du soldat qui risque sa vie à celui du fabricant d'armes qui s'enrichit ; et pourtant ils sont nécessaires tous les deux. Aussi le principe qui régit une telle organisation se formule-t-il de la manière suivante : à chacun selon ses possibilités.

Une telle forme de justice ne peut naître d'un ordre spontané ; elle ne trouve sa raison d'être que dans un ordre organisé. En effet, elle suppose une volonté collective de mettre sur pied tel service de protection et d'assumer les responsabilités qui se dégagent de cette décision. Dès lors, en tant que membres de la société, les individus sont tenus en justice, conformément à leur accord initial, d'apporter leur contribution selon les exigences de l'instauration du bien commun désigné. Il importe de noter cependant que ces exigences, qui se traduisent par une contribution proportionnelle aux moyens de chacun, ne sont pas déterminées par les humains, mais dérivent pour ainsi dire de la nature même du service à instaurer. Ainsi, en dernière analyse, la justice distributive s'étaie sur un fondement ontologique.

Sous un autre aspect, elle s'enracine dans la liberté. Pour s'exercer, la liberté a non seulement besoin d'un espace tracé par des interdictions, mais encore de certains services de protection comme l'armée et le système judiciaire. Or ces derniers ne peuvent être implantés que par le truchement de la solidarité. Dès lors si les individus, par une entente quelconque, assument ces services, et par le fait même les modalités de leur instauration, leur participation devient obligatoire et assujettie à une norme de justice dite distributive.

Selon Hayek, l'implantation de tels ordres organisés ne contrevient pas à l'ordre spontané, pourvu qu'elle s'effectue selon les normes de la justice commutative, soit le libre consentement et l'équivalence. Vu la nécessité indéniable de ces services de protection, le consentement de tous est présumé acquis. Quant à la participation de tous qui se réalise selon le principe, à chacun selon ses moyens, selon Hayek, elle est réductible à la justice commutative. Pour étayer son point de vue, Hayek énonce une hypothèse, sinon invraisemblable, du moins invérifiable, à savoir que chacun bénéficie de ces services *au prorata* de sa contribution : ceux dont la participation est plus élevée en termes de qualité ou de quantité recevraient en retour une protection équivalente à leur apport. Vu sa faiblesse, cette argumentation n'infirme en aucune manière les convictions communes qui reconnaissent l'existence d'une justice dite distributive.

L'ordre spontané et les assurances sociales

Les assurances sociales constituent un service de protection différent de ceux qui ont été mentionnés jusqu'ici. Cette expression recouvre les mesures adoptées par le gouvernement en vue de garantir à tous une protection contre les maux qui découlent des risques inhérents à la vie, comme la maladie, le chômage et l'indigence. D'une part, à la rigueur, les palliatifs à ces maux pourraient provenir du libre jeu des forces dans le cadre du droit abstrait ; d'autre part, ils impliquent une redistribution des biens. En effet, les avantages matériels dont bénéficient les employés acculés au chômage proviennent de trois sources : le gouvernement ; les employeurs et les employés eux-mêmes ; en ce qui concerne le bien-être social et les soins de santé, il en est qui reçoivent des prestations sans avoir au préalable apporté une contribution.

En ce qui regarde la première particularité mentionnée, il faut noter qu'au cours de l'histoire, le libre jeu des forces dans le cadre du droit abstrait s'est toujours révélé impuissant à soulager la misère, attribuable à un réseau de causalités incontrôlable, d'une portion notable de la population. Ni la prospérité économique croissante, ni la charité, ni la bienveillance, compatibles avec l'ordre spontané, ne sont parvenues à enrayer ce mal, qui prive certaines gens de biens nécessaires à la vie. Ce problème est toujours présent : l'un des principaux enjeux de la dernière campagne électorale présidentielle aux États-Unis, le royaume de l'économie libérale, porte sur l'éventualité d'instituer un service gouvernemental qui permettrait à tous les Américains d'avoir accès aux soins de santé. Puisque le libre jeu des forces permet à un grand nombre d'individus de bénéficier de ces soins, le problème c'est de rendre ces services accessibles aux démunis. La seule solution consiste à instaurer un ordre organisé, fondé sur la solidarité, dans le dessein de garantir à tous les soins médicaux dont ils ont besoin. Mais la mise sur pied d'une telle institution ne peut s'effectuer que par une redistribution des biens, dans la mesure où les uns paient pour des services dont d'autres bénéficient sans payer. Si les premiers sont consentants, il n'y a aucun problème ; mais s'ils refusent le gouvernement peut-il les forcer à payer quand même ? Si oui, en vertu de quelle justice ? Certainement pas au nom de la justice commutative. Aussi Hayek est-il catégorique : le gouvernement n'a pas ce pouvoir, mais il lui revient de combler cette lacune par d'autres moyens.

Pourtant, en maints pays où ces services ont été institués, le gouvernement se prévaut du pouvoir d'obliger tous ses ressortissants qui en ont les moyens à payer pour les autres. Cette attitude est-elle légitime ? Ce n'est guère que dans le cadre d'un ordre organisé où les individus se considèrent et se traitent comme solidaires les uns des autres en regard de la procuration de certains biens, et par suite assument ensemble la responsabilité d'y pourvoir, que le gouvernement est autorisé à exercer le pouvoir dont il est question. La légitimité repose sur les liens associatifs spécifiques que nouent les individus entre eux et par lesquels ils déterminent ce qui est obligatoire pour chacun des membres. En d'autres mots, être membre d'une association spécifique, c'est être obligé à tel comportement déterminé.

Hayek ne peut souscrire à un tel raisonnement car, selon lui, le pouvoir d'obliger d'un ordre organisé est rigoureusement assujetti au droit de propriété privée.

Mais d'où vient que ce droit soit le critère ultime et intangible de toutes les entreprises humaines sans exception ? Parce qu'il dérive d'une ligne de conduite qui est le facteur principal de l'ordre social spontané. En dernière analyse, ce droit tire son statut privilégié et sa priorité de l'ordre spontané lui-même, estimé obligatoire.

Les humains sont-ils moralement obligés d'opter pour un ordre social global spontané plutôt que pour un ordre social organisé ? Hayek condamne les tendances de plus en plus accentuées des gouvernements à prendre des mesures qui sont plus conformes à un ordre organisé qu'à un ordre spontané. Quels sont les enjeux essentiels de cette controverse qui oppose Hayek à une pléthore de penseurs ? L'ordre social a-t-il pour fonction de garantir la plus grande latitude possible au libre jeu des forces sans tenir compte de la répartition effective des biens qui s'ensuit, ou doit-il être jugé aussi selon cette répartition effective ? La pensée dominante à l'heure actuelle, corroborée par les pratiques sociales, s'exprime dans l'énoncé suivant : l'extension du champ laissé au libre jeu des forces doit être compatible avec une répartition effective des ressources telle, que tous et chacun disposent au moins des biens nécessaires à la vie. En d'autres mots, le droit de propriété privée ne tire pas son caractère obligatoire uniquement de son rapport de causalité à l'ordre global, mais aussi de son impact effectif sur les intérêts individuels. Dès lors, rien n'empêche les individus de s'organiser en vue de pallier les effets néfastes qui découlent pour certains individus de l'exercice illimité du droit de propriété privée. Ce droit n'est pas absolu, mais relatif à ses conséquences sur l'usage effectif de la liberté.

Dans cette perspective, la justice commutative, qui régit les seuls rapports de forces, ne peut être la seule à prévaloir à l'intérieur d'un ordre social. Dans la mesure où ce dernier autorise l'acquisition des bien nécessaires à la vie par la voie de la solidarité, il entérine une autre forme de justice qui postule une certaine redistribution des biens, soit la justice distributive.

Un ordre social doit être évalué selon ses effets réels en regard des attentes légitimes des individus qui y adhèrent. Pour obtenir la plupart des biens nécessaires à leurs projets individuels, les individus n'ont d'autre choix que de s'associer. Deux formes de regroupement caractérisent la vie sociale : la première est assimilable à un jeu où les individus, dans le cadre d'un ensemble de règles bien définies, entrent dans des rapports de forces pour l'obtention de certains biens ; l'autre est marquée au coin de la coopération et s'appuie sur la solidarité nécessaire à l'acquisition de biens spécifiques. La première obéit rigoureusement à la justice commutative, la seconde à la justice distributive. Mais à quelles conditions ces deux formes de justice sont-elles compatibles ? Toute association est jugée selon son efficacité et sa justice ; les gouvernements, dans ces cas circonscrits seulement, et selon les strictes limites requises, sont autorisés à effectuer une certaine redistribution. La justice distributive n'est pas un cas exceptionnel de la justice commutative, elle possède ses propres caractéristiques.

En résumé, l'ordre social se partage en deux secteurs bien définis, ayant chacun leurs objectifs spécifiques, aussi nécessaires l'un que l'autre pour la réalisation des projets individuels, obéissant chacun à une forme de justice qui lui est propre, et non assujettis l'un à l'autre. Si cette double dimension n'est pas respectée, l'ordre social devient inefficace et n'atteint pas ses objectifs. Les sociétés unidimensionnelles, soit celles qui se fondent exclusivement sur l'une ou l'autre des deux dimensions, sont forcément vouées à l'échec. L'expérience socialiste du XXe siècle et la société libérale du XIXe en sont la preuve.

Préconiser l'existence et le maintien d'un ordre social global spontané qui consiste dans un jeu de forces réglementé, et lui assujettir toute organisation basée sur la solidarité, c'est promouvoir une société unidimensionnelle rejetée par les pratiques sociales actuelles et par le courant de pensée dominant. La théorie de Hayek, à la fois cohérente et séduisante, repose néanmoins sur des postulats qui ne rejoignent pas les convictions communes des gens, sur lesquelles se fonde le savoir moral et pratique à l'œuvre dans la formation et le maintien des pratiques sociales.

CHAPITRE II

L'ÉTAT MINIMAL ET LE DROIT DE PROPRIÉTÉ PRIVÉE SELON ROBERT NOZICK

Ces dernières années, la conclusion à laquelle Hayek est parvenu, soit le rejet de la justice sociale, s'est vue corroborée par Robert Nozick, bien que ce dernier ait suivi une démarche fort différente. Aussi comme les ouvrages de ce dernier ont reçu un accueil favorable de la part du public sensible aux idées néo-libérales, il convient d'en examiner la portée avec tout le soin requis. À l'instar de Hayek, Nozick est un adversaire acharné de l'État-providence et un défenseur inconditionnel d'une justice limitée au seul critère du droit formel.

Les grandes lignes de l'argumentation de Nozick

Le scénario

Nozick imagine un scénario selon lequel les individus seraient amenés à passer de l'état de nature à un État minimal, à travers un processus réglé exclusivement par les normes issues des droits naturels des individus, sans que naissent de nouveaux droits ni du côté de l'État minimal ni du côté des individus.

Ce scénario s'amorce par la description de l'état de nature qu'il emprunte à Locke : « Des hommes vivant ensemble selon la raison, sans aucun supérieur commun, sur terre, qui soit compétent pour statuer sur leurs litiges, voilà proprement l'état de nature[1]. » Dans cet état, les individus jouissent des droits naturels à la vie, à la liberté et à la propriété, ainsi qu'à l'emploi de la force pour défendre ces mêmes droits.

Mais comme les individus ne possèdent ni la force ni l'impartialité requises pour régler leurs conflits entre eux, ils n'ont d'autre choix que de s'en remettre à une agence de protection que Nozick décrit ainsi :

> Certaines gens seront engagées pour assumer des services de protection et certains entrepreneurs mettront sur pied une agence (*business*) qui offrira la protection requise à des clients éventuels prêts à payer le montant exigé, différentes sortes de protection seront offertes à différents prix, selon que l'on désire une protection plus ou moins étendue[2].

Cette agence de protection n'aura d'autres pouvoirs, ni d'autres droits, sinon ceux que voudront bien lui transmettre ses mandants ; en fait, ses droits ne lui seront pas spécifiques, ils équivaudront à une somme de droits individuels. D'ailleurs, pour Nozick, il n'y a que les droits naturels individuels.

L'agence de protection dominante

Les individus, conscients de leurs faiblesses, adhèrent à une agence de protection pour renforcer et faciliter l'exercice de leurs droits naturels. Cependant, plusieurs agences de protection ou compagnies offrent leurs services à l'intérieur d'une zone géographique déterminée. Mais alors qu'arrivera-t-il en cas de conflit entre les clients affiliés à diverses agences ? Si les agences s'entendent, il n'y aura aucun problème ; si elles jugent le cas différemment, une bataille s'ensuivra. En ce dernier cas, deux occurrences principales sont possibles. D'abord, si l'un gagne et l'autre perd, le client de l'agence perdante sera enclin à se joindre à l'autre agence dans le futur. Par contre, si à la suite de nombreux conflits, les deux agences gagnent et perdent à peu près également, d'un commun accord elles adopteront des mesures préven-

---

1. John Locke, *Deuxième traité du gouvernement civil*, Paris, Vrin, 1977, p. 76.
2. Robert Nozick, *Anarchy, State, and Utopia*, New York, Basic Books, 1974, p. 13-14.

tives, entre autres, remettre les cas entre les mains d'une tierce agence à laquelle elles reconnaissent l'autorité pour solutionner leurs litiges ; ce qui confère un statut privilégié à l'agence choisie comme arbitre en dernier recours. Dès lors, quelles que soient les situations, elles donneront lieu à l'émergence d'une agence dominante. Ce scénario est tout à fait plausible, dans la mesure où les services de protection sont une marchandise comme les autres, la compagnie qui offrira les meilleurs services à meilleurs prix l'emportera sur les autres et finira par jouer un rôle prédominant[3].

Mais cette agence dominante est-elle un État au sens rigoureux du terme ? En apparence non car, d'une part, elle n'a pas le monopole de la force, et d'autre part, elle ne représente pas tous les individus vivant sur son territoire. Pour devenir un État minimal, l'agence dominante doit détenir le monopole de l'usage de la force et en plus fournir ses services à tous les individus sans exception. Si elle remplit la première condition et non la seconde, elle revêt le statut d'État ultraminimal ; ce dernier ne fournit ses services de renforcement qu'à ceux qui les achètent[4].

À travers une argumentation serrée mais non sans failles, Nozick tente de démontrer comment l'agence dominante, à l'intérieur du cadre tracé par les droits naturels, en vient à remplir les conditions nécessaires pour accéder au statut d'État.

Tout son raisonnement gravite autour des difficultés que soulève, tant pour l'agence dominante que pour l'État, l'imposition d'une procédure déterminée en vue de régler les conflits.

Une majorité d'individus peuvent-ils se grouper et décider ensemble quelles sont, parmi les procédures admissibles pour le règlement des conflits, celles qui devront être retenues. À première vue, il semble que non. En effet, aucun individu ne jouit de ce droit ; dès lors puisque, selon Nozick, les droits d'une association ne sont que la somme des droits individuels que ses membres veulent bien lui transférer, il s'ensuit qu'une association ne possède pas non plus ce droit.

Mais ne pourrait-on justifier autrement l'imposition d'une ou d'un nombre limité de procédures ; en effet, une telle décision

3. *Ibid.*, p. 16.

4. *Ibid.*, p. 22-25.

n'est-elle pas avantageuse pour tous les individus vivant sur un territoire donné ? En principe, une procédure jugée équitable par un grand nombre d'individus est susceptible de présenter moins de risques que celle qui serait reconnue comme telle par un seul individu. En outre, l'adoption d'une procédure déterminée n'est-elle pas de nature à simplifier le règlement des conflits en supprimant la phase délibérative destinée à susciter entre les opposants un accord sur l'une ou l'autre procédure. Bref, puisque tant les membres de l'association que les indépendants bénéficient de ce choix, ce dernier ne s'impose-t-il pas par le fait même obligatoirement à tous sans exception ?

Selon Nozick, une décision, prise par une majorité d'individus à l'intérieur d'une communauté, même si elle comporte des avantages pour tous les membres de cette dernière, ne crée pas, chez les membres non consentant, l'obligation de contribuer au projet. Une telle obligation irait à l'encontre de leur liberté. Si je suis forcé de consacrer deux jours par année au maintien d'une radio communautaire qui, même si je peux l'écouter à volonté et ainsi bénéficier des émissions qu'elle diffuse, ne comporte aucun intérêt pour moi, les avantages mis à ma disposition ne compenseront aucunement les inconvénients de ma contribution obligatoire. Si je disposais de ces deux jours à mon gré, j'en retirerais des profits supérieurs à ceux que m'offre la radio communautaire tout au long de l'année. Il s'ensuit que l'extension des avantages, résultant d'un projet adopté par une majorité, à tous les membres d'une communauté, n'est pas une raison suffisante pour créer une obligation chez les membres non consentants. Il est donc nécessaire de poursuivre l'investigation.

Les droits relatifs aux procédures[5]

Les procédures judiciaires présentent toutes, à un degré plus ou moins élevé, le risque de châtier un innocent ou de laisser un coupable impuni. À partir de cette observation, Nozick développe un raisonnement dont voici les grandes lignes. Chaque personne possède un droit strict à être jugée selon la procédure qui

5. *Ibid.*, p. 96-108.

présente le moins de risques d'erreur. Mais cette procédure privilégiée demeure indéterminée. Aussi, vu la divergence des intérêts et des perspectives de chacun, n'y a-t-il aucune raison pour que les individus en arrivent à une entente sur le contenu précis de cette procédure, du moins dans l'état de nature.

Face à une telle indétermination, quel comportement l'agence dominante peut-elle adopter ? « Elle peut se réserver le droit de porter un jugement sur toute procédure de justice susceptible d'être appliquée à ses clients. » Elle peut déclarer, et agir conformément à cette déclaration, « qu'elle punira toute personne qui utilisera envers ses clients une procédure qu'elle juge inéquitable et non recommandable[6] ». Pour bien cerner la portée de l'affirmation qu'il vient d'énoncer, Nozick entreprend l'examen de deux cas particuliers qui soulèvent des difficultés.

1) « L'agence dominante peut-elle déclarer qu'elle punira toute personne qui emploie, à l'égard de ses clients, une procédure qu'elle n'a pas, au moment de la punition, approuvée comme équitable et fiable[7] ? » Pour Nozick, aucun individu ne possède ce droit. En effet, affirmer qu'un individu peut punir autrui si ce dernier applique une procédure qu'il n'a pas lui-même approuvée, ce serait affirmer qu'un criminel, qui refuse d'approuver toute procédure de justice pourrait légitimement punir tout individu qui essaierait de le punir. Dès lors, si un individu ne peut détenir un tel pouvoir, l'agence dominante non plus. Il en est ainsi parce que tout individu a le droit de résister à toute procédure, d'où qu'elle vienne, qu'il juge lui-même inéquitable et non recommandable.

2) En second lieu, « l'agence dominante peut-elle proclamer qu'elle punira tout individu qui applique une procédure non équitable à son client, *que ce dernier soit coupable ou non*[8] » ? L'agence de protection, dit Nozick, peut traiter celui qui emploie une procédure non recommandable de la même manière qu'elle traite celui qui fait une action comportant des risques pour autrui, ni peur, ni lésion corporelle, ni des-

6. *Ibid.*, p. 101.

7. *Ibid.*, p. 201.

8. *Ibid.*, p. 205. L'italique est de l'auteur.

truction des biens matériels, il ne sera en aucune façon puni. Par contre, s'il cause des dommages, l'agence peut le punir et l'obliger à compenser.

Par ailleurs, si la procédure employée comporte un taux élevé de risques, elle est passible de prohibition. Dès lors, « la question est de savoir si en un tel cas il est légitime de punir après le fait, celui qui emploie une procédure inéquitable à l'égard d'un individu qui, tout compte fait, est reconnu coupable[9] » ? Ici, le problème devient plus complexe. En effet, d'une part, dans l'état de nature, n'importe qui peut punir celui qui a commis un crime ; d'autre part, personne n'a le droit d'utiliser une procédure non fiable pour s'assurer de la culpabilité de quelqu'un ; par exemple, consulter les feuilles de thé ou tirer à pile ou face. Pour qu'un individu ait le droit de punir, il faut qu'il soit en mesure de prouver, selon les méthodes les plus rigoureuses possibles, que l'individu susceptible d'être puni est vraiment coupable. Par le fait même, toute procédure, qui présente un taux élevé de risques, est exclue. L'agence dominante est donc en droit de prohiber une telle procédure et de punir, après le fait, l'individu qui l'aura employée, même à l'égard d'un criminel notoire.

À la suite de l'analyse de ces cas particuliers, Nozick reprend le fil de ses considérations relatives aux droits qu'il reconnaît d'emblée à l'agence dominante : celui de juger toute procédure applicable à ses clients et de punir ceux qui emploient une procédure inéquitable dans les conflits qui les opposent à ces mêmes clients. Pour lui, cette affirmation ne pose pas de problèmes, car les individus jouissent de ces droits dans l'état de nature.

Toutefois, en pratique des oppositions surgissent. Si les indépendants possèdent les mêmes droits que l'agence dominante, qu'arrivera-t-il en cas de conflit lorsque les jugements des uns et de l'autre entrent en contradiction ? L'agence se prévaudra de la force que lui confèrent le grand nombre de ses adhérents et imposera ses vues aux indépendants[10]. En outre, selon le jeu du marché, une agence parviendra à éliminer

9. *Ibid.*, p. 205.

10. *Ibid.*, p. 208.

toutes les autres et deviendra seule sur un territoire donné. Il s'ensuivra un monopole de fait, non *de jure*. Pour que ce monopole soit aussi *de jure*, il faudrait qu'il résulte de « quelque garantie unique attachée à un droit exclusif dont toute autre agence serait privée ».

C'est ainsi qu'une agence dominante accède au statut d'État ultraminimal, c'est-à-dire en vient à détenir le monopole de la force sur un territoire donné. Cependant, bien qu'elle possède le monopole de la force, l'agence ne rallie pas tous les individus de son territoire, il reste encore des indépendants. Mais le comportement, qu'il lui faut adopter vis-à-vis de ces derniers, entraînera son ascension vers le statut d'État minimal.

L'État ultraminimal et les indépendants[11]

En vertu de sa position de force, l'agence dominante va interdire aux indépendants, dans la défense de leurs droits, l'emploi de procédures qu'elle juge inéquitables. La force lui permet de faire prévaloir son jugement sur celui des indépendants. Aussi, dans les conflits qui les opposent aux clients de l'agence, les indépendants n'auront d'autre choix que de se soumettre aux procédures approuvées par cette dernière. La plupart du temps, cette contrainte entraînera pour les indépendants des inconvénients qu'ils n'auraient pas eu à subir s'ils avaient pu adopter la procédure de leur choix. Et comme, par l'imposition d'une procédure, l'agence dominante est amenée à franchir la ligne de démarcation tracée par les droits individuels de chacun, elle doit apporter une compensation adéquate aux désavantages qu'elle fait subir aux indépendants. Indéniablement, selon Nozick, la façon la moins coûteuse de compenser les indépendants serait de leur fournir les services de protection lorsqu'ils entrent en conflit avec le client de l'agence. Et il poursuit son raisonnement. Puisque les fonds de l'agence proviennent des primes payées par les clients, il s'agit de savoir si ces derniers doivent payer pour assurer les services de protection aux indépendants. Après tout, si les indépendants avaient veillé à leur propre défense selon la pro-

11. *Ibid.*, p. 210-213.

cédure de leur choix, ils auraient dû payer. Aussi Nozick affirme-t-il que, si la procédure imposée implique des coûts plus élevés que ceux de la procédure privilégiée par l'indépendant, l'agence devra verser à ce dernier la différence entre les deux. Mais ce montant, observe-t-il, peut être insuffisant pour permettre aux indépendants de surmonter les désavantages qu'ils encourent. Si les coûts, qu'ils auraient dû payer pour assurer leur propre défense se traduisent par des déboursés monétaires, ils peuvent, pour assurer les coûts de leur défense selon la procédure imposée, combler la différence avec l'argent reçu de l'agence. Par contre, si les coûts, qu'ils auraient dû payer, ne se traduisent pas sous forme de déboursés monétaires, l'argent reçu de l'agence à titre de différence estimée ne leur permettra pas de se défendre efficacement. S'ils possèdent d'autres ressources financières, ils pourront se défendre, sinon ils se trouveront dans l'embarras.

> Pour cet individu auquel on a interdit quelque chose et qui est dans l'embarras financier, l'agence doit remplacer la différence entre le coût monétaire que représente pour lui le fait de se livrer à une activité non interdite et la somme nécessaire pour acheter la possibilité de surmonter ou de contrebalancer le désavantage imposé.

Cet énoncé peut s'illustrer de la manière suivante. Si le coût total de la procédure non interdite s'élève à 2000 $, alors que celui de l'activité interdite se chiffre à 1000 $, l'obligation d'adopter la première procédure entraîne pour l'indépendant une pénalité de 1000 $. L'agence devra donc lui verser 1000 $. Mais si l'indépendant ne dispose pas de l'autre 1000 $ nécessaire pour couvrir l'ensemble des frais, l'agence doit lui fournir en outre la différence entre 1000 $ et la somme qu'il pourrait épargner sans inconvénient majeur, soit 300 $, si l'épargne possible est de 700 $. L'agence devra donc ajouter 300 $ au 1000 $ déjà dû et ainsi lui remettre la somme globale de 1300 $.

Par ailleurs, si l'activité non interdite ne représente pas de coûts monétaires (si l'activité interdite se traduit par une seule dépense d'énergie de l'indépendant, il est impossible d'évaluer la différence entre les coûts respectifs des activités interdites et non interdites), l'agence doit fournir la différence entre les ressources que l'indépendant peut épargner sans désavantages, par exemple

800 $, et le coût total de la protection, soit 2000 $. Ainsi l'agence verserait 1200 $.

S'il en est ainsi, n'y aurait-il pas avantage à rester indépendant ?

> Sans doute pas dans une grande mesure, puisque la compensation n'est payée qu'à ceux qui seraient désavantagés en achetant une protection pour eux-mêmes, et seulement pour la somme qui égalerait le coût d'une police qui ne soit pas fantaisiste une fois qu'on a ajouté à la fois la somme des coûts monétaires de la protection autonome et celle que la personne pourrait payer sans effort. De plus, l'agence protège les indépendants à qui elle offre une compensation dans la seule mesure où ces indépendants n'ont pas le droit de faire valoir librement leurs droits. Plus il y a d'indépendants, plus il est désirable d'être un client toujours protégé. Un tel facteur, se combinant à d'autres, tend à réduire le nombre d'indépendants et à orienter l'équilibre vers une participation quasi universelle.

De cette chaîne d'arguments développés par Nozick, il y a lieu de tirer la conclusion suivante : vu la faiblesse de la compensation, d'une part, et les avantages de l'affiliation, d'autre part, selon la tendance qui incline les individus à choisir la décision la plus avantageuse, la presque totalité des indépendants se résoudront à donner leur adhésion à l'agence de protection dominante. C'est ainsi que s'effectuera le passage à l'État minimal.

Notion et principes de justice

Parmi les autres aspects pertinents de la pensée de Nozick, il faut citer ses principes de justice et la notion de justice qui les sous-tend. À l'instar de Locke, il fait dériver ses principes du droit naturel de propriété privée[12].

1) Une personne qui acquiert un bien en accord avec le principe de justice dans l'acquisition, acquiert un titre de propriété sur ce bien.

12. *Ibid.*, p. 151.

2) Une personne qui acquiert un bien, en accord avec le principe de justice dans le transfert, de quelqu'un qui possède un titre de propriété sur ce bien, acquiert un titre de propriété sur ce bien.

3) Personne ne peut acquérir un titre de propriété si ce n'est par les applications de 1 et 2.

En fait, c'est surtout le second principe qui s'avère important. Le critère ultime de la justice d'un transfert, c'est le libre consentement des échangistes. Nozick apporte des précisions sur ce point à la page 168 de son livre. Il met l'accent sur l'un des éléments du droit de propriété privée, à savoir que l'individu peut disposer à son gré et d'une manière exclusive du bien légitimement acquis, soit le donner, l'échanger, le prêter ou le louer. Une transaction est juste si les deux échangistes sont les propriétaires des biens qu'ils échangent et s'ils consentent librement à cette opération. Selon les normes traditionnelles encore retenues de nos jours, dans les transactions qui mettent en présence deux biens privés, l'échange est juste si les agents estiment l'un et l'autre que leurs biens respectifs sont d'une égale valeur objective. L'accord porte sur la valeur objective des biens. Sans doute, comme il s'agit d'une estimation, une marge d'erreurs subsiste, mais il n'en reste pas moins que le jugement subjectif tente de cerner un critère objectif et considère ce dernier comme déterminant en dernière analyse. Nozick ne retient que la dimension subjective, soit le consentement ; il ne fait aucune mention d'un critère objectif. Aussi les titres de propriété, en tant qu'ils portent la signature des deux contractants, constituent-ils la preuve la plus forte de la légitimité de l'acquisition des biens par voie de transfert.

1) L'État minimal n'a d'autre fonction que de protéger les droits naturels des individus à la vie, à la liberté et à la propriété, ses droits ne sont que la somme des droits individuels qui lui sont octroyés par les individus.

2) Il appartient à l'individu de gérer et d'administrer ses droits ; c'est son libre consentement, compte tenu des exigences issues des droits mêmes, qui détermine l'étendue des pouvoirs de l'État et qui constitue le critère ultime de tout transfert de droits.

3) En ce qui concerne le transfert des biens, est juste ce qui est l'objet d'un libre accord. Une telle notion de justice privilégie la subjectivité de chacun, car elle ne reconnaît d'autre critère que le libre consentement des contractants.

4) Les principes de justice qu'il énonce ne traitent que des modalités d'acquisition et de transfert des biens matériels.

Analyse et critique

À partir de cette conception de la justice, Nozick dénie à l'État contemporain le droit à toute intervention qui se traduit par une redistribution des biens acquis par les individus, à moins que ces derniers n'y consentent. Les interventions qui produisent l'effet mentionné se rangent sous deux catégories principales selon qu'elles affectent les lois du marché ou consistent dans la mise sur pied de certains services de protection. Lorsque l'État décrète une hausse des taux d'intérêts, il exerce une contrainte sur le libre marché qui favorise les prêteurs au détriment des emprunteurs et, par le fait même, accroît l'avoir des premiers aux dépens de celui des seconds. D'un autre côté, lorsque l'État met sur pied un service de protection et le finance par le truchement d'un impôt progressif, il s'ensuit une redistribution à l'avantage des individus à faibles revenus. Pour Nozick, l'une et l'autre de ces interventions constituent des violations du droit de propriété privée. La première des interventions mentionnées relève du rapport entre l'État et le système économique, la seconde, du rapport de l'État aux services de protection. Il importe donc de traiter séparément ces deux formes de rapports, car leur problématique est différente.

L'État et le système économique

L'argument invoqué par le « Welfare State », pour justifier les redistributions qui entraînent ses interventions, s'appuie sur la reconnaissance d'une priorité des droits à la vie et à la liberté sur le droit de propriété privée. Nozick n'établit aucune liste de priorité entre les droits fondamentaux. D'une part, il attribue à l'État minimal la fonction de protéger les droits à la vie, à la liberté et à la propriété, d'autre part il ne juge des transactions économiques, dont l'ensemble forme la société civile, que dans la perspective du droit de propriété privée administré selon ses principes de justice, sans tenir compte des autres droits. Pourtant, au niveau des pratiques, les droits fondamentaux sont toujours en étroite relation et ils s'affectent les uns les autres. Comment expliquer son silence sur ce point, si ce n'est en concluant qu'il élève la société civile au niveau de sphère indépendante dont les seules lois sont celles du marché. Dans les faits, ce point de vue consacre la priorité du droit de propriété privée sur les droits à la vie et à la liberté. En effet, dans la mesure où la liberté dépend de la propriété des biens matériels, et où le droit de propriété privée n'obéit qu'à ses propres lois, il s'ensuit une dépendance unilatérale des deux premiers vis-à-vis de ce dernier. Le problème à résoudre est donc le suivant : l'autonomie de la société civile est-elle si absolue qu'elle interdise toute intervention de l'État au nom de quelque principe que ce soit.

La sphère des activités économiques constitue une forme d'association dont il s'agit de cerner la spécificité. Le noyau des activités économiques réside dans l'appropriation des biens matériels par la voie de la production et de l'échange. Or l'appropriation des biens matériels est une condition nécessaire à la conservation de la vie et à l'exercice de la liberté ; et cette donnée élémentaire est consciente chez les individus. Aussi cette finalité s'inscrit-elle à titre de mobile dans les pratiques individuelles de travail et d'échange. Sans doute, lorsque les besoins premiers sont assurés, d'autres mobiles surviennent, tels les désirs de pouvoir, de luxe et de richesse. En résumé, au niveau des pratiques individuelles, l'acquisition des biens est perçue et voulue comme un moyen en vue d'assurer la vie et la liberté qui par là assument le rôle de fin. Toutefois, au niveau de la structure même de la société civile, cette priorité de la vie et de la liberté est pour ainsi dire entre parenthèses. Voici comment.

C'est la genèse de la société civile qui rend compte de ses traits caractéristiques. La division du travail, qui s'est imposée sous l'impact du développement du savoir technique, s'est traduite par l'exercice de métiers spécialisés ; chaque individu produit isolément, ou presque, un seul des biens nécessaires à la vie. Il s'ensuit, entre les individus, pour la satisfaction de l'ensemble de leurs besoins, une dépendance qui les regroupe en association et qui se traduit par une généralisation de l'échange et une production de plus en plus axée sur ce dernier. Avec l'universalisation de l'échange apparaissent certaines pratiques comme l'action de marchander, forme primitive de l'offre et de la demande, et la concurrence entre les producteurs des mêmes biens. L'offre et la demande, dans une conjoncture de libre concurrence, s'imposent bientôt comme le processus de fixation des prix auquel s'en remettent les individus. Dès lors, la production des biens et l'échange se polarisent autour des prix fixés par la loi du marché qui devient la seule règle de la répartition des biens. De cette prédominance de la loi du marché résulte l'autonomie du processus économique, en regard des mobiles qui prévalent encore au niveau des pratiques individuelles, soit assurer la vie et la liberté. D'ailleurs, cette autonomie de l'échange en regard des besoins était déjà reconnue par Aristote lorsqu'il affirmait qu'une transaction n'est juste que si les objets échangés sont d'égale valeur. Aussi, à première vue, il semble que Nozick a raison de considérer le droit de propriété comme la seule norme du processus économique.

Depuis Hegel, les individus ne reconnaissent à la société civile qu'une autonomie relative, car ils la considèrent et la traitent comme un moyen en vue d'une fin[13]. À titre de moyen, elle doit être efficace, c'est-à-dire être telle que ses avantages se répartissent à tous ses membres. Dès lors, si par le libre jeu d'un marché concurrentiel, selon les lois propres à la société civile, les uns s'enrichissent au détriment des autres, au point de réduire une partie de la population à vivre au-dessous du seuil de pauvreté, le processus économique, pris comme un tout, est donc injuste, car il désavantage certains individus au profit de certains autres. Dans la perspective où le système économique et le droit de propriété privée ne sont que des moyens en regard des droits à la vie et à la liberté, l'État est autorisé à modifier, par ses décisions, la structure du système économique, par exemple en adoptant des lois qui interdisent la formation de monopoles, en fixant les taux d'intérêts et des profits, où même les prix, toutes mesures destinées à rendre le processus plus juste. Mais Nozick refuse cette

13. Ici le terme « société civile » désigne la sphère du libre marché.

perspective. Il considère et traite la société civile comme un fief autonome régi uniquement par les lois du marché concurrentiel et le droit de propriété privée. Tel que déjà mentionné, une telle prise de position équivaut à privilégier le droit de propriété privée en regard des droits à la vie et à la liberté. D'où l'interrogation : sur quoi fonde-t-il un jugement aussi catégorique ? Contrairement à toute attente, car il va à l'encontre d'une tradition encore vivace, dès les premières pages de son livre, il affirme ne pas vouloir se pencher sur les fondements mêmes des droits dits naturels, et pourtant toute son argumentation repose sur la solidité de son interprétation.

Pour trancher ce débat, il est nécessaire de le déplacer au niveau des droits dits naturels, soit de leur concept et de leurs rapports. Mais au préalable, il importe d'examiner les droits dont l'État est investi dans la mise sur pied des services de protection.

L'État et les services de protection

Le contrat de l'agence avec ses clients

Selon Nozick, l'État minimal se compare à une agence de protection qui s'est imposée à tous les citoyens d'un territoire donné. Aussi, pour ne pas travestir sa pensée, faut-il le suivre dans cette voie. L'agence dominante n'a ni fin ni droits spécifiques, elle ne se distingue des individus que par la grandeur de sa force qui lui vient de la multitude des droits de défense que ses clients lui transfèrent ; elle est une affaire (*business*) dont la description autorise un rapprochement avec les compagnies privées d'assurances contre le vol ou l'incendie, par exemple.

L'agence de protection offre à ses clients un contrat dont la teneur inclut principalement les clauses suivantes : en retour d'une prime qui s'élève à tel montant, l'agence s'engage à protéger les droits individuels de ses clients contre toute violation qui leur serait infligée par autrui ; cette défense s'effectuera selon telle procédure judiciaire déterminée, à l'exclusion de toute autre jugée inéquitable. Ce contrat instaure de nouveaux rapports entre l'agence et ses clients : elle est désormais obligée d'assumer la défense de ses clients dès que ceux-ci sont menacés ; ces derniers s'engagent à lui verser une prime et à s'en remettre à elle pour la défense de leurs droits. À première vue, un tel contrat ne crée pas de nouveaux droits ; il constitue un simple transfert à l'agence du droit des individus.

Par ailleurs, pour s'acquitter de ses obligations, l'agence est contrainte de mettre sur pied un service de protection. Ce dernier comprend un ensemble de composantes axées autour d'une procédure judiciaire déterminée : une infrastructure matérielle, comme les locaux où siège la cour ; des ressources humaines, soit des juges, un contentieux, une police, des huissiers, etc. Or un tel service réunit tous les caractères d'un bien commun : d'une part, vu la grandeur des coûts qu'il requiert, il ne peut être instauré que par la contribution d'un grand nombre d'individus ; d'autre part, il est disponible pour tous selon les besoins de chacun. En effet, un individu peut payer une prime de 2000 $ par année pendant dix ans sans recourir aux tribunaux au cours de cette période, tandis qu'un autre, dans le même laps de temps, y aura recours cinq ou six fois. Les deux bénéficient de la protection de l'agence contre toute éventualité susceptible de léser leurs droits, mais le dernier reçoit des services particuliers qui se traduisent par des coûts plus élevés pour l'agence. Il s'ensuit une redistribution, car pour une même prime certains bénéficient de services qui coûtent plus cher comparativement à ce que d'autres reçoivent. Il en est ainsi pour toutes les compagnies privées d'assurances de ce genre.

Pour bien saisir le rôle de l'État du point de vue d'une agence, une autre caractéristique est pertinente. L'achat d'un service de protection comprend les particularités suivantes : une partie de la prime versée par les clients revient à l'agence à titre de frais de gestion, cette somme devient la propriété exclusive de cette dernière ; l'autre partie sert à financer le maintien du service de protection, elle est donc convertie en bien commun. Ce bien commun appartient aux clients, bien que chacun d'eux ne le possède pas d'une manière exclusive. De ce bien commun l'agence est l'administrateur. À ce dernier titre, quelle est l'étendue des pouvoirs de l'agence ? Tel est le problème à résoudre.

Le pouvoir de l'agence est désormais médiatisé par le service de protection, il doit se plier aux exigences de ce bien commun ; il ne découle pas uniquement de la somme des droits de défense des individus dont il est investi. Le droit de défense des individus est une donnée première, mais il appartient à la raison de déterminer les modalités selon lesquelles ce droit est susceptible de s'exercer, par exemple d'élaborer et de définir une procédure judiciaire qui en dernière analyse est choisie parmi d'autres possibles. Cette procédure judiciaire, tracée et structurée par la raison, non par la nature, c'est-à-dire non déduite du droit de défense lui-même, imprime des modalités aux rapports entre l'agence et ses clients. De l'adoption de cette procédure spécifique il découle que l'agence, en tant que gestionnaire du service, a désormais le droit d'exiger que ses clients se plient à la procédure privilégiée et participent aux frais requis pour la mise sur pied et le maintien de ce bien commun.

S'agit-il d'un nouveau droit acquis par l'agence en tant qu'administrateur ? Le terme « nouveau » prête à équivoque. Le droit acquis par l'agence, c'est le droit de défense des individus qui lui est confié, mais il contient des modalités spécifiques qui lui viennent du contrat et des contraintes issues du service de protection choisi. À la rigueur, ce n'est pas un nouveau droit, mais un droit déjà existant revêtu de nouvelles déterminations qui précisent l'étendue des pouvoirs octroyés à l'agence. Dans la mesure où ces déterminations sont inscrites dans un contrat librement accepté par les parties en cours, il n'y a aucun problème.

Mais l'État minimal n'est pas une agence comme les autres ; il détient un monopole absolu et il rassemble, à titre de membres, tous les habitants permanents d'un territoire donné. Aussi toute alternative est interdite aux sujets mécontents ; ils ne peuvent adhérer à une autre agence, du moins sur un territoire circonscrit. En outre, il importe de noter que le service de protection défini répond à une nécessité.

Compte tenu de ces observations, il faut affronter la difficulté suivante. S'il arrive que la mise sur pied d'un tel service de protection — pour des raisons d'efficacité, autrement il ne répondrait pas aux attentes — exige un impôt progressif accepté par les uns et rejeté par les autres, de quelle autorité l'État dispose-t-il ? L'État devra traiter ce conflit comme il traite les autres litiges entre ses sujets et trancher le débat en tenant compte des droits de toutes les parties concernées. La difficulté se formule désormais ainsi : le droit de tous à un service de protection nécessaire l'emporte-t-il sur le droit à la propriété privée de certains individus ? Nozick apporte une réponse négative à cette question puisqu'il considère l'impôt progressif comme une violation du droit de propriété privée. Les pratiques du « Welfare State » et la plupart des théories contemporaines, entre autres celle de Rawls, expriment plutôt une opinion contraire à celle de Nozick. La prise de position adoptée par ces dernières se justifie ainsi : puisque les services de protection sont des moyens nécessaires à la sauvegarde des droits fondamentaux à la vie, à la liberté et à la propriété, et puisque les droits à la liberté jouissent d'une priorité sur le droit à la propriété privée, il s'ensuit que l'impôt progressif est juste dans la mesure ou il se fonde sur cette priorité. Dès lors, l'impasse à laquelle conduit la position controversée de Nozick, en ce qui concerne les rapports entre l'État et la société civile d'une part, entre l'État et les services de protection d'autre part, ne peut être écartée que par un examen rigoureux des droits naturels.

Droit naturel

L'interprétation la plus plausible de l'expression « droit naturel » serait la suivante : en tout individu, il y aurait des traits particuliers comme la liberté, la nécessité de s'approprier des biens matériels pour satisfaire ses besoins, etc. ; or l'examen et l'analyse de ces traits indiqueraient à la raison quel est le mode de vie qui sied le mieux à l'homme. À partir d'une réflexion sur ces données relatives à l'être humain, la raison conclurait à la nécessité pour les hommes de se reconnaître mutuellement certains droits fondamentaux. Ces droits seraient dits naturels, non pas en ce sens qu'ils auraient été produits par la nature, mais par les hommes dans le sillage d'une réflexion sur des données fournies par la nature. Seul ce dernier sens évite la contradiction. Dans cette perspective le droit reçoit son sens de la raison qui lit et interprète les données de la nature. Or ces dernières sont indéterminées et ouvrent la porte à diverses lectures qui appellent chacune une justification. Ainsi la donnée de la nature relatives au rapport des hommes aux choses réside dans la nécessité pour l'homme de s'approprier les choses dont il a besoin pour vivre. Mais cette appropriation peut s'effectuer selon diverses modalités depuis la cueillette pure et simple suivie d'une consommation immédiate jusqu'aux diverses formes de propriété qui sont apparues au cours de l'histoire, soit les propriétés tribale, communale, foncière, privée, artisanale, privée capitaliste, etc. Or ces diverses formes de propriété ont toutes été déterminées par la raison au gré des diverses conjonctures, à l'instar de la propriété privée par actions dont l'origine humaine est indéniable.

La dimension sociale du droit de propriété privée

Selon les remarques précédentes, il importe de distinguer entre les activités déployées naturellement par les hommes pour sauvegarder leur vie, leur liberté et s'approprier les biens matériels, et leur intégration à titre de contenu dans un droit. Ce dernier est un produit de la raison et de la volonté. Le rôle de la raison consiste à dégager, à partir des données fournies par la nature, la nécessité, vu la conjoncture toujours sujette à des conflits, d'instaurer un droit ; celui de la volonté, à instituer par une reconnaissance efficace, c'est-à-dire qui se traduit par des activités volontaires une ligne de démarcation entre les activités des uns et des autres. En dernière analyse, tout droit, quel qu'il soit, est institué par une reconnaissance mutuelle. Aussi, ne faut-il pas minimiser le rôle de la raison et de la volonté dans la détermination des droits dits fondamentaux. La raison qui lit et interprète les données de la nature peut se tromper, c'est pourquoi il lui faut appuyer ses conclusions sur une argumentation serrée. Vu la diversité des lectures proposées, la raison doit déployer un raisonnement qui soit susceptible d'entraîner l'adhésion. À toutes fins pratiques, le sens, la portée et la valeur des droits dits naturels reposent sur la solidité de l'argumentation dite rationnelle. Dans ce domaine, l'intuition et les croyances ne sont que suggestives, non probantes.

En ce qui regarde le sens, la portée et la valeur de la propriété privée, Nozick assume le point de vue de Locke sans en explorer les fondements. Pour lui, le droit fondamental, à l'appropriation des biens matériels, se traduit par le droit à la propriété privée.

En faveur de cette opinion, certains auteurs contemporains invoquent l'argumentation suivante : l'homme est le propriétaire privé de son être, il s'ensuit que ses activités et leurs produits, biens ou services, lui appartiennent d'une manière exclusive. Que vaut ce raisonnement ?

L'expression « propriété privée » a d'abord a été employée pour désigner un rapport entre l'homme et les biens qui lui sont extérieurs ; elle signifie que l'homme peut disposer, à son gré et d'une manière exclusive, de certains biens, soit les vendre, les donner, les louer ou les prêter. Un tel rapport convient-il entre l'hymne et son être ? Est-il vrai qu'un individu libre puisse disposer à son gré et d'une manière exclusive de son être comme s'il s'agissait d'un bien extérieur ? Un homme ne peut ni se vendre ni se donner, car ce serait se réduire à l'esclavage, à l'état de chose, ce qui va à l'encontre de sa nature d'être libre. Appliquée à l'homme, l'expression « disposer de soi à son gré », ne peut revêtir qu'une autre signification. Disposer de soi à son gré, c'est se donner un projet de vie et accorder un sens à sa vie, c'est-à-dire lui imprimer une orientation de son choix. D'un autre côté, tout projet de vie n'est effectivement réalisable que par la médiation de la société ; il ne prend corps que dans un milieu où les individus dépendent les uns des autres. De cette dépendance mutuelle, il s'ensuit que chacun doit dans une certaine mesure disposer des autres pour exercer sa liberté, soit bénéficier de leur collaboration. L'étendue du pouvoir de chacun de disposer d'autrui se mesure à la nécessité du degré requis de collaboration ainsi qu'au respect dû à autrui en tant qu'être libre. Lorsque la guerre et la pollution menacent la sécurité de tous, les individus sont moralement obligés les uns envers les autres d'apporter leur contribution pour enrayer le danger. Dès lors, il n'est pas vrai que l'individu puisse disposer de lui-même d'une manière exclusive. Certes, il s'appartient, mais il appartient aussi à sa famille et à la société dont il est membre. À la lumière de ces observations, il importe de reconstruire l'argument sur lequel porte l'investigation.

Voici comment s'énonce ce nouveau raisonnement. Puisque l'être libre ne peut disposer de soi à son gré, soit réaliser son projet de vie, que par la médiation d'autrui qui est aussi un être libre, il s'ensuit, en ce qui concerne l'appropriation des biens matériels à travers cette médiation, que la forme d'appartenance des biens ainsi acquis est déterminée à la fois par les traits spécifiques de l'être libre et les modalités de la médiation. Par voie déductive, cet argument n'autorise qu'une forme indéterminée d'appropriation des biens matériels. Pour parvenir à une forme spécifique, il est nécessaire d'intégrer à la prémisse une médiation particulière.

Deux éléments contribuent à particulariser une médiation : le caractère des biens produits et la forme d'association que requiert leur production. Il est des biens dits communs tels certains services de protection ; ils sont destinés à tous selon les besoins respectifs de chacun et ne peuvent être mis sur pied que par un travail collectif. Il va de soi que ces biens appartiennent à tous, mais non à chacun d'une manière exclusive. Par contre, il est des biens dits privés, en ce sens qu'ils sont divisibles et susceptibles de n'appartenir qu'à un seul individu d'une manière exclusive, tels les biens de consommation courante, nourriture, vêtements, logement ; ils peuvent être acquis de différentes manières selon les formes d'association dérivées du degré de division du travail dans une conjoncture particulière. Les tribus primitives, qui vivent surtout de la chasse et de la pêche, mettent en commun les produits de leurs expéditions, bien qu'il puisse arriver que chacun travaille isolément. Une division du travail des plus rudimentaires et une conjoncture où les aliments ne peuvent être conservés et doivent être renouvelés à de brefs intervalles de temps, se prêtent à cette mise en commun. D'un autre côté, dans les communes primitives où chacun doit pourvoir à sa subsistance par un travail individuel, les produits de son travail lui appartiennent d'une manière exclusive ; la commune met à la disposition de chacun un lot de terre sur lequel il pratique l'élevage et la culture de manière à satisfaire tous ses besoins et ceux de sa famille.

Mais l'embryon de la société contemporaine réside dans une division du travail où chacun se consacre exclusivement à la pratique d'un seul métier ou à la prestation d'un seul service, et compte sur l'échange pour satisfaire l'ensemble de ses besoins. Il s'agit là d'une forme d'association, basée sur l'échange, et dont la structure, pour être avantageuse, postule la propriété privée des biens de production et de consommation. Ainsi la libre disposition de soi, médiatisée par cette forme d'association centrée sur l'échange, autorise, par voie déductive, la propriété privée. Cette dernière ne découle donc pas d'une donnée première, mais de la libre disposition de soi dans une conjoncture déterminée. Ce qui dérive de la donnée initiale, c'est l'appropriation des biens matériels sous une forme encore indéterminée.

Toute association entre êtres libres doit être telle que chacun puisse par sa médiation s'approprier les biens nécessaires à l'exercice de la vie et de la liberté. Telle est la norme fondamentale et ultime à laquelle toute association déterminée doit se plier. Dès lors, si une association déterminée, en l'occurrence le système économique contemporain, régi par le droit de propriété privée et les lois de l'échange, entraîne, par un fonctionnement propre, une répartition des biens telle qu'elle prive une partie de ses membres de ses moyens de subsistance, l'État, qui seul dispose du pouvoir d'agir sur la structure économique, est non seulement autorisé mais encore est obligé d'intervenir et d'apporter les corrections requises. En soi, l'impôt progressif n'est pas une violation du droit de propriété privée, car ce dernier est une norme seconde assujettie au droit fondamental de tout individu à l'appropriation des biens matériels nécessaires à sa vie et à sa liberté.

La justice distributive

Pour Nozick, la justice distributive n'est rien d'autre que la forme de répartition des biens effectuée selon ses principes d'acquisition et de transfert. Au fond, elle est l'équivalent de la justice commutative traditionnelle. Toute distribution des biens qui contrevient aux principes formulés est nulle et non avenue ; la justice est unique et exclusive ; elle ne se divise pas en plusieurs espèces.

Ainsi Nozick s'oppose-t-il farouchement aux principes de justice reconnus à travers maintes pratiques sociales actuelles tels : à chacun selon ses besoins.

Pour qualifier ces principes et les distinguer de ceux qu'il préconise, il emploie plusieurs expressions dont il importe de préciser la signification. Tout d'abord, ces principes ne sont pas historiques comme les siens, en ce sens qu'ils font abstraction dans une certaine mesure des titres d'acquisition et de transfert qui, à travers l'histoire, d'un individu à l'autre, légitiment les propriétés actuelles ; en effet, ils s'appliquent à une conjoncture découpée dans l'histoire où les individus sont considérés et traités selon leur avoir actuel, peu importe les modalités selon lesquelles ces avoirs se sont constitués : travail acharné ; héritage ; achat ; etc. Ainsi, l'impôt perçu selon le principe « à chacun selon ses moyens » ne tient compte que de la somme des revenus sans prendre en considération le surcroît de travail qu'un individu s'est imposé pour accroître son avoir. Il qualifie ces principes « current time-slice principles », c'est-à-dire qui s'appliquent aux avoirs tels qu'ils se présentent dans la conjoncture qui se définit comme la tranche actuelle du temps.

Saisis sous cet aspect, ces principes violent le droit de propriété. Si un individu jouit d'un revenu plus élevé ou de richesses plus considérables parce qu'il travaille 14 heures par jour plutôt que 6 et parce qu'il s'est abstenu de se livrer à des loisirs coûteux, le gouvernement ne peut lui prélever un impôt plus élevé que celui qu'il exige de son voisin qui a moins travaillé et moins épargné, sans violer le droit de chacun au produit de son travail. Le travail supplémentaire apparaît ainsi comme un travail forcé dont une portion notable du produit bénéficie surtout à autrui.

Un autre trait caractéristique des principes qui se formulent « à chacun selon... » est souligné dans l'expression « end result principles », soit des principes ordonnés à une fin. Ces principes sont conçus par Nozick, comme des modèles (*patterns*) selon lesquels une distribution doit être effectuée pour répondre à une fin, comme récompenser les mérites ou satisfaire des besoins.

C'est surtout sous la formule « à chacun selon ses besoins » que ce modèle intervient dans les pratiques sociales, entre autres dans les systèmes d'assurances obligatoires pour tous. Ce que reproche Nozick à un modèle de ce genre, c'est qu'il opère une dissociation entre la contribution et la distribution ; cette dernière est pour ainsi dire indépendante de la première. Un tel principe autorise certains individus à recevoir des biens et des services *au prorata* de leurs besoins sans tenir compte du montant de leurs cotisations ; et par le fait même, dans son application, il nécessite une redistribution où certains perçoivent moins que leur contribution et d'autres plus ; ce qui va à l'encontre de la justice commutative, la seule vraie.

Pour saisir le bien-fondé du raisonnement de Nozick, il importe de situer les principes, assimilés à des modèles, dans le contexte où ils sont invoqués, à savoir la mise sur pied de certains services de protection jugés nécessaires, comme le système judiciaire, l'armée et l'infrastructure matérielle d'un milieu de vie commun à tous les membres de la société. Selon Nozick, ces biens communs peuvent être institués dans le cadre de la justice stricte, sans faire appel à ces modèles.

L'exemple qu'il privilégie, c'est l'instauration d'un système judiciaire qui conduit à l'établissement d'un État minimal. Conformément au processus décrit dans la première partie de ce chapitre, le système judiciaire, tel qu'il existe, aurait pu naître par la voie du libre marché, à la façon d'un monopole. Mais le système judiciaire, ainsi institué à la façon d'un monopole, pour se maintenir à travers une conjoncture sans cesse changeante, ne serait-ce que pour ajuster les cotisations au flux de l'économie, devra apporter de nouvelles offres à ses clients. Ainsi, le nouveau montant de la cotisation, selon les règles du jeu, sera en définitive fixé par la majorité, et puisqu'il s'agit d'un monopole, la minorité n'aura qu'à se plier à cette décision qui n'est pas la sienne. Il en serait de même pour l'armée si elle avait été mise sur pied par la voie du libre marché : c'est une majorité qui déciderait de son degré de sophistication et par suite du montant de la contribution exigée de chacun. En conséquence, les individus minoritaires, dont le revenu est peu élevé, sont loin de répartir leur budget comme ils l'entendent. S'ils avaient le choix, ils préféreraient une armée moins sophistiquée et moins coûteuse. L'État, en tant que représentant de la majorité, a-t-il le droit d'imposer à la minorité le versement de tel montant pour un service que cette dernière préférerait différent et moins dispendieux ? En l'occurrence, il serait invraisemblable de rétorquer que la minorité demeure libre d'instaurer un autre système judiciaire, ou une autre armée, qui répondrait mieux à leurs moyens, comme cela se produit en ce qui concerne les assurances privées contre les risques d'incendie par exemple. Dès lors l'État, en tant que gestionnaire d'un bien commun indispensable qui échappe désormais à la concurrence, ne peut fonctionner autrement que par les décisions de la majorité, qui deviennent obligatoires pour tous.

Imaginons un autre scénario où les individus ne s'affrontent plus en tant que vendeurs et clients, mais se rencontrent et discutent en vue d'adopter une décision commune relative à la mise sur pied d'un service de protection. À la suite d'un longue série de débats, ils en viennent à un consensus majoritaire sur la qualité du service qu'ils veulent instaurer et sur les moyens de le financer. En ce qui concerne ce dernier point, ils optent pour un impôt proportionnel aux moyens de chacun qui, selon eux, s'avère le seul moyen efficace d'établir le bien commun désiré. Certes, ceux qui versent un montant plus élevé que les autres s'estimeront lésés dans leur droit de propriété.

Un examen comparatif des deux scénarios autorise les remarques suivantes. Dans un cas comme dans l'autre, une majorité impose sa volonté à une minorité, et les décisions sont prises en vue d'une fin visée, soit l'institution d'un bien commun jugé nécessaire, et certains individus sont contraints de payer plus qu'ils ne voudraient. En ce qui regarde ce dernier point, il subsiste néanmoins une différence : selon le premier scénario, tous paient le même montant ; selon le second, certains paient plus que d'autres.

L'argumentation de Nozick est principalement axée autour de l'impôt proportionnel. Il lui apparaît injuste d'exiger des uns plus que des autres pour le même service, car c'est effectuer une redistribution qui avantage les uns au détriment des autres. Toutefois, malgré les apparences, le premier scénario est aussi le lieu d'une certaine redistribution ; en effet, la majorité puise dans les avoirs de la minorité une cotisation supérieure à celle qui serait suffisante pour la mise sur pied du service tel que cette dernière le souhaiterait et ce, pour un service avec la qualité voulue par la majorité. La minorité est ainsi contrainte de payer pour un surcroît qualitatif dont elle se passerait.

Aussi, quel que soit le scénario adopté, l'instauration d'un bien commun nécessaire s'effectue, d'une part, dans la presque totalité des cas, selon les modalités décidées par la majorité et imposées à tous, et, d'autre part, se fonde sur la coordination d'une multitude de tâches et d'apports divers et complémentaires, irréductibles à un dénominateur commun, qui nouent un lien de solidarité entre les individus. C'est pourquoi l'institution d'un bien commun ne peut répondre aux normes de la justice commutative qui exigent un consentement sans contrainte et une égale participation de tous pour un même service. Cette inadaptation est compréhensible. Dans l'échange, les finalités visées par chacun des participants sont marginales ; ce qui autorise l'opération, c'est l'équivalence des marchandises. Au contraire, dans l'institution d'un bien commun, l'élément qui mesure le processus, c'est le bien commun lui-même en tant qu'il s'avère l'objectif recherché par tous et chacun. Aussi, dans ce dernier cas, les principes de justice sont déterminés à partir des conditions nécessaires qu'entraîne la poursuite de la fin. Et ces principes, bien qu'il en rejette le bien-fondé, Nozick les qualifie avec justesse d'« end result principles ». Sans une participation proportionnelle, les biens communs nécessaires ne pourraient être mis en place ; ils représentent donc une forme spécifique de justice dite distributive en ce sens qu'elle assigne à chacun la part qu'il doit fournir selon les nécessités de la fin.

Les modalités de la répartition des avantages que comporte le bien commun sont aussi un point important de cette démonstration. Tout bien commun est ordonné à satisfaire des besoins. Parmi ceux-ci, il en est qui sont indivisibles en ce sens que tous en profitent également, comme la sécurité que procure l'armée, mais il en est d'autres qui sont divisibles, car ils ne sont pas les mêmes chez tous et varient selon les individus, comme les besoins relatifs à l'état de santé. Le principe « à chacun selon ses besoins » concerne ces derniers. Il est évident qu'un tel principe ne peut être entériné par la justice commutative qui requiert l'équivalence entre ce qui est donné et ce qui est reçu. Il ne peut se justifier que dans la perspective d'un bien commun assumé par la collectivité et dont les ressources sont définies en fonction des besoins inégaux des individus. La réalisation d'un tel objectif a donné lieu à une technique spécialisée, à l'établissement d'une forme de solidarité qui consiste à répartir sur l'ensemble des individus le coût des maux qui surviennent à l'un ou l'autre d'entre eux dans certaines conditions. L'adoption volontaire de cette technique par la collectivité crée chez les membres de cette dernière l'obligation morale de souscrire au principe, à chacun selon ses besoins. Cette obligation ressortit à la justice fondée sur la solidarité, soit la justice distributive.

Tout comme celle de Hayek, la société imaginée par Nozick est unidimensionnelle. Sa configuration globale réside exclusivement dans un espace protégé par des interdictions où les individus peuvent réaliser leurs projets personnels en traversant des rapports de forces dont l'issue est en grande partie déterminée par les habiletés respectives de chacun ; elle met entre parenthèses le secteur des activités où les individus nouent des liens de solidarité en vue de l'obtention de certains bien jugés nécessaires. Les règles qui président au jeu des forces et celles qu'impose la solidarité ne sont pas les mêmes. La solidarité n'est pas une espèce d'échange, mais une mise en commun d'activités, de biens et de services où chacun peut puiser moyennant l'observance de certaines conditions que déterminent les principes de la justice distributive. La société comporte toujours deux dimensions principales, l'une marquée par le libre marché, l'autre par la solidarité ; c'est méconnaître sa véritable nature que de privilégier l'une au détriment de l'autre. Le néo-libéralisme réduit la société à un vaste marché libre, tandis que le communisme n'y voit qu'un ordre organisé selon les exigences de la solidarité. En pratique, malgré les controverses théoriques persistantes, ces deux dimensions sont effectivement reconnues par la plupart des nations civilisées.

Jugement global

Le scénario de Nozick, bien qu'il soit imaginaire, n'en est pas moins découpé à l'intérieur d'une période historique déterminée et retient les traits spécifiques de la société marquée par le libéralisme économique. Les agences de protection auxquelles adhèrent les individus dans l'État de nature possèdent les caractéristiques de compagnies d'assurances modernes qui supposent la reconnaissance du droit de propriété privée tel qu'il est en vigueur aujourd'hui. Au droit de propriété privée prévalant à une période historique déterminée, le scénario confère un caractère fondamental et universel. Il s'agit là d'une extrapolation injustifiée, car le droit de propriété privée ne dérive pas d'une donnée première et universelle, mais de la libre disposition de soi telle qu'elle s'exerce par la médiation d'une société particulière. Le rapport individu-société issu de la nature n'autorise par déduction que le droit à l'appropriation des biens matériels sous une forme indéterminée ; quant au droit de propriété privée, il s'enracine dans un rapport individu-société dont les caractères spécifiques sont déterminés par les pratiques sociales issues de la raison et de la volonté des hommes aux prises avec les problèmes que suscite le milieu de leur vécu. Le droit de tout individu à l'appropriation des biens matériels nécessaires à la conservation de sa vie et à l'exercice de sa liberté sert de norme ultime à laquelle toutes les formes déterminées d'appropriation doivent s'assujettir ; autrement les exigences, issues de la nature du rapport individu-société initial, ne seraient pas remplies. Dès lors, si un système économique comme le nôtre n'a pas pour effet d'implanter les conditions nécessaires pour que tous puissent acquérir les biens premiers, il ne répond pas à la norme. Aussi en un tel cas, l'État, en vertu du mandat qui lui est conféré, soit de créer un milieu favorable à l'exercice de la liberté de chacun, a non seulement le droit mais encore l'obligation d'intervenir par des politiques appropriées.

L'autonomie qu'a revêtue le système économique libéral au cours de l'histoire est un produit imprévu des pratiques sociales adoptées par les individus ; aussi n'est-elle que relative et par suite perméable aux correctifs que l'État lui apporte en tant que mandataire des intérêts de tous et de chacun. Nozick confère une valeur absolue, éternelle et immuable à cette autonomie du système économique et au droit de propriété qui le régit ; ce qui le conduit à minimiser le rôle dévolu à l'État.

CHAPITRE III

JOHN RAWLS : JUSTICE ET STRUCTURE SOCIALE

Remarques préliminaires

Face au néo-libéralisme, dont Hayek et Nozick sont les représentants les plus connus, se dresse un courant de pensée dont John Rawls est sans contredit la figure de proue. Alors que les néo-libéraux accordent à la nature ou à une quasi-nature le rôle prépondérant dans la formation des droits, John Rawls insiste sur le fait que les droits ne revêtent leur pleine signification que par la médiation d'un savoir et d'un vouloir communs aux membres d'une collectivité. Les droits ne sont plus livrés par la métaphysique ou l'ontologie, mais par les décisions concertées des humains, et ainsi ils relèvent plutôt de la politique. Par le biais de cette prise de position, il se rapproche sensiblement, sans toutefois s'y identifier, de ceux qui classent les droits parmi les constructions du savoir moral et pratique. Bien qu'il « flirte » souvent avec ce dernier, il garde néanmoins ses distances, car il préconise une méthode d'approche où l'abstraction joue un rôle de premier plan, alors que ce savoir s'exerce à travers les conflits qui exigent une réponse immédiate et circonstanciée et ne met jamais entre parenthèses les données disponibles. Tout considéré, sa pensée est de l'ordre du savoir théorique et non du savoir pratique au sens strict. Il est d'ailleurs conscient de cette signification attachée à son œuvre puisqu'il l'intitule *Théorie de la justice.*

Le principal objectif de la théorie de John Rawls est le suivant : établir des principes de justice qui soient applicables à la structure de base de la société, de telle sorte que les activités qui se plient aux règles de fonctionnement de cette dernière soient justes, c'est-à-dire respectueuses des intérêts individuels de tous et de chacun.

Ce projet se déroule en deux phases : l'une vise à déterminer le contenu des principes ; l'autre à manifester le fondement de leur caractère obligatoire. Énoncer et démontrer quels sont les principes qui rendent une structure juste, et rendre compte de leur caractère obligatoire constituent deux opérations distinctes.

Pour Rawls, de tels principes, tant au point de vue de leur contenu que de leur caractère obligatoire, ne dérivent ni de la nature ni d'une vérité évidente par elle-même ; ils ne peuvent être que le produit d'une entente entre plusieurs volontés, soit d'une décision collective. Aussi la formule du contrat se prête-t-elle à l'une et l'autre opération bien que la teneur et la portée de chacune de ces dernières ne soient pas identiques. La première relève d'un savoir construit de toutes pièces à l'intérieur d'une situation imaginée ; la seconde réside dans un savoir moral et pratique apparenté à ce qui a déjà été défini dans le premier chapitre. En effet, selon Rawls, l'incorporation des principes dans la structure s'effectue par le canal des assemblées constituante et législative dont les décisions reposent sur un savoir conjoncturel de leurs agents. Au cours de la première phase, les individus, sans aucun mandat de la société qui rendrait leurs décisions obligatoires, se placent dans une situation imaginaire favorable à la spécification pure et simple des principes susceptibles de rendre une société juste ; dans la seconde, mandatés par la communauté, les agents incorporent ces principes dans la structure de base et ainsi leur confèrent un caractère obligatoire. Dans la situation originelle, les individus se rassemblent en vue d'un accord sur la nature du projet de société à réaliser, sur la forme de société dans laquelle ils veulent vivre, cette première démarche s'achève dans un consensus sur un projet ; la réalisation de ce projet relève d'une opération subséquente. Ce projet se concentre dans la détermination des principes de justice destinés à informer la structure de base.

La détermination des principes par voie contractuelle est une entreprise de taille. En effet, non seulement faut-il que les agents parviennent à un consensus, mais encore faut-il que les principes sur lesquels ils s'accordent se conforment au concept de justice et s'ajustent aux exigences de la structure de base. Pour Rawls, une telle entente est possible si elle est conclue à l'intérieur d'un contexte bien défini qu'il appelle « situation initiale ». Ce contexte revêt une importance considérable, car il constitue la principale garantie du succès de l'opération.

La situation originelle est dite « hypothétique » en tant qu'elle est une construction de l'esprit. Elle résulte d'une double opération : une qui élimine tout ce qui distingue et sépare les individus et qui par suite est susceptible d'infléchir leur jugement et leur vouloir dans une fausse direction ; l'autre qui dégage les connaissances que tous les agents doivent posséder en tant qu'elles sont le point de départ de leur argumentation. Le but de cette double opération est d'instituer une procédure équitable, c'est-à-dire qui, d'une part, respecte la volonté de chacun des agents et les autorise à participer également au processus décisionnel et, d'autre part, est telle qu'elle génère un consensus. À l'intérieur de cette procédure, l'état des connaissances des agents et l'horizon des projets à la portée de leur vouloir et de leur pouvoir sont identiques et logiquement amenés à poser telles lignes de conduite et à les reconnaître comme obligatoires.

Le voile d'ignorance[1]

La première opération consiste à jeter un voile d'ignorance sur certaines informations relatives soit à la société, soit à l'individu en tant que tel. Les individus ignorent s'ils appartiennent à une société capitaliste ou socialiste, monarchique ou démocratique ; les caractères spécifiques de la société dans laquelle ils vivent leur échappent. Ils ne connaissent ni leur statut social ni leur métier ou leur profession ; ils ne savent pas quels sont leurs talents ou leurs aptitudes, s'ils sont riches ou pauvres, s'ils sont doués d'un heureux tempérament ou non, s'ils ont le goût du

1. John Rawls, *Théorie de la justice*, traduction de C. Audard, Paris, Seuil, 1987, p. 44-47.

risque et l'esprit d'initiative, etc. Bref ils n'ont aucune idée de leur sort présent, passé ou futur.

Les informations nécessaires

En revanche, ils doivent posséder toutes les informations nécessaires à l'accomplissement de la tâche qui leur incombe, soit déterminer des principes de justice qui soient applicables à la structure de base. Dès lors, il faut qu'ils soient conscients de ce qui suit.

L'expression « principes appliqués à une structure » signifie que les principes s'intègrent à la structure comme une forme à une matière et constituent avec cette dernière un tout spécifique. Toute forme destinée à être introduite dans une matière doit répondre à une double exigence : l'une vient de la fin qui lui est assignée, l'autre de la matière à laquelle elle doit être appliquée.

En l'occurrence, la fin des principes de justice, c'est de rendre l'ordre social juste, soit tel que les activités qui en dérivent se conforment au concept de justice, c'est-à-dire maintiennent un équilibre adéquat entre les revendications concurrentes. D'un autre côté, les individus doivent tenir compte des traits caractéristiques communs à toute société dans la mesure où ils conditionnent le contenu des principes applicables à la structure de base. Voici ces principaux traits. Toute association est établie en vue des avantages qu'elle comporte ; ces derniers dépendent de son efficacité. Elle est aussi le lieu de nombreux conflits engendrés par l'opposition des intérêts individuels. La structure de base de la société, au même titre que cette dernière, est un moyen nécessaire en vue d'une fin, soit les intérêts propres des individus ; elle est donc subordonnée aux projets de vie de tous et de chacun. Elle se répartit en deux régions, l'une économique, l'autre politique. La sphère économique comme lieu de l'organisation du travail et de la répartition des biens dans une conjoncture marquée au coin de la rareté, se caractérise, vu l'inégalité des agents en ce qui concerne les talents, les positions et les richesses, par une inégalité dans la distribution des produits du travail. La sphère politique, ordonnée à la défense et à la promotion des droits fondamentaux à la vie, à la liberté et à l'appropriation des biens matériels, comporte une organisation hiérarchique et des mécanismes de décision qui ont pour effet d'instaurer des rapports de domination entre les individus.

Un bref examen de ces traits révèle des points chauds dont il est nécessaire de tenir compte dans la détermination du contenu des principes. Entre autres, où se situe le point de compatibilité entre l'efficace et le juste ? Dans quelle mesure l'inégalité des chances et la domination sont-elles tolérables du point de vue de la justice ?

Pour renforcer son hypothèse que, dans cette situation initiale, les individus égaux, disposant des mêmes informations, et uniquement de celles-là, saisissant les mêmes problèmes, en viendront à une entente unanime sur le contenu des principes, Rawls ajoute deux autres caractéristiques propres aux agents. D'abord, chacun n'est mû que par son intérêt propre, mais comme ce dernier est indéterminé, il devient identique pour tous. Ensuite, chacun est rationnel, c'est-à-dire qu'il recherche les principes qui lui garantissent le meilleur sort possible dans une conjoncture marquée au coin d'une grande incertitude.

Justice procédurale pure[2]

Selon Rawls, l'information de la structure et des principes doit se traduire par une justice procédurale pure. Le tout, constitué par l'union de la structure des principes, doit être tel que les activités qui en dérivent, quelles que soient les intentions des agents, soient à la fois efficaces et justes. Bref, il faut que l'efficace et le juste découlent du tout comme un effet d'une cause. Ainsi, en économie, le juste prix est déterminé en vertu même des principales procédures du système, soit la loi de l'offre et de la demande, et la libre concurrence. Les contractants doivent avoir présent à l'esprit et respecter ce schème (l'exemple excepté) ; c'est une donnée préalable à l'entente qui doit les guider dans leur recherche, en tant qu'elle est l'objectif ultime visé par le contrat.

2. *Ibid.*, p. 115-220.

L'argumentation

Selon Rawls, l'argumentation déployée est de l'ordre de la déduction. Certes, il ne peut s'agir de la déduction telle que la conçoivent les mathématiciens et les géomètres selon laquelle le raisonnement se déroule à partir d'une prémisse saisie d'une manière exhaustive. Une telle argumentation est impensable en éthique. Le contenu des faits généraux qui servent de point de départ au raisonnement ne peut jamais être saisi dans son exhaustivité. Néanmoins, puisque les faits généraux entraînent des conséquences prévisibles, ils autorisent une certaine forme de déduction. Par exemple, d'une part les inégalités sont inévitables, d'autre part, elles peuvent être aménagées de façon à produire des avantages pour tous et chacun, et dans ce dernier cas elles se plient au concept de juste. Il s'ensuit qu'un principe de justice devra entériner les inégalités pourvu qu'elles tournent à l'avantage de tous et de chacun. Si la structure de base est ordonnée aux libertés fondamentales des individus comme à une fin, il va de soi qu'elle doive leur être assujettie. Si des principes différents semblent convenir, comment les choisir ? Voici la règle. Les principes proposés seront toujours évalués à partir des effets de leur application à la structure en regard des libertés fondamentales des individus. Par exemple, si l'on applique le principe préconisé par l'utilitarisme classique, que s'ensuit-il ? Selon l'utilitarisme classique, est juste ce qui contribue à l'accroissement global de satisfactions éprouvées par l'ensemble de membres de la société, sans tenir compte des modalités quantitatives de leur répartition entre les individus. Il s'ensuit qu'à la rigueur une activité puisse augmenter la quantité globale de satisfactions et ait pour effet concomitant de violer les droits fondamentaux de certains individus ; ce qui est inacceptable dans la perspective des énoncés précédents. Un tel principe n'est pas un principe de justice.

Les jugements bien pesés[3]

Les principes choisis au terme de l'entente conclue dans la situation initiale sont appelés à passer au crible des jugements

3. *Ibid.*, p. 47-68.

bien pesés. En quoi consistent de tels jugements ? Les individus, quel que soit le degré de leurs connaissances théoriques dans le champ de l'éthique, possèdent un sens de la justice qui, à la lumière d'une théorie particulière ou non, les incite à poser tel jugement sur des contenus relatifs à la justice. Ainsi la plupart des individus reconnaissent que tout homme possède un droit fondamental à la vie, à la liberté et à l'appropriation des biens matériels ; que l'État a le droit de prélever des impôts, du moins à l'intérieur de certaines limites ; que nul n'a le droit d'exploiter autrui ; etc.

Les jugements seront qualifiés de bien pesés si leur énoncé n'est pas infléchi par l'émotivité, une mauvaise intention ou par l'ignorance de certains éléments pertinents ; bref, s'ils ont été formulés dans des circonstances favorables à l'exercice du sens de la justice. En outre, ils doivent répondre à une autre condition, soit être en « équilibre réfléchi[4] ».

> On peut parler d'équilibre parce que nos principes et nos jugements finissent par coïncider et il est le résultat de la réflexion, puisque nous savons à quels principes nos jugements se conforment et que nous connaissons les prémisses de leur dérivation[5].

Les jugements bien pesés sont donc ceux qui sont saisis d'une manière explicite dans leur accord avec les principes de justice choisis dans la situation initiale. Ainsi, mon jugement, que tout être libre jouit de certains droits fondamentaux inaliénables, est dit bien pesé, si je le saisis, par la réflexion, dans son équivalence au premier principe de justice proposé par Rawls.

Cette dernière opération est pour ainsi dire une contre-épreuve à laquelle sont soumis les principes de justice. Si elle est couronnée de succès, elle a pour effet d'intensifier notre adhésion aux principes. Si elle requiert une rectification des jugements, et si celle-ci est effectuée, le résultat final sera le même. L'introduction d'une telle opération manifeste chez Rawls le souci d'établir une certaine continuité entre le sens de la justice des individus, qui se plie souvent aux données de l'intuition, et les principes déduits

---

4. *Ibid.*, p. 71.
5. *Ibid.*, p. 47.

correctement à l'intérieur d'une situation hypothétique favorable à un raisonnement plus rigoureux. La convergence obtenue en ce qui concerne une matière contingente comme celle de l'éthique, réduit la marge d'indétermination résiduelle que la compréhension de la liberté, à l'encontre de celle du nécessaire, laisse toujours traîner derrière elle.

Les principes de justice

Dans une première esquisse, John Rawls établit les principes que choisiraient, selon lui, les agents placés dans la situation initiale.

Un ordre social est juste s'il atteint les objectifs suivants : assurer à tous et à chacun la jouissance des libertés fondamentales ; être structuré de telle sorte que les inégalités inévitables entre les agents tournent à l'avantage de tous et de chacun. La réalisation du second objectif s'obtient par l'application du principe de différence ; celle du premier par l'introduction du principe suivant, dit premier : « Chaque personne doit avoir un droit égal au système de libertés de base égales pour tous qui soit compatible avec le même système pour les autres[6]. »

Le premier principe

Tel qu'énoncé, malgré son apparente simplicité, ce principe, pour être bien compris, appelle plusieurs explications.

« Chaque personne doit avoir un droit égal... » Les individus sont ici considérés selon un trait qui leur est commun : ils sont des êtres libres, des personnes, et c'est en tant que tels, non selon leurs particularités, qu'ils doivent avoir un droit égal, c'est-à-dire qui n'est pas plus grand chez les uns que chez les autres.

L'expression « système de libertés de base égales » nécessite aussi des précisions. Que faut-il entendre par « libertés de base » ?

---

6. *Ibid.*, p. 91-95.

> Parmi elles les plus importantes sont les libertés politiques (droit de vote et d'occuper un poste public), la liberté d'expression, de réunion, la liberté de pensée et de conscience ; la liberté de la personne qui comporte la protection à l'égard de l'oppression psychologique et de l'agression physique (intégrité de la personne) ; le droit de propriété personnelle et la protection à l'égard de l'arrestation et de l'emprisonnement arbitraire[7].

Au fond, ces diverses libertés se ramènent à trois catégories : liberté politique ; de la personne ; d'accès à la propriété.

Ces libertés sont dites de base à un double titre. D'abord, un individu ne peut être dit libre, selon la signification rigoureuse du terme, s'il ne jouit pas de ces trois formes de liberté. Ensuite, elles constituent le fondement des autres expressions de la liberté, comme celles dont bénéficient les citoyens des sociétés privilégiées. Les libertés d'accès aux soins médicaux et à la propriété privée s'enracinent respectivement dans la liberté de la personne qui inclut l'intégrité corporelle et dans la liberté d'appropriation des biens matériels.

Ces diverses formes de liberté ne sont pas simplement juxtaposées, elles se rassemblent en un système. Tout système, selon une définition minimale, comporte un ensemble d'éléments qui se conditionnent les uns les autres et qui par suite constituent un tout. Ainsi, dans le système économique, la production est conditionnée par la demande, celle-ci par les revenus et les préférences, les revenus par l'emploi, ce dernier par les investissements, etc.

La liberté implique un pouvoir décisionnel dont l'exercice à un niveau dépend de son exercice aux autres niveaux. En tant que personne, je suis libre de me tracer et de réaliser un plan de vie propre ; mais cette liberté est conditionnée à la fois par mon degré de liberté politique et de liberté d'accès aux biens matériels. En tant que membre de la société, mon pouvoir décisionnel doit se traduire par une certaine participation active à la gestion de la communauté à laquelle j'appartiens. Autrement, les autres décideront pour moi de l'orientation de la vie sociale et cette

7. *Ibid.*, p. 92.

domination débordera sur mon autonomie et mon projet de vie, car ce dernier est médiatisé par le milieu social. De même, les conditions d'accès aux biens matériels nécessaires à la vie doivent être telles que je puisse me les approprier selon mon vouloir et mon travail. Si les richesses sont réparties de façon si inégale qu'elles sont hors d'atteinte de mon pouvoir, ma liberté, en tant que personne, sera fortement compromise.

Enfin, chaque personne a droit à un système de libertés qui soit compatible avec le même système pour les autres. Un exemple illustrera la portée de cet énoncé. Le système de libertés prévalant au Moyen Âge ne remplissait pas cette condition. La liberté reconnue au seigneur l'autorisait à considérer et à traiter le serf comme une quasi-propriété ; par le fait même, elle déniait au serf la même liberté. La liberté du seigneur était incompatible avec une même liberté chez le serf. Par cette précision, Rawls veut signifier que la liberté des uns n'a d'autre limite qu'une égale liberté chez les autres.

L'application de ce principe à la structure, à l'instar de toute autre, suppose deux conditions : que les individus puissent agir sur la structure, ce que l'histoire démontre ; que les individus se reconnaissent mutuellement au préalable le système de libertés de base autorisé.

Le principal effet de l'application du premier principe à la structure s'énonce ainsi : puisque la structure de base est un moyen en vue de sauvegarder et de promouvoir les libertés de base, et puisque tout moyen est assujetti à la fin pour laquelle il est posé et construit, il s'ensuit qu'en aucun cas les libertés de base ne doivent être sacrifiées à l'efficacité de la structure. L'obtention de gains économiques plus grands pour l'ensemble de la population n'est pas une raison suffisante pour justifier la perte des libertés de base pour un ou plusieurs individus. L'équilibre adéquat entre les revendications concurrentes exige que tout individu soit assuré au moins de jouir de ses libertés de base. En tant qu'intégré à la structure de base, le premier principe fixe une limite à ne pas franchir aux compromis à établir dans le jeu des forces inégales autorisé par la société.

Le principe de différence[8]

> En second lieu, les inégalités sociales et économiques doivent être organisées de façon à ce que, à la fois, a) l'on puisse raisonnablement s'attendre à ce qu'elles soient à l'avantage de chacun et, b) qu'elle soient attachées à des positions et à des fonctions ouvertes à tous[9].

Pour bien saisir la partie de ce second principe, il importe de préciser quel aspect de la structure de base il concerne principalement.

> Ainsi nous distinguons entre les aspects du système social qui définissent et garantissent l'égalité des libertés de base pour chacun (le système judiciaire, la constitution) et les aspects qui spécifient et établissent des inégalités sociales et économiques (le libre jeu des forces)[10].

Dans le texte cité, le terme « aspects » désigne certains traits de la structure qui en eux-mêmes, sans correctifs, sont susceptibles de produire des effets contraires aux attentes reconnues des agents. Ainsi, à titre de moyen, le système économique peut être utilisé par certains au détriment des libertés de base des autres ; ce qui se produit si les agents, dans un contexte de rareté, accumulent une telle quantité de richesses que les autres puissent difficilement s'approprier les biens nécessaires à leur vie ; ou encore, si le pouvoir décisionnel, au niveau politique, se concentre d'une manière quasi exclusive entre les mains de quelques-uns. L'application du premier principe comble en partie cette indétermination.

Mais le premier principe est insuffisant et il appelle un complément. En effet, si certains agents peuvent ordonner la structure à leurs propres fins, au détriment des libertés de base des autres, c'est que l'organisation sociale se prête à un jeu de forces inégales. Aussi l'application du second principe vise-t-elle à réglementer ce jeu de forces, de façon à ce qu'il n'ait pas pour résultat la violation des libertés de base des plus faibles. Il y a

---

8. *Ibid.*, p. 91-106.
9. *Ibid.*, p. 91.
10. *Ibid.*, p. 92.

donc un ordre de priorité entre les deux principes. Le premier principe se rapporte à la fin même de toute association politique et économique, et ainsi, la structure de base, à titre de moyen, doit lui être complètement assujettie. Quant au second principe, il vise surtout à déterminer les modalités par lesquelles la structure de base, tout en conservant ses traits caractéristiques et nécessaires, s'ajuste à la fin qui lui est assignée. C'est pourquoi le second principe doit être analysé en regard des exigences esssentielles de la structure de base qui le concernent en particulier.

L'argumentation en faveur du second principe[11]

La structure de base, en tant que moyen nécessaire, comporte une exigence dont il faut absolument tenir compte : son efficacité. Si l'association ne produit pas d'avantages, elle est inutile. Les principes de justice doivent donc être compatibles avec cette efficacité.

Rawls amorce son argumentation par l'examen du principe d'efficacité proposé par les économistes. Il l'interprète ainsi :

> Une configuration est efficace s'il est impossible de la modifier de telle sorte que l'on puisse améliorer la condition de certaines personnes (d'une au moins) sans en même temps aggraver celle d'autres personnes[12].

Par exemple, le libre-échange est autorisé jusqu'au point limite où il ne contribuerait plus à augmenter les richesses de certains entrepreneurs sans avoir pour contrepartie un accroissement du nombre de chômeurs. À l'inverse, les mesures protectionnistes pour préserver et accroître le niveau de l'emploi sont admissibles jusqu'au point limite où elles se réaliseraient au détriment des intérêts des consommateurs et des entrepreneurs.

Pour Rawls, un tel principe véhicule une injustice s'il assume une position initiale où les inégalités sont attribuables à des contingences purement sociales, par exemple si elles résultent de l'appartenance à une classe plutôt qu'à une autre. Sans doute,

11. *Ibid.*, p. 48-106.

12. *Ibid.*, p. 98.

la division de la société en classes distinctes a jusqu'à ce jour paru inévitable, et ce pour diverses raisons que je n'examinerai pas ici, mais il est contingent que tel individu appartienne à telle classe plutôt qu'à telle autre. À la suite de cette contingence, il arrive que des individus, dont le talent naturel est égal, ne disposent pas tous des mêmes moyens pour développer leurs aptitudes. Il arrive que des individus, appartenant à une classe défavorisée, ne puissent, par manque de moyens financiers, actualiser selon les attentes normales le potentiel dont la nature les a pourvus. Aussi lorsqu'ils se présentent sur la ligne de départ de la course pour la vie, ils sont dans un état d'infériorité vis-à-vis des autres dont le talent naturel était pourtant égal au leur. Pour Rawls, cette situation initiale est injuste, car le bris de l'égalité première s'enracine dans la division de la société en classes. Une telle division, bien qu'inévitable, si elle peut être atténuée dans ses effets, doit l'être ; autrement, la société irait à l'encontre de sa finalité, car elle empirerait la situation de certains groupes d'individus au lieu de l'améliorer ; elle introduirait de l'inégalité là où il n'y en avait pas. Or elle peut être corrigée dans ses effets par l'application du principe de la juste égalité des chances selon lequel « les attentes de ceux qui ont les mêmes capacités et les mêmes aspirations ne devraient pas être influencées par leur classe sociale[13] ».

L'application de ce principe nécessite l'imposition de « conditions structurales de base supplémentaires au système social ».

> Les dispositions du marché libre doivent être placées dans le cadre d'institutions politiques et légales qui règlent les courants principaux de la vie économique et qui préservent les conditions sociales nécessaires à la juste égalité des chances. Les éléments de ce cadre sont assez bien connus, quoiqu'il vaille peut-être la peine de rappeler l'importance qu'il y a à empêcher les accumulations excessives de propriété et de richesse et à maintenir des possibilités égales d'éducation pour tous. Les chances d'acquérir la culture et des compétences techniques ne devraient pas dépendre de notre situation de classe et ainsi le système scolaire, qu'il soit public ou privé, devrait être conçu de manière à aplanir les barrières de classes[14].

---

13. *Ibid.*, p. 104.

14. *Id.*

Ces mesures ont pour effet de rétablir l'égalité naturelle et par là de redresser une situation indûment modifiée par des contingences sociales.

Par contre, il y a des inégalités naturelles qui ne peuvent en aucune façon être réduites de façon à ce que chacun des agents puisse disposer d'un égal potentiel à celui des autres. À leur naissance, les individus se distinguent par leur degré d'intelligence, leurs dispositions corporelles, leur état de santé, leurs divers talents, de telle sorte que les moins doués, malgré les avantages dont la société les rend bénéficiaires, ne pourront jamais atteindre le niveau de développement accessible aux plus doués. Or qu'un individu soit plus doué, c'est attribuable à un hasard naturel.

Vu leur irréductibilité et leur origine purement naturelle, ces inégalités, qui caractérisent la situation initiale, soit l'état de leurs forces au moment de s'engager activement dans la lutte pour la vie (à ne pas confondre avec la situation originelle où les individus déterminent les principes de justice), ne rendent cette dernière ni juste ni injuste, car elles ne dépendent en aucune façon de la volonté des hommes. Dès lors, une telle situation ne pourrait en aucune manière entacher d'injustice le principe qui l'assume.

Non vicié par une situation initiale injuste, le principe d'efficacité a-t-il pour effet de promouvoir un ordre social juste ? Ce principe autorise le jeu des forces inégales, pourvu que les avantages résultant de l'association perçue par les uns n'aggravent pas le sort des autres. À la limite, une société régie par un tel principe, vu les résultats prévisibles des rapports de forces, pourrait être le lieu d'une concentration exagérée des avantages de l'association entre les mains de quelques-uns alors que les autres n'en retireraient aucun ; ce qui serait légitime dans la mesure où le sort de ces derniers ne subirait aucune détérioration. Les résultats de l'application exclusive d'un tel principe équivaudraient à la négation de la raison d'être, selon les attentes des agents, de toute association, soit produire des avantages pour tous et chacun. Aussi le principe d'efficacité est-il jugé insuffisant.

Au contraire, serait-il juste d'instaurer une distribution égale de tous les biens et services produits grâce à la coopération ? Une telle mesure serait non seulement injuste, mais nuirait à l'efficacité de la structure. En effet, le talent et le travail de certains individus dont l'impact est plus fort sur la production globale de l'association autorisent ces derniers à percevoir une plus grande part des avantages attribuables à la coopération. En outre, un tel nivellement aurait pour effet de neutraliser l'initiative et l'esprit de travail dont le principal mobile réside dans l'intérêt personnel ; ce qui irait à l'encontre de l'efficacité de la structure qui dépend des efforts déployés par ses agents.

À cette phase du raisonnement, la problématique se décrit ainsi : les inégalités naturelles entre les agents sont en elles-mêmes irréductibles ; il est toutefois possible de corriger leurs effets ; une répartition égale des avantages nuirait à l'efficacité ; maintenir une certaine inégalité dans la répartition des avantages, pourvu que le sort de chacun soit amélioré, s'avère une solution compatible avec l'efficacité et avec la notion même d'association de base. Le principe de différence assume ce dernier énoncé, aussi faut-il le substituer au principe d'efficacité. Combiné avec le principe de la juste égalité des chances, il détermine ce que Rawls appelle l'égalité démocratique.

CHAPITRE IV

QUELQUES PRÉCISIONS RELATIVES AU PRINCIPE DE DIFFÉRENCE

Les biens sociaux premiers[1]

Comment traduire en termes concrets les avantages escomptés de l'association de base ? Sur quels biens portent les attentes des individus en tant qu'intégrés aux systèmes économique et politique ? Pour Rawls, ce sont les biens sociaux premiers. Il s'agit de biens sociaux puisqu'ils ne peuvent être produits que par la société ; ils se distinguent ainsi des biens fournis par la nature comme les talents naturels, la santé, etc. Ils sont dits premiers parce qu'ils « sont tout ce qu'on suppose qu'un être rationnel désirera, quels que soient ses autres désirs ». Pour mieux les cerner, il ajoute : « Quels que soient dans le détail les projets rationnels d'un individu, on suppose qu'il y a certaines choses dont il préférerait avoir plus que moins[2] .»

Ces biens sont les droits, les libertés, les possibilités offertes, les revenus et les richesses. Ils se répartissent en deux groupes distincts : les libertés de base et les possibilités offertes qui doivent être égales pour tous ; les revenus et les richesses, les droits et les prérogatives qui ne sont pas égaux chez tous, car ils dépendent soit du rôle de chacun au niveau de la production, soit de la charge qui incombe à chacun sur le plan politique.

---

1. John Rawls, *Théorie de la justice*, traduction de C. Audard, Paris, Seuil, 1987, p. 121-125.
2. *Ibid.*, p. 122.

Pour Rawls, le problème de la pondération des biens inégalement possédés se pose surtout pour les plus désavantagés ; toutefois, il ne peut être l'objet que d'une estimation intuitive selon laquelle chacun doit en avoir autant qu'il est nécessaire pour réaliser un projet de vie conforme à ses possibilités.

Le groupe des plus désavantagés

Un autre point obscur impliqué dans le principe de différence réside dans la désignation du groupe des plus désavantagés. Selon Rawls, les critères économiques pour le désigner seraient liés à la contingence et se ramèneraient aux trois points suivants : l'origine sociale et familiale ; les dons naturels une fois développés ; les chances dans la vie. Ces critères laisseraient ouvertes deux possibilités relatives aux membres de ce groupe : soit les ouvriers non qualifiés, soit ceux qui perçoivent moins de la moitié du revenu moyen.

Suite de l'argumentation

Par son raisonnement, Rawls a été amené à substituer le principe de différence au principe d'efficacité. Toutefois, selon lui, dans la position originelle, les individus auraient encore à choisir entre le principe de différence et le principe d'utilité moyenne, à tel point que :

> Déterminer quelle est la préférence rationnelle entre ces deux options constitue peut-être le problème central dans le développement de la conception de la justice comme équité en tant que solution de rechange viable à la tradition utilitariste[3].

Le principe de l'utilité moyenne[4]

Dans la situation originelle, les individus sont susceptibles d'être séduits par le projet de société qui vise à maximiser

3. *Ibid.*, p. 181.

4. *Ibid.*, p. 141-205.

non pas l'utilité totale, mais l'utilité moyenne *per capita*. Bien que l'expression « utilité moyenne » ne soit pas l'équivalent rigoureux de « niveau de vie moyen », le rapprochement entre les deux expressions n'en est pas moins révélateur. À l'heure actuelle, la prospérité d'un pays se mesure, non pas tant à son revenu national brut qu'à son revenu moyen *per capita*, qui s'obtient grâce à la division du revenu global de la société par le nombre d'individus qui composent sa population. Toutefois, comme le « revenu moyen » ne recouvre pas exactement la signification du concept « utilité moyenne », il importe d'approfondir ce dernier en s'inspirant de la description que Rawls en fait.

> Pour appliquer cette conception à la structure de base, les institutions sont établies de façon à maximiser la somme pondérée des espérances d'utilité des individus représentatifs, les coefficients de pondération étant cette fois des pourcentages. Pour les calculer nous multiplions chaque espérance d'utilité par la fraction de la société dans la position correspondante[5].

Afin de clarifier ce passage d'une rare densité, il importe de se donner des outils d'interprétation. Supposons que les espérances d'utilité, qui sont les satisfactions de désirs escomptés, soient proportionnelles au couple talents-revenus. Bien que les revenus soient souvent conditionnés par les talents, les uns et les autres sont par eux-mêmes des sources de satisfactions différentes. Les revenus confèrent un bien-être matériel ; l'exercice des talents un épanouissement personnel indéniable. Pour simplifier le calcul et le tableau, bien qu'il n'en soit pas nécessairement ainsi, nous posons un rapport direct entre la nature et la grandeur du talent et les revenus ; le premier étant le facteur privilégié des seconds. Ainsi dans le groupe A, nous situerons les individus représentatifs privilégiés dont les espérances d'utilité sont les plus élevées. Nous supposons qu'ils forment 10 % de la population et que les espérances d'utilité pour chacun s'expriment dans un chiffre symbolique, 20. Ainsi parmi les membres du groupe A se rencontreraient les individus doués d'un talent exceptionnel, hommes d'affaires à la tête de grandes entreprises, artistes de renommée internationale, professionnels doués d'une très grande

5. *Ibid.*, p. 192.

compétence, sportifs qui dominent nettement leur discipline, etc. Dans le groupe B, représentant 15 % de la population, se rassembleraient les individus dont l'espérance d'utilité s'exprimerait par le chiffre symbolique 15. Nous y retrouverions des directeurs de moyennes entreprises, des cadres supérieurs, des professionnels compétents, des artistes chevronnés, des sportifs aux performances supérieures, etc. Dans le groupe C figureraient, outre les catégories déjà mentionnées mais en dégradé, les ouvriers et les artisans exceptionnels, les professeurs d'université, etc. Le groupe D comprendrait entre autres des ouvriers qualifiés, des techniciens, etc. La catégorie E se composerait des ouvriers non qualifiés et de tous ceux qui exercent des fonctions peu rémunératrices.

À la suite de ces remarques, il est désormais possible de tracer le tableau suivant :

GROUPES	A	B	C	D	E
Espérances d'utilité	20	15	12	8	4
Pourcentage de la population	10	15	25	30	20
Produit des espérances d'utilité de chacun des groupes	200	225	300	240	80

Selon les données de ce tableau, la somme des espérances d'utilités des individus représentatifs se chiffre à 1045 ; l'utilité moyenne est donc de 10,45. Les rapports entre l'utilité totale et l'utilité moyenne sont variables. Si la population double et se répartit selon le même pourcentage, en regard des espérances d'utilité mentionnées, l'utilité totale s'accroît mais l'utilité moyenne reste la même. Par contre, si la population augmente alors que les espérances d'utilité diminuent, l'utilité totale peut s'accroître, mais l'utilité moyenne diminue nécessairement. Dès lors, puisque les individus, dans la situation initiale, choisissent leur forme de société selon leur intérêt individuel, ils opteront pour la forme de société qui maximise l'utilité moyenne plutôt que celle qui se donne pour critère l'utilité totale.

Par quelle argumentation les individus seraient-ils incités à choisir le principe d'utilité moyenne ? Rawls répond à cette question par l'examen de quatre cas qui désignent diverses façons de poser le problème pour dégager celle qui se rapproche le plus de la situation originelle. L'élément unificateur de cette démarche réside en ce que, dans chacun des cas imaginés, l'individu recherche la société qui lui offre les chances les plus élevées de réaliser ses désirs dans toute leur extension. En dernière analyse, la société souhaitée est celle dont le principe d'organisation vise à maximiser ces chances.

Premier cas

> Imaginons une situation dans laquelle un seul individu rationnel peut choisir sa société parmi de nombreuses possibilités.
>
> [...]
>
> Les membres de ces sociétés ont les mêmes préférences. De plus chaque société a les mêmes ressources et la même répartition des talents naturels.
>
> [...]
>
> S'il connaît ses propres aptitudes et ses intérêts de manière précise et s'il a des informations détaillées sur les sociétés, il peut être capable de prévoir avec certitude le bien-être dont il jouira dans chacune.
>
> [...]
>
> Il n'a besoin d'aucun calcul de probabilités[6].

Deuxième cas

Ici la situation dans laquelle s'effectue le choix est en tout point semblable à la précédente sauf que l'agent « n'est pas certain du rôle que ses talents le rendront capable de jouer dans ces différentes sociétés ». Dès lors :

> Il calcule ses perspectives pour une société donnée en prenant comme utilités possibles celles des membres représentatifs de cette société et comme probabilité, pour chaque position son estimation et ses chances d'y parvenir[7].

6. *Ibid.*, p. 194.

7. *Ibid.*, p. 195.

Si l'on se réfère au tableau précédent, il pourrait calculer que dans cette société la probabilité de ses chances de se situer dans le groupe B est de 10 %, dans le groupe C de 50 % et dans le groupe D de 40 %. Après avoir tracé le tableau des préférences et des individus représentatifs d'une autre société, il pourrait évaluer la probabilité de ses chances dans cette autre forme d'association. Par la suite, il serait en mesure de déterminer dans quelle société ses chances sont les plus élevées.

Troisième cas

L'agent se retrouve encore dans une position semblable à la précédente, à cette exception près « qu'il ignore tout de ses capacités et de la place qu'il risque d'occuper dans chaque société ». S'il continue de raisonner selon des probabilités, « ses chances de se trouver situé dans n'importe quelle catégorie représentative sont proportionnelles à la fonction de la société que représente cette catégorie[8] ». Ainsi, selon le tableau, il aurait 10 % de chances d'être dans la première catégorie, 20 %, dans la dernière.

Quatrième cas

En l'occurrence, l'agent ne possède aucune information sur les préférences des membres de cette société, ni sur les siennes propres. « Ces faits ainsi qu'une connaissance de la structure sont exclus. Le voile d'ignorance est maintenant complet. » Ici ses chances sont égales d'être identifiées à n'importe lequel des membres de cette société. Il choisirait donc sans hésitation la société « qui lui assure la plus grande utilité moyenne ».

Au terme de cette démarche, Rawls parvient à la conclusion que, dans un cadre équivalent à la situation originelle, les individus, à la recherche de la société qui leur offre le plus de chances de réaliser leurs désirs, opteraient pour celle qui est régie par le principe de l'utilité moyenne.

---

8. *Id.*

Selon Rawls, le choix d'un tel principe comporte deux faiblesses majeures. L'individu qui choisit le principe d'utilité moyenne s'appuie sur des probabilités égales de faire partie des groupes privilégiés, moyens ou défavorisés. Or

> ... il n'y a pas de raison objective d'admettre des probabilités égales ou même n'importe quelle autre distribution de probabilité, ces probabilités sont seulement « des probabilités comme si ». Elles dépendent seulement du principe de raison insuffisante et ne fournissent aucune raison indépendante pour accepter le principe d'utilité[9].

En outre, cet individu ignore ses propres préférences, les traits spécifiques du niveau de vie de chacun des groupes, le genre de satisfactions escomptées par chacun d'eux, l'écart qui sépare les plus favorisés, etc. Il peut compter tout au plus sur certaines caractéristiques de la nature humaine qui rendent vraisemblable une certaine unification des désirs. « Ils n'ont ni volonté ni caractère définis, ils ne sont pas des personnes avec des intérêts ultimes déterminés[10]... » Il s'ensuit que le critère de leur choix est tout à fait indéterminé ; ils visent à satisfaire leurs désirs sans savoir sur quoi portent ces désirs si ce n'est qu'ils en veulent plus que moins.

Au contraire, le choix du principe de différence repose sur un intérêt déterminé : maximiser le minimum qui puisse nous échoir dans la situation la plus défavorable qui soit. Le principe de différence précise le contenu de ce minimum et génère une certitude. Quel que soit mon sort, même si je suis un membre éventuel du groupe le plus défavorisé, je suis assuré de jouir des libertés de base et de profiter des avantages de l'association.

Le principe de différence garantit aux individus la jouissance des biens sociaux premiers, mais il abandonne au jeu des forces inégales l'accès aux autres biens ; le principe de l'utilité moyenne régit la structure de base, de sorte qu'elle maximise l'utilité moyenne *per capita* mais elle ne garantit à aucun individu l'accès à ce niveau de vie moyen.

---

9. *Ibid.*, p. 205.

10. *Id.*

Aussi, pour Rawls, dans la situation initiale, les individus choisiraient le principe de différence plutôt que le principe de l'utilité moyenne.

Examen critique : situation originelle et impératifs catégoriques

L'opération amorcée dans la situation originelle s'achève dans la détermination des contenus des principes de justice mais, contrairement à l'affirmation de John Rawls, elle n'institue pas ces derniers comme des impératifs catégoriques tels que Kant les a conçus. D'ailleurs, Kant est très explicite sur ce point : le principe de la justice : « agis extérieurement de telle sorte que... » est un impératif mais non catégorique. Tels que produits dans la situation originelle, les principes de justice ne sont même pas des impératifs ; pour le devenir, ils doivent être entérinés par des accords de réciprocité noués à l'échelle de la société tout entière. La situation originelle est une phase préliminaire, discursive, au terme de laquelle les principes ne sont qu'énoncés. D'ailleurs, Rawls reconnaît lui-même que ces principes abstraits devront par la suite recevoir des déterminations plus concrètes au niveau de la constitution et de la législation. Mais ce n'est qu'à ces derniers niveaux, où la société tout entière est engagée, que les principes se trouvent dans les conditions requises pour recevoir l'acquiescement efficace qui les fera accéder au titre d'impératifs.

L'impératif est un commandement dont la teneur formelle est : fais ceci, fais cela ; agis de telle manière et non de telle autre. Tout commandement émane d'une volonté qui s'adresse à une autre volonté. L'altérité formelle est de rigueur, non l'altérité matérielle ; en effet, il est possible qu'un individu soit assujetti aux contraintes qu'il a lui-même posées. Ainsi, le principal point à élucider réside dans la provenance du caractère obligatoire qui définit l'impératif. Une volonté libre ne conserve son autonomie face à une contrainte que si elle se lie elle-même ; l'obligation ne peut s'enraciner que dans la volonté même du sujet obligé. Dès lors, une volonté n'est autorisée à commander que si la volonté à qui elle s'adresse lui reconnaît du moins implicitement ce pouvoir. D'un autre côté, un impératif n'est juste que s'il est conforme à la raison ; autrement ce serait ouvrir la voie à l'arbitraire. Ainsi, tout impératif est à la fois astreint à une justification rationnelle et à l'autonomie de volonté.

La pensée de Kant répond à ces exigences. Elle déduit la nécessité de l'impératif catégorique à partir d'une analyse de la notion même d'être raisonnable. Tout être raisonnable est à la fois doué de raison et de volonté. Toute volonté est spécifiée par la fin à laquelle elle est ordonnée. Pour l'être raisonnable, la fin du vouloir c'est l'être raisonnable lui-même, comme l'objet de la vue réside dans la couleur et celui de l'ouïe dans le son. De même que voir et saisir la couleur désignent une seule et même opération, ainsi chez l'être raisonnable vouloir et se prendre comme fin, c'est identique. De même que la vue saisit la couleur en tout corps où elle se trouve, ainsi la volonté assume comme fin tout être raisonnable là où il se rencontre. Il s'ensuit que tous les individus, qui participent à l'être raisonnable, soient toujours voulus comme fin, jamais comme moyen. En Dieu où l'être raisonnable est à l'état pur, la volonté suit infailliblement ce destin.

Mais chez l'homme, il en va tout autrement. L'être de l'homme est à la fois raisonnable et sensible. De son être sensible surgissent des tendances qui l'inclinent parfois à traiter l'être raisonnable, en soi-même ou dans les autres, comme moyen plutôt que comme fin. Aussi dans la poursuite de sa fin propre, pour contrecarrer ses inclinations sensibles, la volonté de l'homme va-t-elle contracter une obligation envers elle-même, se donner un impératif qui ait pour fonction de maintenir la priorité du raisonnable sur le sensible. Par cet impératif, la volonté s'engage à ne pas se plier aux pressions des inclinations sensibles si elles s'opposent aux exigences de l'être raisonnable. L'homme est à la fois l'auteur et le sujet de l'impératif.

> On voyait l'homme lié par son devoir à des lois, mais on ne réfléchissait pas qu'il n'est soumis qu'à sa propre législation, encore que cette législation soit universelle, et qu'il n'est jamais obligé d'agir que conformément à sa volonté établissant par destination de la nature une législation universelle[11].

---

11. Emmanuel Kant, *Fondements de la métaphysique des mœurs*, traduction de Victor Delbos, Paris, Librairie Delagrave, 1966, p. 156.

Se donner un impératif et s'obliger soi-même c'est la même chose ; aussi les explications de Kant respectent-elles l'autonomie de la volonté.

Mais cette autonomie de la volonté peut aussi être préservée autrement. En ce qui concerne l'existence des droits fondamentaux, deux principaux courants de pensée se sont affrontés au cours des siècles : l'un pose leur origine dans la nature ; l'autre dans la volonté de l'homme. L'obligation morale est une contrainte que la volonté se donne d'une manière ou d'une autre. L'expression « droit naturel » implique une contradiction si elle est interprétée comme un droit inhérent à la nature humaine au même titre que les autres propriétés, bras, jambes, cœur, etc. Les propriétés dites naturelles, par opposition à ce qui dérive de la volonté, ne produisent que des contraintes physiques, nécessaires, indépendantes de la volonté. En revanche, la contrainte morale pèse sur un vouloir conscient qui, à la rigueur, peut s'y soustraire. Le droit, tel que considéré dans le cadre de cette argumentation, se définit comme un pouvoir subjectif d'obliger autrui moralement, ce qui suppose l'assentiment de celui qui assume l'obligation ; autrement, l'autonomie de la volonté ne serait pas sauvegardée. D'où vient un tel assentiment ? Il suit le cheminement régulier des actes volontaires. À la suite de l'examen de certaines données fournies par la nature, la raison porte un jugement sur la nécessité pour les hommes de se reconnaître mutuellement certains droits fondamentaux et ainsi de s'obliger les uns vis-à-vis des autres puis, dans un dernier temps, entraînée par la raison, la volonté acquiesce à cette nécessité. Certes la plupart du temps, l'opération, qui s'achève dans une telle décision, s'inscrit, selon un mode au moins implicite, dans les pratiques courantes adoptées par des individus d'une société, selon lesquelles chacun respecte la vie et la liberté des autres.

Le processus suivant lequel s'effectue la reconnaissance des droits fondamentaux, tout en respectant l'autonomie de la volonté, diffère notablement de la démarche kantienne qui vise à rendre compte de la production des impératifs catégoriques. Il assume comme point de départ un certain nombre de faits généraux relatifs à la liberté de l'homme et à son besoin de vivre en société : chez Kant, au contraire, l'argumentation s'appuie sur une analyse conceptuelle de l'être raisonnable et sur un jugement synthétique qui met en rapport les exigences de la raison pure pratique et les inclinations issues de l'être sensible chez l'homme. En outre, dans la reconnaissance des droits, le vouloir effectif réside dans la concertation d'une multitude de vouloirs individuels ; tandis que chez Kant le vouloir d'où émane l'impératif s'identifie à l'être raisonnable en tant que tel.

Position de Rawls

Rawls reconnaît l'autonomie de la volonté dans l'institution de l'obligation morale ; toutefois, pour bien cerner l'étendue de ses liens avec Kant, il importe de retracer brièvement certaines des grandes lignes de son argumentation.

Selon Rawls, placés dans la situation originelle, les individus, par un choix rationnel, opteraient pour ses principes de justice. Cette situation, outre le voile d'ignorance, inclut deux autres caractéristiques : les individus choisissent en fonction de leur intérêt propre, bien que ce dernier soit indéterminé ; ils s'appuient sur la reconnaissance de certains faits généraux. Son argumentation présente donc des divergences profondes avec celles de Kant : d'une part, elle inclut des items étrangers à la pensée de Kant, soit l'intérêt et la reconnaissance de certains faits généraux : d'autre part, elle conduit à un choix hypothétique, les individus choisiraient si... Or l'impératif de Kant est dit catégorique précisément en ce sens qu'il est inconditionné selon un mode absolu. Au contraire, les principes de Rawls ne sont choisis et voulus que dans le cadre d'une situation dont il décrit les grandes lignes. Chez Kant, dès que le vouloir s'exerce chez l'homme il assume l'être raisonnable comme fin et produit l'impératif. Et ce dernier est valable pour tout un chacun, car il s'enracine dans l'acte même de vouloir. En revanche, les impératifs de Rawls ne jouissent pas d'une telle universalité, car ils ne sont posés et acceptés que par les individus qui se placent dans la situation initiale.

Néanmoins, l'universalité relative dont ils sont dépourvus dans la situation initiale ils l'acquièrent aux étapes suivantes, soit celles de la constitution et de la législation. Voici comment les principes de justice s'inscrivent dans la constitution. Pour rendre compte de la transition d'une étape à l'autre, Rawls conserve le schème initial tout en lui apportant certaines modifications pertinentes :

> Chaque étape doit représenter un point de vue pertinent pour traiter certains types de questions. Ainsi je suppose qu'après avoir adopté les principes de justice dans la position originelle, les partenaires se réunissent en assemblée constituante. C'est là qu'ils doivent décider de la justice des formes politiques et choisir une constitution : ils sont pour ainsi dire les délégués à une telle assemblée[12].

Cet énoncé apporte deux ajouts importants à la situation initiale : le premier concerne la prise en considération de nouveaux faits généraux pour rendre adéquate l'application des principes à une conjoncture déterminée ; le second investit les partenaires du pouvoir de créer une obligation morale pour tous les citoyens en tant qu'ils sont désormais les porteurs d'un consensus social. Ce consensus implique l'engagement des membres de la société à respecter les décisions des partenaires. Ainsi, ce n'est qu'à l'étape de l'assemblée constituante que les principes de justice revêtent un caractère obligatoire pour tous les membres d'une société. Toutefois, les deux étapes sont complémentaires l'une de l'autre : la première confère une justification rationnelle aux principes de justice ; la seconde les inscrit dans la structure de base et les rend obligatoires pour tous. Inscrire les principes de justice dans la structure de base, c'est les instituer comme normes de l'ensemble des activités économiques et politiques. À titre de normes, pour sauvegarder l'autonomie de la volonté, les principes de justice doivent être entérinés par un consensus social au moins implicite.

La constitution canadienne se prête à une illustration de la démarche proposé par Rawls ; en effet, dans une large mesure, elle entérine le principe de différence :

> ...les inégalités sociales et économiques doivent être organisées de façon à ce que, à la fois (a) elles apportent aux plus désavantagés les meilleurs perspectives et (b) elles soient attachées à des fonctions et à des positions ouvertes à tous, conformément à la juste égalité des chances.

---

12. John Rawls, *Théorie de la justice*, *op. cit.*, p. 232.

Au Canada, le problème des inégalités économiques revêt une dimension particulière en ce sens que les classes défavorisées, toutes proportions gardées, sont plus nombreuses et plus démunies dans certaines provinces par rapport à d'autres. Ces inégalités régionales constituent un fait général dont les membres de l'assemblée constituante doivent tenir compte dans l'application du principe de différence à la structure de base canadienne. C'est pourquoi, au Canada, l'une des formes que prend le principe de différence c'est le principe de péréquation.

> 36 (1) Sous réserve des compétences législatives du Parlement et des législatures et de leur droit de les exercer, le Parlement et les législatures, ainsi que les gouvernement fédéral et provinciaux, s'engagent à :
>
> a) promouvoir l'égalité des chances de tous les Canadiens dans la recherche de leur bien-être ;
>
> b) favoriser le développement économique pour réduire l'inégalité des chances ;
>
> c) fournir à tous les Canadiens, à un niveau de qualité acceptable, les services publics essentiels ;
>
> (2) Le Parlement et le gouvernement du Canada prennent l'engagement de principe de faire des paiements de péréquation propres à donner aux gouvernements provinciaux des revenus suffisants pour les mettre en mesure d'assurer les services publics à un niveau de qualité et de fiscalité sensiblement comparable[13].

Par ce texte, les gouvernements fédéral et provinciaux s'engagent fermement à effectuer une redistribution des biens de manière à réduire l'inégalité des chances et à favoriser les groupes les plus démunis ; ce qui constitue un développement conjoncturel du principe de différence.

L'interprétation précédente du texte de Rawls semble la seule qui respecte l'autonomie de la volonté dans la détermination des principes de justice à titre d'impératifs valables pour toute une société. Et puisque Rawls reconnaît cette autonomie, il est logique d'adopter ce point de vue.

---

13. « Annexe B », *Lois constitutionnelles de 1867 à 1982*, p. 68.

La justification rationnelle et la décision se présentant comme deux phases distinctes du processus de production d'un impératif ; toutefois, la volonté ne se plie aux dictées de la raison que si elle s'est au préalable engagée à les suivre.

Principes de justice et structure

Les principes de justice de John Rawls sont destinés à informer la structure de base économique et politique de la société. Puisque cette dernière n'est pas un être libre et intelligent, elle ne peut être un sujet responsable et ainsi ne peut être ni juste ni injuste. Néanmoins, par anthropomorphisme, dans la mesure où les humains peuvent exercer sur elle un certain contrôle et par ce biais être tenus responsables de ses effets, elle est susceptible d'être qualifiée de juste ou d'injuste. Compte tenu de cette réserve, il convient de poser la question : en quel sens est-elle dite juste ou injuste ?

Lorsque les lois qui régissent l'économie et la politique sont en même temps respectueuses de la liberté de chacun, il s'ensuit que leur observance est aussi une action juste. Se conformer aux lois de la libre concurrence et de l'efficacité marginale du capital, c'est exercer une activité non seulement économique mais encore morale. Marx avait très bien vu cette interpénétration de l'économique, du politique et du droit.

> La sphère de la simulation des marchandises où s'accomplissent la vente et l'achat de la force de travail, est en réalité un véritable Éden des droits naturels, de l'homme et du citoyen. Ce qui y règne seul, c'est Liberté, Égalité, Propriété et Bentham. Liberté, car ni l'acheteur, ni le vendeur d'une marchandise n'agissent par contrainte ; au contraire ils ne sont déterminés que par leur libre arbitre. Ils passent contrat ensemble en qualité de personnes libres et possédant les mêmes droits. Le contrat est le libre produit dans lequel leurs volontés se donnent une expression juridique commune[14].

---

14. Karl Marx, *Le Capital*, Livre premier, tome 1, Paris, Éditions sociales, 1975.

Cependant, la justice de John Rawls n'a pas pour unique critère le droit formel et abstrait de l'économie libérale ; elle est aussi mesurée par les effets externes et concrets des activités économiques, même si ces derniers ne se produisent que sur une longue échéance, comme l'appauvrissement graduel des masses.

Et lorsque de la structure découlent des activités dont les effets seraient qualifiés d'injustes si elles avaient été faites par un agent responsable qui en aurait prévu les conséquences, et dans la mesure où les humains sont capables de corriger cette structure, ils sont autorisés à l'améliorer de façon à mieux répondre aux exigences du « juste ». Voici, à partir d'un exemple familier, l'argumentation sur laquelle s'appuie cette assertion. Un beau matin, la compagnie X congédie 1000 employés. Les causes qui ont provoqué cette décision sont multiples : les produits qu'elle fabrique, vu le rapport qualité-prix, ne répondent plus aux préférences des consommateurs ; il en est ainsi parce que les coûts de production de la marchandise désignée sont plus élevés que ceux des entreprises concurrentes ; ce dernier fait contraint la compagnie X à augmenter sa productivité par l'adoption de techniques plus sophistiquées dont l'usage requiert une main-d'œuvre moins nombreuse et plus qualifiée ; d'où le renvoi des 1000 ouvriers. Tous les individus engagés dans cet enchaînement causal agissent conformément au droit formel : les clients sont autorisés à choisir selon leurs préférences et leurs intérêts ; les employeurs ne font qu'obéir aux lois de la survie économique ; en somme, aucun élément de ce réseau, en tant qu'individu, ne peut être tenu responsable en justice de cette mise à pied.

Mais aujourd'hui, nous pouvons retracer les grandes lignes de cet enchaînement causal et nous rendre compte qu'il s'inscrit dans la structure même de l'économie. Conscients de ce fait, les individus font face à l'alternative suivante : ou bien ils changent les règles du jeu économique, ce qui, l'histoire en est témoin, entraîne une diminution notable de l'efficacité ; ou bien ils appliquent des correctifs sous forme de mesures compensatoires. Cependant, l'adoption de telles mesures, puisqu'elles visent à remédier à un phénomène qui est de l'ordre même de la structure, ne peut convenir qu'à la collectivité qui seule possède les moyens de rendre ces mesures opérationnelles. Mais ces mesures sont-elles justifiables ? Si la structure produit inévitablement des effets qui vont à l'encontre des attentes légitimes d'une partie notable de la communauté, et si des palliatifs à ces conséquences sont possibles, rien n'empêche la collectivité de les apporter. Pour être dite juste, une structure sociale doit, d'une part, encadrer le jeu des forces individuelles que la recherche de l'efficacité rend nécessaire, ce qu'elle réalise par l'institution du droit privé ; d'autre part, elle doit veiller à ce qu'au niveau des faits les intérêts respectifs des individus s'accordent les uns aux autres. Le « juste » défini comme « équilibre adéquat entre des revendications concurrentes » s'avère le critère ultime de la rectitude d'une structure sociale. C'est pourquoi si cet équilibre ne peut être obtenu par le seul jeu des forces, conformément au droit formel et abstrait, il doit l'être par des services de protection fondés sur la solidarité et mis sur pied par la communauté. Selon l'exemple déjà cité, le congédiement des 1000 ouvriers ne contrevient pas aux exigences du droit formel ; mais il y a un désaccord entre les intérêts des ouvriers congédiés et ceux des autres acteurs de ce drame, soit les employeurs et les clients. Pour qu'il y ait réconciliation des divers intérêts en jeu, il faut que la collectivité veille à ce que les chômeurs reçoivent des compensations susceptibles d'atténuer les effets de leur mauvaise fortune. Bref, le problème de la justice dans son ampleur relève principalement de la structure de base de la société.

Au fond, selon Rawls, dans plusieurs cas, le « juste » comme fait externe échappe à la responsabilité des individus en tant que tels, il n'est souvent réalisable que par la coordination articulée des secteurs complémentaires de la structure, soit le libre marché et le secteur des services organisés par l'État. Or seul l'État, en tant que responsable de la structure sociale, peut instaurer cette coordination. Le seul moyen qui s'offre à lui, pour atteindre cet objectif, c'est d'effectuer, par le truchement des impôts, une redistribution des biens déjà acquis dans la sphère du libre marché.

La répartition des ressources perçues par la voie de l'impôt se traduit souvent par un prélèvement sur l'avoir des uns au profit des autres ; ce qui, selon une première approche, va à l'encontre du droit de propriété privée et de la justice commutative en vertu de laquelle chacun doit recevoir l'équivalent des sommes qu'il a versées.

Mais l'État est-il autorisé, au nom du juste comme fait, à intervenir dans le secteur du libre marché selon des modalités qui contreviennent aux règles de ce dernier ?

Tout d'abord, il est important de souligner que les individus se placent dans la situation originelle, en vue de déterminer la configuration d'une société susceptible de répondre aux critères du « juste » comme fait ; telle est leur intention première. Pour atteindre cet objectif, la société doit, d'une part, respecter les droits fondamentaux dérivés de la liberté même et, d'autre part, assurer à chacun une portion des biens et services suffisante pour répondre aux nécessités de la vie. Or le droit de propriété des uns, tel qu'il figure dans le contenu du premier principe, doit être compatible avec les droits des autres. Si dans son exercice, au niveau du libre marché, le droit de propriété des uns conduit à une situation telle que le droit des autres ne puisse s'exercer, vu la pauvreté des moyens dont ils disposent, la clause relative à la compatibilité n'est pas réalisée.

C'est dans son énoncé du principe de différence que Rawls expose les conditions qu'exige la compatibilité : l'une concerne les inégalités sociales, l'autre les inégalités naturelles.

Les inégalités sociales, comme le fait d'appartenir à une famille pauvre, ne doivent pas être un obstacle à l'acquisition des habiletés requises pour devenir plus compétitif sur le marché du travail. Le droit de propriété privée du bien déjà acquis suppose le droit d'appropriation de ces mêmes biens. Le droit d'appropriation, d'acquisition, pour s'exercer correctement dans le cadre du jeu des forces économiques postule que tous ceux qui disposent du potentiel voulu puissent entrer en possession des habiletés nécessaires à son exercice. Si l'accès aux écoles de formation professionnelle est réservé à ceux qui ont les moyens de payer, les pauvres ne peuvent acquérir les habiletés qui leur permettraient d'exercer correctement leur droit d'appropriation dans la sphère du libre marché. Par le fait même, cette pratique sociale, qui pose un lien de dépendance entre l'éducation et la richesse équivaut à une dénégation d'un droit fondamental inclus dans le premier principe de Rawls. Or cet obstacle peut et doit être levé. Il doit l'être, car il instaure un déséquilibre : en effet, il accroît les avantages de la propriété privée, puisqu'il réserve aux biens nantis l'accès à la formation professionnelle au détriment du droit d'appropriation des pauvres. Ainsi avantagé, le droit de propriété des uns devient incompatible avec le droit d'appropriation des autres. Dans cette perspective, la redistribution n'a d'autre rôle que de rétablir l'équilibre brisé entre le droit de propriété des uns et le droit d'appropriation des autres.

Le principe général qui régit le traitement des inégalités naturelles est le suivant : le jeu des forces inégales doit se traduire par des avantages dont les plus démunis bénéficient dans une certaine mesure.

Ce principe repose sur l'argumentation suivante. Le seul fait de l'association est générateur d'avantages qui n'existeraient pas si les individus agissaient isolément ; cependant, il est impossible, à travers les pratiques sociales, d'établir une ligne de démarcation entre ce qui est attribuable à l'effort individuel et ce qui résulte de l'association elle-même, d'où le problème de taille : comment éviter cette pierre d'achoppement afin de garantir à tous les associés une portion équitable des avantages attachés à l'association elle-même.

Le principe de différence apporte une solution : pour que personne ne soit exclu du partage des bienfaits de l'association, les avantages obtenus à travers les rapports des forces inégales doivent être répartis de telle sorte qu'une amélioration au moins minimale du sort des plus défavorisés se produira. Toutefois, cette amélioration est réalisable de différentes manières : elle peut résulter du simple jeu des forces économiques comme une diminution des prix dans le cadre de la libre concurrence ; ou encore dans certains cas par une intervention de l'État qui garantit à tous le minimum vital.

Certes le principe de différence ouvre la porte à une redistribution des biens par l'État, mais celle-ci est justifiée par le juste défini comme un équilibre adéquat entre les revendications concurrentes. Tous ont droit à une part des avantages de l'association, et si le jeu des forces ne procure pas à tous le minimum vital, il appartient à l'État de veiller à ce que tous y accèdent ; sinon, les plus démunis ne tireraient aucun avantage de l'association.

L'argumentation de Rawls se résume ainsi. Le « juste » visé par les individus dans leurs rapports sociaux réside dans l'accord factuel de leurs intérêts légitimes. Or en maintes circonstances, ce « juste » ne peut s'obtenir par la seule observance du droit formel qui régit les rapports de forces, il s'établit aussi par la voie de la solidarité telle que balisée par la réglementation de l'État. Aussi l'État, qui a pour rôle de veiller à ce que les rapports sociaux soient marqués au coin du juste, doit dans ce dessein d'une part assortir le droit formel de sanctions, autrement ce dernier serait inefficace, et d'autre part promouvoir les liens de solidarité dans la mesure où ils doivent être noués. Bref, il lui revient de structurer la vie sociale en fonction du juste.

L'expression « justice procédurale pure » n'a de sens que par référence à une structure ainsi organisée. Le capitaliste, qui d'une part congédie 1000 employés pour demeurer compétitif, et qui d'autre part paie sa cotisation à l'assurance-chômage, agit conformément aux exigences de la structure. C'est de cette façon que les procédures mises en place par l'État conduisent à la réalisation du juste.

Justice commutative et justice distributive

La justice procédurale pure telle que décrite, pour être bien comprise, nécessite un examen des rôles respectifs qu'elle attribue aux formes de justice, commutative et distributive.

Qui dit justice dit « équilibre adéquat entre des revendications concurrentes ». Le terme équilibre, selon sa signification première, désigne un rapport entre deux poids qui se contrebalancent l'un l'autre dans une certaine mesure. Dans ce cas, les poids, ce sont les avantages perçus par les individus eu égard à leurs attentes justifiées.

Selon la justice commutative, l'équilibre existe si les produits échangés sont estimés d'égale valeur par l'un et l'autre des échangistes, ou du moins si chacun d'eux, dans les circonstances et pour des raisons qui lui sont propres, apporte son consentement à l'opération. La justice distributive se situe à un autre niveau, car ce qui est en jeu, c'est la répartition des avantages dont la production est attribuable à la société prise dans sa globalité. En effet, il y a des avantages qui résultent non pas des activités prises isolément, mais plutôt de leur conjonction, bref, de l'association elle-même. Or c'est précisément la répartition de ces avantages spécifiques que vise à régler la justice distributive. Il va de soi que les individus, qui s'associent en vue de mieux se procurer les biens nécessaires à la vie, s'attendent à retirer de leur regroupement au moins le minimum vital.

Certes, tel que déjà mentionné, il est impossible de tracer une ligne de démarcation claire et nette entre ce qui est le produit de l'effort individuel et ce qui résulte de la coopération. À l'intérieur de la sphère économique, la répartition s'effectue selon le travail individuel et la loi de l'échange ; par suite chacun reçoit son dû *au prorata* de ses efforts personnels. Mais il ne faut pas oublier que la sphère économique elle-même comporte une dimension sociale dont la justice commutative fait souvent abstraction. Prenons l'exemple déjà cité de la compagnie que la justice commutative autorise à congédier 1000 employés. Les opérations qui lui sont propres, installation, production, vente, transport, font néanmoins partie du réseau de causalités qui constituent la société prise dans son ensemble : elles exploitent, souvent à très bon compte, les richesses naturelles destinées au bien-être de la société tout entière ; elles profitent de toutes les infrastructures matérielles ; elle bénéficient d'un contexte économique déjà implanté ; elles emploient une main-d'œuvre qualifiée grâce au système d'éducation mis sur pied par l'État ; etc. Bref, elles s'adossent aux avantages d'un contexte social instauré et entretenu par l'ensemble des membres de la communauté. Les profits de l'entreprise ne résultent pas exclusivement de la propriété privée et des échanges, mais aussi du contexte social dans lequel se déploie le libre marché. D'un autre côté, dans la plupart des cas, c'est par le canal de leur emploi à l'intérieur du libre marché que les individus tirent la presque totalité de leurs revenus personnels. Mais il arrive qu'à l'intérieur du libre marché, pour des raisons incontrôlables, certains individus n'atteignent même pas le seuil du revenu minimum. Dans ces cas-limite, tout en respectant, pour des raisons d'efficacité, l'autonomie de la sphère du libre marché, le gouvernement, en tant que chargé de gérer la répartition des avantages que procure la vie sociale dans sa globalité, doit veiller à ce que personne ne soit privé d'une part au moins minimale de ces avantages ; ce qui se produirait si certains individus n'avaient pas de quoi subsister. Aussi s'acquitte-t-il de cette responsabilité par les voies de la justice distributive. Cette dernière rétablit l'équilibre entre les revendications de ceux qui invoquent le droit de propriété privée et celles de ceux qui s'appuient sur le droit de tout associé aux avantages issus du fait même de l'association. La solution qu'apporte la justice distributive consiste à prélever certaines sommes sur l'avoir des uns pour les remettre aux démunis et ainsi assurer leur subsistance. Ce prélèvement n'a d'autre mesure que ce qui est strictement nécessaire pour garantir à tous le minimum vital, autrement ce serait injuste et sans fondement. Le droit à une portion des avantages dérivés du fait même de l'association l'emporte, dans les cas où le minimum vital est en jeu, sur le droit de propriété privée. En effet, le secteur du libre marché que régit le droit de propriété privée est désormais perçu comme une instance subordonnée à la finalité inscrite dans le projet même de toute société, soit assurer à tous le minimum vital. Cette attente est la condition première de l'adhésion des individus à la société. Pourquoi les individus immigrent-ils dans une nouvelle société si ce n'est qu'ils espèrent obtenir de cette dernière les biens nécessaires à la vie.

La justice commutative a pour objet l'établissement de l'équilibre entre les droits de propriété privée concurrents ; la justice distributive équilibre le droit de propriété privée des uns et le droit de tous aux avantages issus de l'association. La notion de justice de Rawls s'applique donc sans distorsion aux deux espèces de justice reconnues. Elle se différencie des notions de justice du néo-libéralisme à un double titre : elle reconnaît l'existence d'une forme de justice sociale ; elle préconise un équilibre externe, au niveau des faits, et non une simple référence au droit formel.

Il y a chez Rawls un renversement de la position libérale ; le secteur du libre marché, et par suite le droit de propriété privée, n'est plus l'instance première, privilégiée entre toutes, de la société ; l'État n'a plus pour unique fonction de protéger le libre marché, mais il lui revient d'abord et avant tout de garantir à tous l'accès aux biens de subsistance.

Conclusion

DROIT DE PROPRIÉTÉ ET BIEN COMMUN

La liberté inclut dans sa notion, à titre d'élément essentiel, le pouvoir de s'autodéterminer, c'est-à-dire de se donner une fin, un projet de vie ainsi que les moyens d'y parvenir. L'être libre est ainsi constitué qu'il puisse disposer, à son gré et d'une manière exclusive, de ce qu'il possède, soit ses talents et ses biens, de façon à réaliser des objectifs qu'il se trace.

Toutefois dans l'exécution de ses projets individuels, il est susceptible de rencontrer des résistances qui proviennent de diverses sources. Parmi celles-ci, il faut mentionner surtout les activités des autres êtres libres qui entrent souvent en conflit avec les siennes. Aussi, la liberté postule un espace protégé où elle puisse s'exercer à l'abri des activités nocives d'autrui. Cet espace protégé est garanti par le droit de propriété privée qui autorise un agent libre à employer la force, s'il le faut, pour résister aux autres agents libres qui tenteraient de l'empêcher de disposer, à son gré et selon ses desseins, des biens qui lui sont propres. En vertu de mon droit de propriété, personne d'autre ne peut entrer en possession de mes biens ou les utiliser sans mon consentement. Il s'ensuit que les biens ne puissent passer d'un individu à un autre que par la donation ou l'échange qui s'effectuent selon les normes de la justice commutative.

C'est sur ces données dont la justesse s'impose que s'appuie le libéralisme. Toutefois, le droit de propriété, tel que défini, dans la mesure où il s'appuie seulement sur l'obligation morale qui lui est corrélative et sur une force individuelle de résistance dont la portée est plutôt précaire, s'avère en pratique inefficace, vu la condition humaine, à protéger l'espace requis pour que la liberté puisse s'exercer convenablement. Pour être pleinement opératoire, le droit de propriété doit disposer d'une force dont seule la société est détentrice.

En effet, seul un ordre organisé par les membres de la société, un système judiciaire, y compris un service de police, est susceptible de fournir une telle force aux individus. Ce système judiciaire, bien qu'on puisse imaginer sa mise en place, comme Nozick l'a fait, à partir d'échanges rigoureux entre des vendeurs de services de protection et des clients qui sont preneurs, ne se présente pas moins, au terme d'un long processus, comme une institution monopolistique qui revêt toutes les caractéristiques d'un bien commun géré par une majorité qui impose ses décisions à une minorité. Hayek, de son côté, reconnaît la nécessité d'un ordre organisé qui ait pour rôle de garantir par des sanctions efficaces les exigences du droit de propriété.

Ainsi la plupart des théoriciens, quelle que soit leur allégeance, s'entendent sur le fait que la force de la société est indispensable à l'exercice efficace du droit de propriété ; mais cette unanimité se dissout en ce qui concerne les modalités de l'institution de cette force.

En effet, cette force est un bien commun. Tel que déjà défini, ce bien consiste en un ordre organisé où figurent des ressources matérielles et humaines dont la diversité ne tolère aucun dénominateur commun et par suite échappe à la norme de la justice commutative selon laquelle chacun doit recevoir l'équivalent de ce qu'il donne. Ce que postule la mise en place d'un tel bien, c'est une participation proportionnelle aux moyens de chacun ; il ne peut, du moins jusqu'à ce jour, être implanté autrement. D'où la difficulté : est-il juste que, pour un même service, les contributions fournies par les bénéficiaires soient inégales ? Au fond, ce qui est en jeu, c'est l'existence même d'une justice dite distributive. Or cette dernière et les droits qui l'accompagnent ne sont justifiables que s'ils répondent à une exigence essentielle de la liberté, en s'appuyant sur des titres équivalents à celui qui fonde le droit de propriété privée. Ce dernier est nécessaire pour assurer au pouvoir d'utiliser ses talents et ses biens un espace protégé où il puisse s'exercer sans entraves. Mais cet usage discrétionnaire de ses biens postule, tel que déjà démontré, outre le droit de propriété privée, la présence d'une force sociale qui confère à ce dernier l'efficacité recherchée. Que vaudrait la liberté individuelle dans un État sans système judiciaire et sans police ? Il s'ensuit, comme Kant l'a si bien démontré, que la force de la société est un élément constitutif du droit de propriété privée. En somme, si paradoxal que cela puisse paraître, le droit de propriété privée, qui vise à garantir un espace protégé où le consentement de chacun selon les normes de la justice commutative s'avère le critère ultime de toute transaction relative aux biens possédés, est tributaire, pour exercer son rôle avec efficacité, de l'existence d'un service de protection dont l'institution n'est possible que selon les normes de la justice distributive. En tout ce qui concerne la mise en place d'un bien commun, d'un service de protection nécessaire, la justice distributive est la seule maîtresse d'œuvre. Mais la juridiction de cette dernière se confine à ce qui est nécessairement requis pour l'instauration du bien commun ; au-delà de ces frontières, les activités relèvent de la justice commutative. Il s'ensuit que le gouvernement n'est autorisé à prélever des impôts obligatoires et proportionnels que dans la mesure où un service de protection indispensable le requiert ; il commet une injustice s'il outrepasse ces limites. Au fond, l'ensemble des rapports sociaux est régi par le droit de propriété et la justice commutative ; mais à l'intérieur de ce champ d'opérations, il existe une enclave tracée par l'organisation des biens communs nécessaires où prévalent la solidarité et la justice distributive.

Au niveau des faits, la plupart des pays capitalistes reconnaissent cette double dimension de la société. Les théoriciens néolibéraux en rejettent le bien-fondé parce qu'ils amputent le droit de propriété de la force sociale qui en garantit l'efficacité.

Cependant, un problème reste en suspens. Le droit de propriété s'enracine dans l'essence même de la liberté qui consiste à disposer à son gré de ses biens ; mais existe-t-il un droit à la solidarité en regard de certains biens communs ? La nécessité de ces biens communs entraîne-t-elle l'existence de droits distincts de celui de propriété privée ? Qu'est-ce qu'un droit si ce n'est une autorisation ou un pouvoir, découlant de la liberté même, en vertu de ce qu'elle est ou d'un engagement, d'obliger autrui ? La solidarité nécessaire à l'instauration de certains services se construit sur de telles obligations qui lient les individus les uns aux autres. Il s'ensuit que dans leur poursuite des biens communs, les individus se confèrent mutuellement des droits, distincts de celui de propriété privée, et gérés selon les normes de la justice distributive.

L'État-providence

Dans le langage courant, l'expression « État-providence » ne désigne que les États qui assument les programmes dits d'assurances sociales, destinés à pallier les maux qui résultent des accidents de travail, du chômage, de la maladie et de l'indigence.

Au niveau des faits, les sociétés capitalistes contemporaines reconnaissent l'existence de deux secteurs d'activités distincts : le libre marché où les échanges des biens acquis par une voie légitime, soit le travail personnel ou la donation, s'effectuent à travers un rapport de forces régi par le droit de propriété ; l'autre, composé d'ordres organisés où tous les membres de la société sont solidairement regroupés en vue de l'obtention de certains biens communs. La division des activités en sphères distinctes se justifie au nom de l'efficacité : le libre marché se prête mieux à la production et à la répartition des biens privés ; l'autre, à l'institution des biens communs.

La difficulté que pose l'État-providence réside en ce qu'il inclut les assurances dites sociales au nombre de biens communs nécessaires, alors que pour les néo-libéraux les finalités visées par ces assurances pourraient être réalisées dans le secteur du libre marché. Mais c'est précisément parce qu'à l'intérieur du libre marché des groupes d'individus ne parvenaient pas à se garantir contre les maux attachés au chômage ou à la maladie, que l'État s'est résolu à instituer des biens communs qui puissent suppléer à ces déficiences.

Est-il justifié d'agir ainsi ? L'argumentation de John Rawls milite en faveur d'une telle action de l'État.

Selon Rawls, les individus se regroupent pour former une société en vue d'en retirer certains avantages qui leur seraient inaccessibles autrement, entre autres, la garantie d'une vie décente. S'ils n'atteignent pas ce but dans le secteur du libre marché, ils n'ont d'autre choix que de recourir à un ordre organisé selon les critères de la solidarité et administré par l'État.

Qu'une majorité de citoyens décident que faire partie de leur communauté, c'est assumer les privilèges et les obligations attachés à l'institution d'un bien commun qui assure à tous le minimum vital, c'est une prérogative de la liberté. Aucune société comportant un nombre considérable de membres ne serait viable si seules les décisions appuyées sur un consentement unanime et explicite étaient obligatoires pour tous. Le fait même de l'association entraîne des contraintes à la liberté individuelle, mais celles-ci sont largement compensées par les avantages qui s'ensuivent. Être membre d'une association, c'est accepter les clauses d'un contrat, même si certaines d'entre elles vont à l'encontre de nos opinions et de nos désirs. Il va de soi cependant qu'une clause dérogatoire aux droits fondamentaux serait nulle et non avenue. Les néo-libéraux voient dans les assurances sociales obligatoires une violation du droit de propriété privée. Certes, aucun individu n'a le droit d'utiliser ce qui appartient en propre à autrui pour réaliser ses intérêts privés. Mais lorsque les membres d'une société s'engagent, par un consensus majoritaire, à mettre sur pied un bien commun, ils se plient par le fait même aux exigences de ce bien commun ; et le gouvernement, en tant que mandaté pour veiller à ce que chacun respecte ses engagements vis-à-vis d'autrui, a le droit d'obliger chacun à s'acquitter de la part qui lui est assignée. L'organisation d'un bien commun se situe en dehors du champ d'action régi par le droit de propriété privée. Cependant, il ne faut pas se méprendre : les impératifs de l'État ne sont légitimes qu'à l'intérieur du cadre tracé par les nécessités de l'organisation du service de protection. Au-delà de ces limites, à l'instar de tout individu, l'État demeure assujetti au droit de propriété privée. Aussi les nombreuses doléances à l'égard de l'État-providence sont-elles en partie justifiées parce qu'au niveau des faits ce dernier outrepasse souvent les frontières de sa juridiction. Ainsi la pratique courante de la plupart des États, qui consiste à décréter un impôt obligatoire dès qu'il s'agit de financer un projet quelconque ou de combler un déficit, est-elle inadmissible du point de vue de justice. Les gouvernements ne sont que les mandataires de leurs ressortissants et ils ne peuvent présumer sans cesse l'accord de ces derniers. La complexité des affaires courantes administrées par les gouvernements entraîne souvent ces derniers, ou par négligence, ou par ignorance, ou par un simple refus, à ne pas tenir compte de la ligne de démarcation entre les champs d'activités respectivement contrôlés par la justice commutative et la justice distributive.

Les théories des néo-libéraux, comme le démontre leur analyse, ne constituent qu'une opinion, d'ailleurs contrebalancée par les écrits de Rawls et de Dworkin entre autres, et ainsi elles ne compromettent pas sérieusement la crédibilité de l'État-providence, bien qu'elles contribuent à manifester les faiblesses de son administration, entre autres le recours souvent injustifié à l'impôt obligatoire.

Le principe de différence de John Rawls, bien qu'il s'accorde avec les politiques de l'État-providence, demeure néanmoins indéterminé et par suite ne parvient pas à fournir, par la voie déductive, les solutions concrètes aux problèmes que soulève cette forme d'État.

Aussi le dernier mot de ce débat appartient-il au savoir moral et pratique des « décideurs », car la vie continue et appelle des solutions immédiates. Mais ce savoir dispose-t-il des instruments voulus pour résoudre des problèmes dont certains éléments sont encore sujets à des controverses théoriques ?

Pour bien cerner la tâche qui est dévolue aux « décideurs », il importe d'en esquisser les grandes lignes. Tout d'abord, le litige relève-t-il du droit privé ou du droit public appelé à régir les biens communs ? S'il se situe dans le domaine du premier, il doit être géré selon les normes de la justice commutative, et l'État n'a d'autre rôle que de veiller à l'application rigoureuse ce ces normes. Par contre, s'il est du ressort du second, l'État doit se conformer aux impératifs de la justice distributive. Les mesures que propose cette dernière trouvent dans l'impôt proportionnel ou progressif une expression fort représentative. Mais la détermination du juste contenu dans un tel impôt se heurte à de nombreuses difficultés. Le processus à suivre revêt plus de sens si on lui assigne comme point de départ la notion de juste proposée par John Rawls ; équilibre adéquat entre les revendications concurrentes. Ces dernières se distinguent et s'opposent à partir de leurs points d'ancrage respectifs : les unes se rassemblent autour du bien privé, les autres autour d'un bien commun. Le conflit vient de ce que le bien commun se construit à partir d'un prélèvement sur les biens privés.

Quelles sont les conditions pour qu'un prélèvement donné soit juste ? En premier lieu il faut considérer la somme totale requise pour que le service désiré soit efficace et réponde aux attentes des gens. En second lieu, la répartition des montants à verser proportionnelle aux moyens de chacun doit être déterminée selon son impact sur le niveau de vie de chacun. Certes le niveau de vie comprend à la fois les biens communs et les biens privés, mais la différence entre les niveaux de vie respectifs des individus résulte de leurs revenus personnels. Il peut arriver qu'un impôt proportionnel entraîne une diminution notable du niveau de vie de certaines catégories de personnes, par exemple que des retraités soient contraints de vendre leur maison, leur automobile ou encore que des bas salariés soient forcés de se contenter du minimum vital. À l'heure actuelle, vu l'état des techniques disponibles, il est quasi impossible de mesurer avec exactitude la portée d'un tel impact. Néanmoins, le principe d'universalisation de Jürgen Habermas, posé à titre de critère ultime du savoir moral et pratique, permet de parvenir à des solutions acceptables par tous. En effet, l'activité communicationnelle orientée vers l'intercompréhension suppose que dans la recherche d'un compromis, chacun assume outre ses intérêts propres ceux d'autrui et ainsi cerne le litige à partir d'un savoir et d'un vouloir relatifs aux intérêts de tous et de chacun. Le consensus sur la solution choisie n'est valide que si elle est susceptible d'être acceptée sans contrainte par tous les concernés. Au fond, c'est l'acceptabilité par tous, compte tenu de la diversité des intérêts en jeu, qui est substituée à un calcul exact impossible à formuler. Ainsi le critère de la validité d'une norme n'est ni l'intérêt général abstrait ni une somme d'avantages indépendants de leur répartition, mais un compromis où les intérêts individuels de chacun sont respectés et où par suite chacun y trouve son compte. Ainsi une forme d'impôts qui serait jugée inacceptable du point de vue des retraités ou des bas salariés serait invalide. L'activité communicationnelle suppose que chacun se met dans la peau de l'autre, et quelle que soit la catégorie à laquelle chacun appartient, hauts salariés, bien nantis ou autre, chacun doit juger non seulement selon le point de vue qui lui est propre, mais aussi selon le point de vue de l'autre. Ainsi la dimension communicationnelle que Jürgen Habermas attache au savoir moral et pratique rend le consensus valide.

L'interprétation créatrice, telle que définie par Dworkin, attaque le problème sous un autre angle. Son objet, c'est le sens à conférer, dans la présente conjoncture, à la pratique sociale de l'impôt en regard de son « point » essentiel, à savoir la finalité qui lui est assignée. En gros, l'impôt est un prélèvement effectué par la société sur l'avoir des citoyens, en vue de l'établissement d'un bien commun, soit d'un service de promotion comme le système d'éducation, ou de protection comme l'armée, ou encore simplement de ressources financières destinées à sauvegarder l'intérêt général. La justification repose sur les normes de la justice et de l'équité, et dans les cas où les circonstances rendent ces règles inopérantes pour une raison ou pour une autre, sur l'intégrité. L'originalité de la position de Dworkin réside dans l'intégrité, soit dans la fidélité de la société à respecter les normes de l'agir auxquelles elle s'est jusqu'à ce jour assujetties. Aussi dans cette perspective, pour saisir quelle signification il importe d'accorder à telle mesure fiscale, il faut se référer à la nature des principes déjà admis ainsi qu'à leur cohérence. En ce qui concerne l'impôt obligatoire en vue d'implanter les assurances sociales, la problématique est la suivante : les principes, qui sont reconnus par la société comme justifiant les mesures fiscales déjà adoptées, sont-ils applicables aux assurances sociales ? Si, par exemple, les soins de santé, en tant qu'éléments du minimum vital, ne peuvent être assurés à tous que par la médiation d'un bien commun assumé par l'État, ce dernier devient nécessaire, et par suite son financement relève de la justice distributive.

Les objections, véhiculées par le néo-libéralisme, suivant lesquelles ces besoins peuvent être satisfaits par l'entreprise privée, sont contredites par les faits. Les États-Unis, qui constituaient l'un des derniers bastions du néo-libéralisme avec Reagan et Bush, viennent de changer de cap avec la victoire de Bill Clinton lors des élections présidentielles de novembre 1992. L'un des principaux enjeux de la campagne électorale était précisément l'implantation d'un régime universel d'assurance-santé. Les citoyens américains se sont montrés favorables à un tel régime. Lorsque les exigences objectives de la justice et de l'équité ne sont pas évidentes, ce sont les convictions communes de la majorité qui en tiennent lieu. Aussi faut-il conclure qu'un impôt obligatoire, proportionnel ou progressif selon la conjoncture, destiné à financer un régime universel d'assurance-santé, répond aux critères de validité d'une norme. Le sens que revêt une telle mesure fiscale est en tout point conforme au « point » de la pratique sociale de l'impôt.

Au fond, l'activité communicationnelle orientée vers l'intercompréhension, le principe d'universalisation et l'interprétation créatrice s'avèrent des règles de procédure pour mieux cerner le juste dans son extériorité. Alors que le savoir théorique se borne à répondre au « pourquoi », le savoir pratique répond à la fois au « pourquoi » et au « comment ».

Le savoir moral et pratique n'ignore pas les controverses théoriques, il ne les résoud pas non plus ; mais il fait siennes les prises de position assumées par les convictions communes de la majorité.

Le concept de justice

La notion de justice est aussi controversée. Les néolibéraux refusent de reconnaître comme injustes certains effets reliés directement à l'usage du droit de propriété privée, comme le chômage provoqué volontairement pour des raisons de rentabilité. Les adversaires d'une telle opinion admettent qu'en regard du droit de propriété privée, il n'y a pas d'injustice ; mais ils estiment, par ailleurs, que la misère engendrée par le chômage va à l'encontre des accords de réciprocité constitutifs de la société et, que sous cet aspect, il incombe à la responsabilité collective d'y remédier. En somme, un effet peut être injuste soit parce qu'il viole le droit de propriété privée, soit parce qu'il ne répond pas aux attentes légitimes des citoyens.

En définitive, lorsque les controverses théoriques, relatives à l'un ou l'autre des aspects de la justice, où les arguments déployés par les adversaires en présence se contredisent et ne parviennent pas à éliminer tout doute d'une façon péremptoire, ce sont les convictions communes de la majorité, sous-jacentes aux pratiques sociales reconnues, qui tranchent le débat. Ce sont ces convictions que l'on retrouve incorporées dans le savoir moral et pratique à l'origine des pratiques sociales. Toutefois, ces convictions sont aménagées à travers les règles de procédure que se donne le savoir moral et pratique. Ainsi chez Habermas, le principe d'universalisation et l'activité communicationnelle constituent les règles de procédure qui supposent la reconnaissance de la notion de justice « équilibre adéquat entre les revendications concurrentes », c'est-à-dire entre les intérêts individuels légitimes tels qu'ils s'affrontent dans le monde externe. De même, chez Dworkin, l'interprétation créatrice tient compte des principes de justice déjà reconnus par la communauté.

Les études contemporaines sur la justice se répartissent en deux courants opposés en vertu du schéma de pensée qu'elles privilégient. Les tenants du néo-libéralisme accordent à la nature ou à un processus non planifié le rôle principal dans la détermination des principes de justice et des droits ; les constructivistes mettent le savoir et le vouloir des humains à l'avant-scène et leur attribuent la responsabilité de l'élaboration et de l'institution d'un ordre social juste. Selon les premiers, le schéma de la justice est déjà là, il est à découvrir ; selon les seconds, il n'existe pas encore, il est à réaliser et à construire à partir des matériaux fournis par la condition humaine. En tant que construction, il relève de l'art plutôt que la science ; il est à imaginer et à inventer ; aussi tant au point de vue de sa conception que de son institutionnalisation relève-t-il de la politique, comme Rawls l'a affirmé explicitement. Les règles et ses droits ne sont pas des entités naturelles, mais des réalités sociales, c'est-à-dire que leur contenu et leur maintien dans l'existence n'ont d'autre cause que le comportement social des gens.

La légitimité

Le fossé qui sépare les conceptions libérales et constructiviste est encore plus manifeste en ce qui concerne la légitimité de l'État. D'où ce dernier tient-il le droit à l'obéissance de ses sujets ? Selon les néo-libéraux, l'État est légitime lorsqu'il se porte garant du droit de propriété ou lorsqu'il s'appuie sur le consentement explicite de tous ses ressortissants. Cette dernière exigence se heurte à une difficulté insurmontable. Tel que déjà affirmé, aucune société ne serait viable si elle devait étayer toutes ses lois sur un consentement unanime de ses membres.

Les constructivistes évitent cette pierre d'achoppement. L'obligation d'obéir aux lois s'enracine dans le fait même de l'appartenance à une société. Les éléments constitutifs d'une communauté, ce sont les droits et les obligations qui régissent les rapports sociaux entre ses membres ; et parmi ces obligations figure au premier plan l'obligation d'obéir aux lois, condition *sine qua non* de la viabilité d'une société. Certes les lois auxquelles chacun est tenu de se soumettre ne sont pas l'objet d'un consensus explicite de tous et de chacun des membres de la communauté ; il suffit qu'elles soient voulues par la majorité selon les exigences du processus démocratique. Que par la suite elles deviennent obligatoires pour tous sans exception, c'est une extension rendue nécessaire par la viabilité de l'association ainsi que par l'équité suivant laquelle tous les membres encourent les mêmes obligations et jouissent des mêmes droits. La configuration d'une société ne dépend pas uniquement du vouloir de ses membres, elle comporte aussi des traits qu'impose la viabilité d'une association entre êtres libres ; et l'obligation d'obéir aux lois est un de ceux-là.

L'origine des droits

Un autre point où les néo-libéraux et les constructivistes s'opposent d'une manière radicale, c'est l'origine du droit de propriété saisi dans toute son extension. Si l'on inclut dans ce droit la disponiblilté de la force de la société, il s'enracine dans des accords de réciprocité ; mais si on le définit simplement comme l'autorisation d'employer la force, sans autre précision, le débat reste ouvert. Cependant, la logique inhérente aux positions de Kant, de Jürgen Habermas, de John Rawls et de Ronald Dworkin, suivant lesquelles toute obligation en ce qui concerne les rapports sociaux s'enracine dans des accords de réciprocité, entraîne l'énoncé que même le droit de propriété est une construction des humains, et non une donnée naturelle. Il s'ensuit que toutes les obligations envers autrui et les droits qui leur sont corrélatifs relèvent d'un accord. Il est vrai que la coexistence pacifique postule nécessairement le respect de la propriété d'autrui, mais cette condition ne se transforme en obligation morale que par un accord de réciprocité entre les concernés. Il s'ensuit que je ne suis obligé envers autrui que si ce dernier est obligé envers moi. Dans l'état de guerre défini comme une situation où chacun menace sans cesse la vie de l'autre, il n'y a pas d'obligation morale à respecter la vie de l'ennemi lorsque la survie de chacun est elle-même en jeu. Ainsi les droits et les obligations n'existent chez les individus que s'ils sont parties prenantes d'un accord ; c'est d'ailleurs la seule façon de respecter l'autonomie de la volonté. Tout sujet est partie prenante d'un accord dès qu'il est membre d'une association ; s'associer c'est accepter un accord avec toutes les clauses qu'il contient, même si ces dernières ne sont pas toujours explicitement connues. Un citoyen nouvellement reçu est tenu d'obéir aux lois, même s'il n'en a pas une connaissance explicite ; cette dernière est présumée.

Selon la perspective constructiviste, tous les droits sans exception, fondamentaux ou autres, s'enracinent dans des accords de réciprocité et ainsi sont des produits de la société. Néanmoins, il subsiste une différence entre les droits fondamentaux et les droits dits sociaux. La condition première et inévitable de toute association, c'est la coexistence pacifique. Or cette dernière n'est possible que si les individus se reconnaissent mutuellement le droit de propriété tel que défini, en un sens très large, par les néolibéraux ; ce droit s'exprime à travers des impératifs qui sont de pures interdictions dont l'observance assure la paix. Quant aux autres droits qui enjoignent des actions positives, ils ont pour fondement la solidarité et la coopération nécessaires à la mise sur pied des biens communs sans lesquels la liberté ne pourrait s'exercer correctement. Comme le nombre des biens communs susceptibles d'être justifiés augmente au gré des changements conjoncturels, il s'ensuit que les accords de réciprocité, ainsi que les droits et les obligations qui en résultent, soient aussi susceptibles d'un accroissement quantitatif. Les problèmes que suscite à l'heure actuelle la pollution de l'environnement provoqueront sans aucun doute, à plus ou moins brève échéance, la reconnaissance de nouveaux droits.

La société comme personne morale

Et enfin, puisqu'elle réside dans des accords de réciprocité, selon la qualité de ces accords, la société peut accéder au statut de personne morale ; d'ailleurs, Dworkin affirme que ce processus est déjà amorcé.

La qualité d'un accord, selon Habermas, atteint sa perfection si le consensus provient non d'une activité stratégique, mais d'une activité communicationnelle orientée vers l'intercompréhension. Cette dernière, telle que déjà exprimée, suppose une compréhension et une acceptation mutuelles des intérêts individuels respectifs de chacun, de telle sorte que la décision finale soit l'expression d'un savoir et d'un vouloir unifiés comme si tous les participants ne constituaient qu'une seule personne.

Par le rôle qu'il assigne au principe de l'intégrité, Dworkin assume d'emblée la société comme une personne morale. Lorsque la justice et l'équité ne parviennent pas à énoncer des propositions claires et déterminées, la seule façon de sauvegarder le juste, c'est d'invoquer la cohérence de la solution adoptée avec les principes déjà reconnus par la société dans ses décisions passées et actuelles.

La notion de justice procédurale pure, telle qu'énoncée par John Rawls, se situe dans la même ligne de pensée. Lorsque le juste, vu son caractère d'extériorité, ne peut être établi selon les normes de la justice commutative, il appartient à la société, prise comme un tout, avec une pensée et une volonté qui lui sont propres, d'en assurer la réalisation, par la voie de la justice distributive. Cette dernière n'a d'autre sujet que la société elle-même, ou si l'on préfère, les individus en tant qu'ils se sont rendus solidaires les uns des autres.

Ainsi l'idée de personnification de la société, bien qu'elle soit rejetée par des néo-libéraux, continue néanmoins de se développer sous l'impact des pratiques sociales contemporaines et du courant de pensée tracé par John Rawls, Jürgen Habermas et Ronald Dworkin.

L'évolution de la pensée contemporaine sur la justice se caractérise par un éloignement graduel du rôle dévolu à l'individu en tant que tel et une intensification progressive du rôle qui lui échoit en tant que membre de la société. Le potentiel de l'être libre ne peut atteindre de nouveaux sommets qu'au prix d'une socialisation de plus en plus prononcée qui, par la voie du retour, lui impose de nouvelles modalités de développement. C'est par un resserrement de leurs liens de dépendance que les individus élargissent le champ ouvert à l'exercice de leur liberté individuelle ; ce qui les contraint à penser et à vouloir sur le mode de la concertation. Le défi qu'ils ont à relever à travers la multiplication et le renouvellement de leurs rapports sociaux, c'est de veiller à ce que ces derniers soient toujours marqués au coin du « juste ». Or le juste n'est pas à découvrir, mais à construire ; d'où la grandeur de la tâche qui incombe aux humains. C'est à eux qu'il appartient d'organiser l'ordre social de telle sorte qu'il soit juste et que la voie qui s'offre à eux pour réaliser ce dessein s'oriente selon une idée directrice qui trouve son achèvement dans la personnification de la société. L'État-providence, malgré ses imperfections et dans la mesure où, par la médiation des assurances sociales fait reposer sur l'ensemble des membres de la société le travail de cicatrisation des blessures subies par l'un ou l'autre d'entre eux, marque un pas dans cette direction.

Glossaire

Activité communicationnelle. Activité communicationnelle orientée vers l'intercompréhension. Cette expression désigne l'ensemble des opérations qui, selon Habermas, constituent la procédure décisionnelle la plus adéquate à la détermination des normes concrètes de justice. Elle s'oppose à l'activité stratégique. Définition et articulations : 25-27.

Activité stratégique. Procédure décisionnelle jugée imparfaite dans la mesure où elle ne s'achève pas dans un véritable consensus puisqu'elle autorise l'emploi de certaines tactiques comme la ruse, la dissimulation et la crainte. Description : 25.

Agence de protection. Élément majeur du scénario imaginé par Nozick pour établir la plausibilité de l'avènement d'un État minimal. C'est une agence, semblable à une compagnie d'assurances, qui offre à des clients, moyennant une prime, un service qui assurera leur défense en cas de conflit d'intérêts. Description : 144. D'ailleurs, l'État minimal n'est rien d'autre que l'agence de protection parvenue à un certain degré de développement.

Aristote. Bien qu'il ait vécu avant l'ère chrétienne, Aristote n'en est pas moins un auteur dont les ouvrages éthiques sont incontournables encore aujourd'hui. Sa notion de prudence (*phronèsis*) fournit le noyau du savoir moral et pratique, auquel il accorde d'ailleurs un rôle déterminant dans l'établissement des normes de justice. En outre, il avait bien compris que la justice se répartissait en deux branches distinctes, soit les justices commutative et distributive : 11, 34-35.

Association. La liberté individuelle ne se réalise que par l'association : 17-18. La notion d'association privilégiée tout au long de ce travail est empruntée à Dworkin : « S'associer c'est établir des accords de réciprocité, c'est s'obliger mutuellement les uns vis-à-vis des autres. » Toute association origine dans des désirs ou attentes : 19.

Assurance. Selon le contexte, il va de soi dans le présent travail, le terme « assurance » revêt un sens très précis : il désigne une technique qui consiste à répartir sur un ensemble d'individus le poids d'un mal qui survient à l'un d'entre eux. Description : 97-98 ; fondement, solidarité : 98 ; objet, risques mesurables : 97.

Assurances sociales (voir **Justice sociale**). Les assurances sociales constituent l'une des principales caractéristiques de l'État-providence : 5. Ce sont des assurances mises sur pied et rendues obligatoires par l'État en vue de pallier certains maux dus à des causes incontrôlables comme le chômage, la maladie et la vieillesse. Genèse : 92-97 ; modalités d'adoption : 99-100.

Attitude. En lui ajoutant certains qualificatifs, Habermas introduit ce terme dans son appareil conceptuel destiné à mieux expliciter ce qu'il entend par activité communicationnelle. C'est ainsi qu'il pose trois concepts distincts : l'attitude objectivante : 29 ; l'attitude de conformité à des normes : 29 ; l'attitude par laquelle chacun exprime avec sincérité le fond de sa pensée : 30.

Attitude interprétative (voir **Interprétation créatrice**). Cette notion est fondamentale chez Dworkin. Elle désigne l'attitude que doit prendre tout décideur face à une pratique sociale : soit en dégager le point et par la suite en déterminer la meilleure forme de réalisation possible : 44-45.

Autodétermination (voir **Liberté**). Activité par laquelle on se donne une détermination quelconque, projet de vie, connaissances, habiletés, propriété, normes de conduite, etc. L'autodétermination n'est pas équivalente à l'autosuffisance : 15-16.

Bien commun. Pour éviter toute équivoque, il importe de noter que cette expression, tout au long de cet ouvrage, à moins d'indication contraire évidente, ne signifie pas un intérêt général abstrait indéfini, mais une institution gouvernementale concrète comme l'armée et le système judiciaire. Notion : 90 ; bien commun et impôt : 91. Un bien commun est l'objet d'une propriété commune, c'est-à-dire qu'il appartient à tous et à chacun des membres de la société, par opposition au **bien privé** qui appartient exclusivement à un seul individu (ou à un groupe restreint d'individus) : 90, 162. Tel que défini : 90, le bien commun est l'un des principaux points d'appui sur lesquels repose la thèse défendue dans le présent ouvrage. Fondé sur la solidarité, il ne peut être régi que par la justice distributive ou sociale.

Biens sociaux premiers. Cette expression manifeste un concept défini par Rawls. Elle désigne, parmi les avantages issus de l'association, ceux qui sont recherchés à un point tel que tous en voudraient plus que moins. Notion, énumération : 187. Ce sont les biens que le principe de différence a pour fonction de garantir.

Catallaxie. Ce terme désigne l'ordre économique spontané issu du libre marché selon les règles de ce dernier. Il est surtout employé par Hayek : 132.

Commandement (voir **Impératif**). Qui dit commandement dit impératif. Toutefois, il importe de noter que chez Hayek le terme commandement est toujours associé à l'ordre organisé en tant qu'il désigne la norme qui préside à la formation de ce dernier. À ce titre, il se distingue des règles de juste conduite : 112-117.

Communauté de principes. Toute communauté est assujettie à des règles. Par communauté de principes, il faut entendre une communauté où les individus poursuivent ensemble et solidairement un bien-être commun, en se soumettant volontairement à des normes positives, et pas seulement à des interdictions, comme c'est le cas pour les communautés libérales : 64-66.

Communauté vraie. Concept par lequel Dworkin établit les caractéristiques nécessaires de la communauté qui répond le mieux aux attentes rationnelles des individus : il se définit, dans les grandes lignes, comme une association où tous les rapports de réciprocité, qui la constituent, se nouent autour d'un bien-être voulu par chacun pour tous et par tous pour chacun, par exemple un minimum de vie décent : 60-63. La communauté vraie ne peut être qu'une communauté de principes.

Concept interprétatif. Le concept interprétatif est un concept qui reçoit son sens de l'individu qui l'emploie. Ainsi chez Dworkin, le terme interprétation désigne un concept interprétatif, en ce sens qu'il lui accorde lui-même une signification particulière, distincte de celles que lui octroie le langage courant. Et ce sens privilégié, dont il est lui-même l'auteur, commande tous les développements ultérieurs de son livre, *Law's Empire* : 45.

Construction. Le terme construction figure à maintes reprises dans le présent ouvrage. Dans le langage courant, il évoque le travail par lequel un agent introduit dans une matière une forme dont il a conçu l'idée. Par analogie, et c'est le sens qui est retenu ici, les normes et les droits sont dits construits et non découverts, dans la mesure où ils sont le produit de l'agencement, selon une procédure imaginée par les humains, de certaines données fournies par l'intuition. Ainsi pour Rawls, Habermas et Dworkin, les principes de justice sont construits, tandis que pour les libéraux, ils sont découverts.

Décideur. Ce mot, bien que d'un usage récent, n'en désigne pas moins l'auteur principal de l'ordre moral, celui qui, d'une manière ou d'une autre, est investi du pouvoir d'imposer des normes ou de fabriquer des droits, et qui par suite est le détenteur exclusif du savoir moral et pratique, comme les législateurs, les juges, et dans certains cas conjoncturels, les individus eux-mêmes : 1, 13.

Droit. La notion de droit est marquée au coin de la diversité et de la controverse à un point tel que les discours qui la concernent, pour être compréhensibles, doivent expliciter la signification qu'ils lui accordent : 74. Dans le présent travail, la définition retenue et privilégiée est celle de Kant où le droit inclut, à titre d'élément incontournable, la force sociale externe qui en garantit l'exercice : 75-76. En dehors de l'État, point de droit. Le droit, une réalité sociale : 82.

Droit d'appropriation. Le droit d'appropriation ne doit pas être identifié au droit de propriété privée ; il est antérieur à ce dernier et constitue le fondement de toute forme de propriété, commune ou privée. Il réside dans le droit, que possède tout individu, à entrer en possession, seul ou solidairement avec d'autres, des biens nécessaires à la vie et à l'exercice de la liberté. Lorsque les richesses sont réparties de façon si inégale que le droit de propriété privée des uns empêche les autres de s'approprier les biens nécessaires à la vie, le droit de propriété privée des uns doit s'incliner devant le droit d'appropriation des autres : 168-169. Le droit d'appropriation justifie le proviso de Locke ainsi que les impôts prélevés dans le cadre de la justice distributive.

Droit formel. Le droit est dit formel lorsqu'il a pour fonction exclusive de tracer un cadre à l'intérieur duquel la liberté peut s'exercer à son gré. Il consiste dans un ensemble de règles qui sont de pures interdictions. Ainsi sur le plan de l'économie, toutes les initiatives sont permises pourvu qu'elles ne violent pas le droit de propriété privée. Par opposition aux droits fondés sur la solidarité, comme les droits sociaux, ce dernier ne commande aucune action positive. Les libéraux, quels qu'ils soient, ne reconnaissent d'autre droit que le droit formel : 121-122, 168.

Droit individuel. Le droit de propriété privée et les droits sociaux, en tant qu'ils ont pour sujets les individus eux-mêmes, sont dits individuels, avec cette différence toutefois que le premier réside dans une créance vis-à-vis de tout individu en tant que tel, et les seconds, dans une créance vis-à-vis de la société prise comme un tout. Le droit individuel s'oppose au droit qui revient à l'État en tant que représentant autorisé de l'ensemble des citoyens et en vertu duquel le gouvernement, à titre de gestionnaire de la solidarité, jouit du pouvoir d'obliger tous les membres de la société à contribuer à la mise sur pied et au maintien des biens communs : 100, 101.

Droit de propriété privée. Le droit de propriété privée, vu l'importance du rôle que lui assignent les néo-libéraux, s'avère l'un des principaux enjeux des débats contemporains relatifs à la justice. Défini comme le pouvoir de disposer à son gré et d'une manière exclusive des biens acquis par le travail, l'échange ou de quelqu'autre manière reconnue comme valable, sa pertinence et son existence ne sont pas contestées ; ce qui est controversé, c'est le rôle de critère ultime et exclusif que lui confèrent les néo-libéraux à l'intérieur du schème global de la justice : 77-78, 122-123.

Droit naturel. La notion de droit naturel est marquée au coin d'une ambiguïté quasi impossible à lever ; en effet, il est difficile de concevoir la nature, qui est dénuée de volonté, comme auteur d'un impératif. La plupart des auteurs qui reconnaissent l'existence d'un tel droit se réfèrent à l'argumentation de Locke : 78-79.

Puisque la plupart des tenants du droit naturel réduisent ce dernier au droit de propriété privée, en affirmant que le rapport entre l'humain et ses caractéristiques propres est fondé sur l'avoir et non sur l'être suivant l'expression, l'homme est le propriétaire de lui-même, c'est par le biais du droit de propriété privée que le droit naturel est analysé et contesté : 121-123.

Avec Nozick, le débat prend une orientation plus étroite, car ses principes de justice ne concernent que la propriété des biens matériels. Aussi l'analyse et la critique doivent-elles s'ajuster à sa prise de position : 171-173, 159-163.

Toutefois, à l'heure actuelle, le droit de propriété privée, dans la foulée du raisonnement de Kant, 74-77, est saisi comme tirant son origine, non de la nature, mais du savoir moral et pratique : 81-82.

Droit social. La reconnaissance des droits sociaux, du moins tels que conçus dans la conjoncture présente, soit comme des créances des individus vis-à-vis de la société dont ils sont les membres, date de la fin du XIXe siècle : 99-102. Ces droits sont contestés par les néo-libéraux : 129-168. La reconnaissance des droits sociaux est une marque distinctive de l'État-providence 1. Les droits sociaux se distinguent du droit formel de propriété privée en ce qu'ils ne consistent pas dans une interdiction, mais commandent une action positive.

Dworkin, Ronald. Dans la mesure où sa notion d'interprétation créatrice s'inscrit à l'intérieur du savoir moral et pratique, Dworkin poursuit le même objectif que Jürgen Habermas, soit définir la procédure décisionnelle la plus appropriée aux fins recherchées par la législation et la jurisprudence. Ses recherches sont complémentaires de celles qui sont au cœur des préoccupations de son collègue allemand.

Économie de marché. Concept fondamental de la théorie de Hayek. Développement : 131 ; avantages : 131 ; autonomie : 133-134 ; critique : 134-136.

Équité (voir **Procédure équitable**). Notion : 52. Ne doit pas être confondue avec le justice : 52.

État de nature. Description : 143-144.

État minimal. Expression adoptée par Nozick pour désigner l'étendue de la juridiction de l'État issu de l'évolution en vertu de laquelle l'agence dominante accède au statut de monopole puis à celui d'État. Il n'a d'autre fonction que de protéger les droits naturels des individus à la vie, à la liberte et à la propriété. Il n'est pas de son ressort de promouvoir les biens communs dont l'obtention est fondée sur la solidarité : 153.

État-providence. Les États ainsi qualifiés présentent deux caractéristiques principales : ils assument les assurances dites sociales telles que déjà définies ; ils favorisent l'essor des entreprises privées en les subventionnant de diverses manières. Les néolibéraux ne sont pas d'accord avec ces politiques car, selon eux, elles constituent des intrusions qui entravent le bon fonctionnement de l'économie de marché. L'État canadien se range parmi les États-providence : 6, 212-217.

Éthique de la discussion. Par cette expression, Habermas désigne la norme éthique à laquelle l'activité communicationnelle orientée vers l'intercompréhension doit être assujettie pour que la décision qui en résulte soit valide. Énoncé de cette norme : 32-35.

Fait. La notion de fait est ici retenue en tant qu'elle figure à titre d'élément principal dans la définition de juste adoptée par Kant : le juste est un fait conforme au devoir. En tant que fait, le juste se réalise et s'achève, non dans les intentions des agents, mais dans le monde externe où se produisent les effets externes des activités libres : 21-22.

Habermas, Jürgen. Par l'originalité, la profondeur et la diffusion de sa pensée morale, Habermas est un interlocuteur toujours présent aux débats contemporains sur la justice et le droit. Sa notion d'activité communicationnelle projette un nouvel éclairage sur la marche à suivre pour établir un ordre social qui soit juste.

Hayek, F. A. Titulaire d'un prix Nobel en économie, Hayek tente de démontrer que l'ordre social global, avec ses règles fondamentales, s'est graduellement instauré en l'absence de toute intelligence planificatrice, de la même manière qu'a surgi au cours des derniers siècles une sphère économique autonome avec ses propres lois. Par ses conclusions, il alimente le courant néo-libéral qui souffle sur le mouvement actuel de mondialisation des marchés.

Impératif (voir **Obligation morale**). L'impératif est un commandement, un énoncé qui oblige moralement celui à qui il s'adresse, car il est issu d'un vouloir qui détient l'autorité requise pour lui conférer un tel caractère : 194. Ainsi défini, l'impératif ne peut provenir de la nature puisque cette dernière est dépourvue de volonté. Aussi la notion mentionnée demeure-t-elle encore au centre des débats qui opposent les tenants d'une loi morale dite naturelle comme Nozick et Locke : 77-81, 151-153, et ceux qui enracinent toute loi morale dans un consensus humain, respectant par là l'autonomie de la volonté, comme Rawls, Habermas et Dworkin.

Impératif catégorique. Cette notion, propre à Kant, désigne un commandement que la raison pure pratique, c'est-à-dire dénuée par abstraction de tout ce qui relève de la sensibilité, adresse à l'être raisonnable dont le jugement, au niveau des faits, est souvent obscurci par les tendances issues de sa sensibilité. Ainsi la raison pure pratique démontre que l'être raisonnable en tant que tel ne peut pas ne pas vouloir que tout être raisonnable soit toujours traité comme une fin, jamais comme un moyen, et par suite traduit cette intelligibilité dans un impératif, car l'être humain, bien que raisonnable, n'en est pas moins, dans les faits, assujetti aussi aux tendances de sa partie sensible qui l'inclinent parfois à traiter autrui comme un moyen : 194-197. En ce qui concerne le présent travail, cette notion ne revêt qu'une importance secondaire puisque Kant lui-même ne range pas les principes de justice parmi les impératifs catégoriques. Néanmoins, il faut la considérer dans la mesure où Rawls assimile ses principes de justice, tels que choisis dans la situation originelle, à des impératifs catégoriques : 197.

Impôt. L'impôt est une pratique sociale en vertu de laquelle l'État prélève, dans l'avoir des citoyens, une certaine somme d'argent en vue d'assurer le financement de ses services. Pour être efficace et produire les effets désirés, il est nécessaire que l'impôt soit proportionnel ou progressif, c'est-à-dire que son montant soit établi au *prorata* des moyens de chacun. Mais un tel impôt est considéré par les néo-libéraux comme une violation du droit de propriété privée : 1, 66, 90-91, 133, 163.

Intégrité. L'intégrité est une notion nouvelle construite par Dworkin : elle désigne la fidélité de l'État, dans ses prises de décision actuelles, aux principes de justice qui l'ont guidé dans le passé. Elle n'intervient, comme élément de solution, que dans les cas où la justice et l'équité manquent de transparence. Elle suppose que les membres de l'État considèrent et traitent ce dernier comme une personne morale : 52-54.

Intérêt individuel. Il s'agit de cet intérêt, propre à l'individu en tant que tel, que tout être humain poursuit d'emblée et spontanément à travers ses activités. Il est parfois identifié au bonheur personnel. Le rôle de la justice, c'est précisément d'établir le point de compatibilité entre les divers intérêts individuels qui souvent s'opposent les uns aux autres : 16-17.

Interprétation créatrice. L'interprétation créatrice désigne un instrument d'analyse des pratiques sociales, imaginé et proposé par Dworkin. Elle ajoute une nouvelle dimension au savoir moral et pratique, tel qu'assumé par Habermas : 37. Elle tend à s'imposer comme le noyau des procédures décisionnelles qui se déploient dans la législation et la jurisprudence. Approche descriptive : 39-40 ; définition : 44-45, 46 ; justification : 40-41.

Jugements bien pesés. Concept défini par Rawls : 176-178. Il constitue l'un des éléments de la procédure imaginée par cet auteur en vue de la détermination des principes de justice.

Justice. Sous une forme abstraite, la justice désigne un rapport de conformité entre une activité libre saisie selon ses effets externes sur la liberté d'autrui et certaines règles ou principes. Or c'est précisément au sujet de la détermination de ces normes que les auteurs prennent leur distance les uns vis-à-vis des autres.

Selon les néo-libéraux, ces normes sont purement formelles et résident, soit dans l'ensemble des règles de juste conduite, Hayek 125, soit dans le droit de propriété privée, Nozick : 152-153.

Pour Dworkin, la justice se manifeste à travers des paradigmes, soit des propositions particulières effectivement reconnues de tous, comme nul ne doit profiter du crime qu'il a commis, ou chacun est autorisé à recevoir une compensation de celui qui lui a causé volontairement un préjudice : 49-50.

D'après Rawls, ce sont les principes de justice choisis dans la situation originelle, soit le principe relatif aux libertés de base et le principe de différence, qui constituent les normes à respecter. Aussi la définition de la justice qu'il propose, équilibre adéquat entre les revendications concurrentes, doit-elle être comprise dans l'éclairage de ces principes ; en effet, c'est à partir d'eux que le point d'équilibre est susceptible d'être déterminé : 178, 191.

Kant et Habermas sont conscients que la justice, puisqu'elle réside dans un fait, dépend en dernière analyse de normes de plus en plus déterminées qui puissent appréhender, avec la plus grande approximation possible, l'ensemble des effets qui dérivent de telle activité libre, car les effets non prévus par la norme n'entrent pas en ligne de compte. Chez Kant, ces normes sont des lois extérieures, positives, décrétées par l'État en s'appuyant sur le consensus de ses ressortissants (*Doctrine du droit*, p. 99). En ce qui concerne Habermas, il ne reconnaît que les normes obtenues par la voie de l'activité communicationnelle : 11.

Parmi les principes de justice, il en est qui, sans être préconisés par l'un ou l'autre des auteurs les plus renommés, s'imposent néanmoins au niveau des faits en tant qu'ils sont intégrés à certaines pratiques sociales reconnues par la plupart des États contemporains, soit à chacun selon ses moyens : 66, 67, 91, 138-139 ; à chacun selon ses besoins : 91, 140.

Justice commutative. La justice commutative est celle qui de fait régit les échanges ; elle postule soit l'égalité entre les valeurs échangées (Aristote), soit le libre consentement (Nozick). Elle suppose le droit de propriété privée et s'avère la seule et exclusive forme de justice reconnue par les néo-libéraux : 124, 139-142, 151-153, 163.

Justice distributive. Justice qui préside aux rapports entre les individus en regard de l'établissement des biens communs ou services de protection. Elle repose sur la solidarité et fournit à l'impôt proportionnel ou progressif sa principale justification : 138, 139-142.

Justice procédurale pure. Concept préconisé par Rawls. Il désigne une forme de justice intégrée dans la structure même de la société, de telle sorte que cette dernière, saisie dans sa globalité, soit ainsi construite qu'elle assure à tous ses membres le respect de leurs droits fondamentaux : 175.

Justice sociale. La justice sociale est souvent assimilée à la justice distributive. Cependant, les néo-libéraux l'attaquent surtout par le biais des assurances sociales dont elle se porte garante : 124, 126, 138.

Justice vécue. Justice telle qu'elle est incorporée dans les coutumes, les lois et la jurisprudence : 1. Elle est le produit du savoir moral et pratique : 1.

Kant, Emmanuel. Si Kant refait surface aujourd'hui dans le champ de l'éthique, ce n'est pas tant en raison de la filiation que les commentateurs posent entre lui et Rawls qu'en vertu de son traité intitulé *Métaphysique des mœurs. Doctrine du droit*. Ses concepts de juste et de droit figurent au cœur des débats contemporains.

Légitimité. Un État tire sa légitimité de l'obligation de lui obéir que ses ressortissants assument en s'associant, en s'engageant les uns vis-à-vis des autres : 57. La légitimité est donc corrélative à la force des liens associatifs. Comme ces derniers sont plus solides dans une communauté vraie que dans une communauté libérale, il s'ensuit que la première jouit d'une plus grande légitimité que la seconde : 65.

Liberté (voir **Autodétermination**). Définie comme le pouvoir de s'autodéterminer, la liberté constitue l'élément spécifique de l'être humain. Elle commande tout ce qui se rapporte à la justice et au droit ; ces derniers n'ont d'autre fonction que de lui fournir un espace protégé où elle puisse s'exercer sans entrave : 15-16.

Libertés de base. Cette expression est empruntée à Rawls. Parmi les divers champs d'action auxquels le pouvoir d'autodétermination est susceptible de s'étendre, elle désigne ceux qui sont incontournables : 178.

Lien associatif. Cette expression vise à traduire la pensée de Dworkin suivant laquelle les droits et les obligations s'avèrent les éléments constitutifs de toute association : 59.

Locke, John. Locke est sans contredit l'un des pères du libéralisme ; c'est lui qui en a tracé les frontières, priorité et exclusivité du **droit formel**, thèse à laquelle adhéreront tous ses disciples, bien que par des voies argumentatives différentes.

Monde. Tel que défini par Habermas, ce terme exprime une notion clé de l'appareil conceptuel qui doit être maîtrisé par tous et chacun des participants à l'activité communicationnelle orientée vers l'intercompréhension. **Monde**, notion : 28 ; **monde vécu**, notion : 27, fonction : 28 ; **monde objectif**, notion : 28-29 ; **monde social**, notion : 29 ; **monde subjectif**, notion : 29.

Moral. Vu les multiples significations accordées à ce terme tant dans le langage courant que dans celui des auteurs, il importe de le cerner de la manière la plus rigoureuse possible. Selon l'étymologie, est moral ce qui a trait aux mœurs humaines. Dans le présent texte, la notion générique retenue est la suivante : est moral (bon ou juste selon le cas) ce qui est approprié à l'être libre en tant que tel. Or ce sont les normes qui déterminent ce qui est approprié ou non. Aussi la problématique de la moralité est-elle tout entière axée autour des normes. Le savoir moral porte sur les normes et l'obligation morale dérive d'elles. Quant à la norme, elle est mesurée par les exigences mêmes de la liberté. Dès lors, les termes moralité et liberté sont-ils indissociables l'un de l'autre : 12. (Voir **Obligation morale.**)

Nécessité matérielle. Nécessité qui dérive des propriétés mêmes des choses, soit de leurs caractères ontologiques. Si l'on rejette l'hypothèse de la création divine, cette nécessité devient la cause principale de l'ordre naturel. L'ordre spontané de Hayek, en tant qu'il ne dépend pas d'une intelligence planificatrice, s'explique par une nécessité de ce genre : 136.

Néo-libéralisme. Le néo-libéralisme n'est pas une nouvelle sorte de libéralisme ; il retient tous les traits fondamentaux du libéralisme classique, entre autres l'existence d'une seule espèce de droit, le droit formel explicité dans le droit de propriété privée étendu à tout ce qui appartient en propre aux humains, à la vie, à la réputation, pas seulement aux biens matériels. Ce qui est nouveau chez des auteurs comme Hayek et Nozick, ce sont les argumentations qu'ils développent à partir de cette opinion pour nier l'existence même des droits sociaux.

Norme. Tel qu'employé dans le présent écrit, le mot norme signifie une loi morale, qui s'adresse aux êtres libres en tant que tels, par opposition aux lois physiques qui ne résident pas dans un impératif.

Nozick, Robert. Nozick est sans contredit l'un des représentants les plus influents du courant de pensée néo-libéral. Son originalité réside non pas dans l'apport de nouvelles preuves de l'existence d'un droit naturel de propriété privée, mais plutôt d'en démontrer la vraisemblance en traçant l'esquisse d'une société structurée exclusivement à partir de l'application des principes de justice dérivés du droit de propriété privée. Il est l'un des auteurs les plus cités par les pourfendeurs de l'État-providence.

Objectivité. Puisqu'il n'existe pas d'ordre moral objectif qui soit indépendant du savoir moral et pratique et à découvrir purement et simplement, dans le domaine de la morale, le terme objectif revêt une signification particulière. En effet, selon la prise de position privilégiée dans cet ouvrage, l'ordre moral est issu d'un ensemble de procédures décisionnelles établies par les humains. Aussi pour réduire à sa plus simple expression le danger d'arbitraire lié à la subjectivité humaine, Dworkin propose-t-il un critère qui permette à la morale d'accéder à une forme d'objectivité qui lui soit propre : une norme est dite objective en tant qu'elle est soutenue par tous comme valable pour n'importe qui : 48. De même chez Habermas, une solution est dite valide, ce qui équivaut à objective, lorsqu'elle est jugée acceptable sans contrainte par tous les participants à la discussion : 32.

Obligation juridique. Selon Kant, l'obligation juridique externe, corrélative au droit strict, se distingue de l'obligation morale pure et simple en ce sens qu'elle s'enracine dans la force contraignante de l'État : 75.

Obligation morale. L'obligation morale réside dans une contrainte spécifique à l'être libre ; elle s'oppose surtout à la nécessité physique : 12. Selon Kant, et cette position est aujourd'hui dominante, elle repose sur un engagement préalable de la volonté ; il faut que cette obligation ait été entérinée d'une manière ou d'une autre par le sujet obligé : 194. Avec Dworkin, l'obligation morale, du moins en ce qui concerne la justice, s'enracine dans l'association même : 59-60. En tant qu'elle est issue d'un impératif, l'obligation morale n'est pas une donnée déjà inscrite dans la nature humaine : 80-81. (Voir **Lien associatif.**)

Ordre. La division de l'ordre en deux espèces distinctes et irréductibles l'une à l'autre, soit l'ordre organisé et l'ordre spontané, tels que définis par Hayek, est au cœur des débats contemporains. En tant qu'il vise à démontrer que l'ordre social, pris dans sa globalité, est un ordre spontané, Hayek s'oppose à tous ceux qui le considèrent comme un ordre organisé, comme un produit du savoir moral et pratique : 134-136. L'ordre organisé se distingue de l'ordre spontané en ce qu'il est structuré à partir d'un plan conçu et mis en œuvre par les humains et non à partir des seules propriétés des choses. Ordre, notion générique : 111. Ordre organisé : 112, 116-117. Ordre spontané : 110, 112-113.

Personne morale. Selon Dworkin, la société s'institue progressivement comme une personne morale, c'est-à-dire comme une association dont les membres partagent le même savoir et le même vouloir, du moins en ce qui concerne leurs rapports de réciprocité. Cette perspective est liée à la notion d'intégrité : 53, 65- 66. Il importe de noter qu'une société n'accède au statut de personne morale que si elle est considérée et traitée comme telle par ses membres. Il s'agit donc d'une réalité sociale.

Point. Tel qu'il figure dans le présent travail, ce concept est un instrument d'analyse des pratiques sociales, privilégié et défini par Dworkin ; il désigne la raison d'être d'une pratique sociale ou d'une œuvre d'art : 44-45. Le point de la loi : 50-51.

Pratique sociale. Saisi dans toute son extension, ce concept s'applique à tous les aspects de l'organisation sociale dont la mise sur pied est attribuable à l'activité humaine : comme les systèmes parlementaire et judiciaire. Toutefois dans la mesure où ces pratiques ont un impact sur la justice, elles relèvent du savoir moral et pratique, et sous cet aspect elles constituent la matière principale du présent ouvrage : 88-89. Les pratiques légales désignent les pratiques sociales dont la configuration est tracée par les lois en vigueur.

Principe d'efficacité. L'argumentation déployée par Rawls pour justifier le choix du principe de différence se déroule en deux temps ; dans le premier, il examine les mérites du principe d'efficacité : 182.

Principe de l'utilité moyenne. Principale alternative au principe de différence, ce principe est longuement analysé, puis évalué, par Rawls : 188-194.

Procédure décisionnelle. Cette notion assume un rôle de premier plan dans le présent ouvrage. En tant qu'elle signifie une démarche à suivre dans les prises de décision, elle constitue un genre sous lequel se rangent non seulement le savoir moral et pratique, mais encore toutes les formes cohérentes de délibération destinées à s'achever dans un choix effectif relatif à l'efficacité ou à la justice comme les négociations collectives ou le processus parlementaire : 11-12. L'activité stratégique, l'activité communication orientée vers l'intercompréhension et l'interprétation créatrice sont des procédures décisionnelles.

Procédure équitable. Une procédure décisionnelle est dite équitable lorsqu'elle autorise tous les concernés à participer également à la prise de décision : 173.

Rawls, John. Parmi les auteurs contemporains, Rawls est probablement celui qui a le plus marqué la pensée contemporaine sur la justice. Son originalité et sa perspicacité se sont manifestées non seulement par le tracé d'une mise en situation imaginaire propice au choix des principes, mais encore et surtout par la nécessité d'intégrer les principes de justice à la structure de base de telle sorte que celle-ci soit articulée de manière à préserver les droits fondamentaux de chacun. Bref, en dernière analyse, pour la sauvegarde de leurs droits premiers, les individus ne doivent pas tant compter sur le sens de la justice de chacun que sur la structure même de la société.

Réalité sociale. Dans les grandes lignes, elle se définit comme une réalité dont le contenu spécifique et l'existence n'ont d'autre cause que le comportement social lui-même. La marchandise, l'esclavage, le droit, l'État comme personne morale en sont des exemples manifestes : 82-83. Elle s'oppose surtout aux réalités physiques qui sont tout à fait indépendantes du comportement social.

Règle de juste conduite. Cette expression ne revêt toute sa signification que dans le cadre même de la théorie de Hayek. Définition : 119-120. Les règles de juste conduite proviennent non d'une volonté quelconque, divine ou humaine, mais de l'ordre social lui-même dont elles sont la cause : 120. Ce ne sont pas des commandements ; ainsi il ne faut les confondre ni avec les principes de justice de Nozick ni avec ceux de Rawls ; il importe de leur obéir, autrement l'ordre social serait troublé et le bien-être de chacun serait affecté. Leur ensemble constitue le droit formel qui se réduit au droit de propriété privée saisi selon sa signification la plus large : 120-123. Il n'est point d'autre droit : 125-126.

Savoir moral et pratique (voir **Procédure décisionnelle et Impératif**). Le savoir moral et pratique est une procédure décisionnelle qui débouche sur un impératif : 11, 13. La situation originelle de Rawls conduit à la détermination des principes de justice, mais elle ne leur confère pas le statut d'impératif : 194-197.

Le savoir moral et pratique est susceptible de revêtir diverses particularités. Tout d'abord, il comporte des exigences différentes selon que la décision à prendre relève d'un individu ou d'un groupe. La prudence d'Aristote indique le modèle à suivre pour une prise de décision qui n'appartient qu'à un individu : 11-12. Mais en qui regarde les lois et les droits, la responsabilité incombe à la communauté. Dans ce dernier cas, la procédure se range sous l'une ou l'autre des catégories suivantes : l'activité stratégique ou l'activité communicationnelle. La première est imparfaite, car elle autorise l'usage de la force ou de la ruse ; la seconde répond mieux aux exigences de l'équité et de la justice.

Savoir moral et théorique. Sens strict priviliégié dans le présent travail : 13. Toutefois, cette expression revêt aussi une signification plus large, car la théorie n'a pas seulement pour objet la détermination des principes dits universels et nécessaires ; elle peut se consacrer à l'étude des procédures décisionnelles : 107.

Situation. Dans le présent ouvrage, ce terme, selon le contexte, est souvent employé pour désigner une notion qui s'inscrit dans l'appareil conceptuel élaboré par Habermas en vue de mieux définir l'activité communicationnelle : 27-28.

Situation originelle. La situation originelle, telle que conçue par Rawls, désigne l'état des connaissances et des désirs auquel, par une opération abstractive, les humains doivent accéder pour dégager rationnellement les principes de justice destinés à informer la structure de base de la société : 173-174. Cette mise en situation s'inspire du processus par lequel Kant isole le monde intelligible du monde sensible et ne retient que le premier pour déduire la nécessité des impératifs catégoriques. Il importe cependant de noter que Rawls, contrairement à Kant, ne se situe pas à un niveau exclusivement intelligible.

Structure de base. Pour Rawls, les principes de justice doivent être intégrés, par les voies de la constitution, de la législation et de la jurisprudence, à la structure de base de la société, de telle sorte que l'organisation sociale, prise dans sa globalité, indépendamment des intentions particulières des agents, soit ordonnée non seulement à l'efficacité mais encore à la justice : 174.

Voile d'ignorance. C'est un voile projeté sur les connaissances et les désirs qui doivent être ignorés par les individus qui se rassemblent pour choisir les principes de justice : 173-174.

Bibliographie

Audard, C. *et al.*, *Individu et justice sociale,* Paris, Seuil, 1988.

Aristote, *Éthique de Nicomaque,* Traduction de Jean Voilquin, Paris, Librairie Garnier, Livre 2, 1950.

Bloch, Ernst, *Droit naturel et dignité humaine,* Paris, Payot, 1976.

Bouretz, Pierre, *La force du droit,* Paris, Éditions Esprit, 1991.

Castoriadis, Cornélius, *L'institution imaginaire de la société,* Paris, Éditions sociales, 1975.

Dworkin, Ronald, *A matter of principle,* Cambridge, Harvard University Press, 1985.

———, *Law's Empire,* Cambridge, Harvard University Press, 1986.

———, *Taking rights seriously,* Cambridge, Harvard University Press, 1978.

Éwald, François, *L'État providence,* Paris, Grasset, 1986.

Goyard-Favre, S. et Sève, R., *Les grandes questions de la philosophie du droit,* Paris, Presses universitaires de France, 1986.

Habermas, Jürgen, *Après Marx,* Paris, Fayard, 1985.

————, *De l'éthique de la discussion,* Paris, Les éditions du Cerf, 1992.

————, *La technique et la science comme idéologie,* Paris, Gallimard, 1973.

————, *Morale et communication,* Paris, Les éditions du Cerf, 1986.

———, *Théorie et Pratique*, Paris, Payot, tome 1, 1975 ; tome 2, 1976.

———, *Théorie de l'agir communicationnel*, Paris, Fayard, tome 1 et tome 2, 1987.

Hayek, F. A., *Droit, législation et liberté*, Paris, Presses universitaires de France, vol. 1, 1980 ; vol. 2, 1982 ; vol. 3, 1983.

Hegel, G. W. F., *Principes de la philosophie du droit*, Paris, Vrin, 1975.

Hobbes, Thomas, *Léviathan*, Paris, Éditions Sirez, 1971.

Jonas, Hans, *Le principe de responsabilité*, Paris, Les éditions du Cerf, 1990.

Kant, Emmanuel, *Fondements de la métaphysique des mœurs*, Traduction de Victor Delbos, Paris, Librairie Delagrave, 1966.

———, *Métaphysique des mœurs. Doctrine du droit*, Traduction de A. Philolenko, Paris, Vrin, 1979.

Kohlberg, Lawrence, *The philosophy of moral development*, New York, Harper and Row, 1927.

Lenoir, Frédéric, *Le temps de la responsabilité*, Paris, Fayard, 1991.

Livet, Pierre, *Penser le pratique*, Paris, Librairie Klinsieck, 1979.

Locke, John, *Deuxième traité du gouvernement civil*, Paris, Vrin, 1977.

Mackie, J. L., *Ethics*, Londres, Penguin Books, 1990.

Macintyre, Alasdair, *Whose justice ? Which rationality ?* Notre Dame, University of Notre Dame Press, 1988.

Marx, Karl, *Le Capital*, Livre premier, tome 1, Paris, Éditions sociales, 1975.

Moore, G. E., *Principia ethica*, New York, Cambridge University Press, 1980.

Nemo, Philippe, *La société de droit selon F. A. Hayek*, Paris, Presses universitaires de France, 1988.

Nozick, Robert, *Anarchy, State, and Utopia*, New York, Basic Books, 1974.

Perelman, Chaïm, *Éhique et droit*, Bruxelles, Éditions de l'Université de Bruxelles, 1990.

Podge, Thomas, W., *Realising Rawls,* Londres, Cornell University Press, 1989.

Quéré, France, *L'éthique et la vie,* Paris, éditions Odile Jacob, 1991.

Rawls, John, *Théorie de la justice,* traduction de C. Audard, Paris, Seuil, 1987.

————, *Justice et démocratie,* Paris, Seuil, 1993.

Rincœur, Paul, *Soi-même comme un autre,* Paris, Seuil, 1990.

Rothland, Murray, *L'éthique de la liberté,* Paris, Les Belles Lettres, 1991.

Van Parijs, Philippe, *Qu'est-ce qu'une société juste ?,* Paris, Seuil, 1991.

Vergara, Francisco, *Introduction aux fondements philosophiques du libéralisme,* Paris, La Découverte, 1992.

Weinreb, Lloyd, *Natural law and justice,* Londres, Harvard University Press, 1987.

Achevé d'imprimer
en octobre 1994 sur les presses
des Ateliers Graphiques Marc Veilleux Inc.
Cap-Saint-Ignace, (Québec).

Table des matières